中国社会科学院
经济研究所
INSTITUTE OF ECONOMICS

经济所人文库

王诚集

中国社会科学院经济研究所学术委员会 组编

中国社会科学出版社

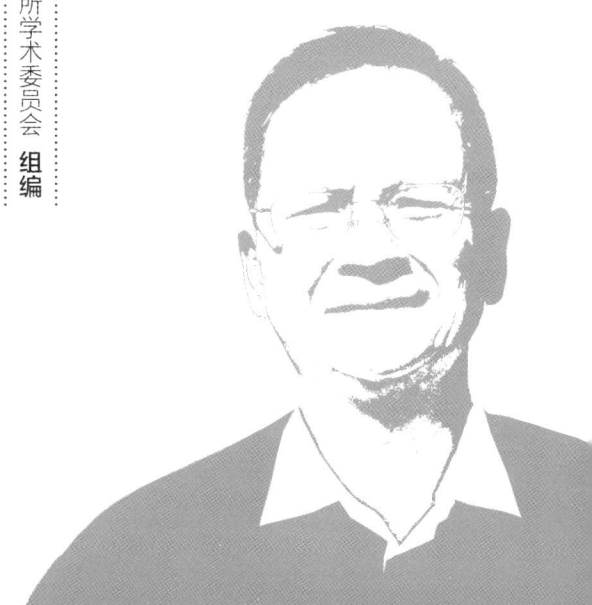

图书在版编目（CIP）数据

王诚集/中国社会科学院经济研究所学术委员会组编.
—北京：中国社会科学出版社，2021.6
（经济所人文库）
ISBN 978-7-5203-8647-0

Ⅰ.①王⋯　Ⅱ.①中⋯　Ⅲ.①经济学—文集　Ⅳ.①F0-53

中国版本图书馆CIP数据核字（2021）第120267号

出 版 人	赵剑英
责任编辑	王　曦
责任校对	殷文静
责任印制	戴　宽

出　　版	中国社会科学出版社
社　　址	北京鼓楼西大街甲158号
邮　　编	100720
网　　址	http://www.csspw.cn
发 行 部	010-84083685
门 市 部	010-84029450
经　　销	新华书店及其他书店
印刷装订	北京君升印刷有限公司
版　　次	2021年6月第1版
印　　次	2021年6月第1次印刷
开　　本	710×1000　1/16
印　　张	23
字　　数	321千字
定　　价	128.00元

凡购买中国社会科学出版社图书，如有质量问题请与本社营销中心联系调换
电话：010-84083683
版权所有　侵权必究

中国社会科学院经济研究所
学术委员会

主 任 高培勇

委 员 （按姓氏笔画排序）
 龙登高　朱　玲　刘树成　刘霞辉
 杨春学　张　平　张晓晶　陈彦斌
 赵学军　胡乐明　胡家勇　徐建生
 高培勇　常　欣　裴长洪　魏　众

总　序

作为中国近代以来最早成立的国家级经济研究机构，中国社会科学院经济研究所的历史，至少可上溯至1929年于北平组建的社会调查所。1934年，社会调查所与中央研究院社会科学研究所合并，称社会科学研究所，所址分居南京、北平两地。1937年，随着抗战全面爆发，社会科学研究所辗转于广西桂林、四川李庄等地，抗战胜利后返回南京。1950年，社会科学研究所由中国科学院接收，更名为中国科学院社会研究所。1952年，所址迁往北京。1953年，更名为中国科学院经济研究所，简称"经济所"。1977年，作为中国社会科学院成立之初的14家研究单位之一，更名为中国社会科学院经济研究所，仍沿用"经济所"简称。

从1929年算起，迄今经济所已经走过了90年的风雨历程，先后跨越了中央研究院、中国科学院、中国社会科学院三个发展时期。经过90年的探索和实践，今天的经济所，已经发展成为以重大经济理论和现实问题为主攻方向、以"两学—两史"（理论经济学、应用经济学和经济史、经济思想史）为主要研究领域的综合性经济学研究机构。

90年来，我们一直最为看重并引为自豪的一点是，几代经济所人孜孜以求、薪火相传，在为国家经济建设和经济理论发展作出了杰出贡献的同时，也涌现出一大批富有重要影响力的著名学者。他们始终坚持为人民做学问的坚定立场，始终坚持求真务实、脚踏实地的优良学风，始终坚持慎独自励、言必有据的学术品格。他们是经济所人的突出代表，他们的学术成就和治学经验是经济所最宝贵的财富。

抚今怀昔，述往思来，在经济所迎来建所90周年之际，我们编选出版《经济所人文库》（以下简称《文库》），既是对历代经济所人的纪念和致敬，也是对当代经济所人的鞭策和勉励。

《文库》的编选，由中国社会科学院经济研究所学术委员会负总责，在多方征求意见、反复讨论的基础上，最终确定入选作者和编选方案。

《文库》第一辑凡40种，所选作者包括历史上的中央研究院院士，中华人民共和国成立后的中国科学院学部委员、中国社会科学院学部委员、中国社会科学院荣誉学部委员、历任经济所所长以及其他学界公认的学术泰斗和资深学者。

《文库》第二辑共25种，在延续第一辑入选条件的基础上，第二辑所选作者包括经济所学术泰斗和资深学者，中国社会科学院二级研究员，经济所学术委员会认定的学术带头人。

在坚持学术标准的前提下，同时考虑的是入选作者与经济所的关联。他们中的绝大部分，都在经济所度过了其学术生涯最重要的阶段。

《文库》所选文章，皆为入选作者最具代表性的论著。选文以论文为主，适当兼顾个人专著中的重要篇章。选文尽量侧重作者在经济所工作期间发表的学术成果，对于少数在中华人民共和国成立之前已成名的学者，以及调离经济所后又有大量论著发表的学者，选择范围适度放宽。为好中选优，每部文集控制在30万字以内。此外，考虑到编选体例的统一和阅读的便利，所选文章皆为中文著述，未收入以外文发表的作品。

《文库》每部文集的编选者，大部分为经济所各学科领域的中青年学者，其中很多都是作者的学生或再传弟子，也有部分系作者本人。这样的安排，有助于确保所选文章更准确地体现作者的理论贡献和学术观点。对编选者而言，这既是一次重温经济所所史、领略前辈学人风范的宝贵机会，也是激励自己踵武先贤、在学术研究道路上砥砺前行的强大动力。

《文库》选文涉及多个历史时期，时间跨度较大，因而立意、观点、视野等难免具有时代烙印和历史局限性。以现在的眼光来看，某些文章的理论观点或许已经过时，研究范式和研究方法或许已经陈旧，但为尊重作者、尊重历史起见，选入《文库》时仍保持原貌而未加改动。

《文库》的编选工作还将继续。随着时间的推移，我们还会将更多经济所人的优秀成果呈现给读者。

尽管我们为《文库》的编选付出了巨大努力，但由于时间紧迫，工作量浩繁，加之编选者个人的学术旨趣、偏好各不相同，《文库》在选文取舍上难免存在不妥之处，敬祈读者见谅。

入选《文库》的作者，有不少都曾出版过个人文集、选集甚至全集，这为我们此次编选提供了重要的选文来源和参考资料。《文库》能够顺利出版，离不开中国社会科学出版社领导和编辑人员的鼎力襄助。在此一并致谢！

一部经济所史，就是一部经济所人以自己的研究成果报效祖国和人民的历史，也是一部中国经济学人和中国经济学成长与发展历史的缩影。《文库》标示着经济所90年来曾经达到的学术高度。站在巨人的肩膀上，才能看得更远，走得更稳。借此机会，希望每一位经济所人在感受经济所90年荣光的同时，将《文库》作为继续前行的新起点和铺路石，为新时代的中国经济建设和中国经济学发展作出新的更大的贡献！

是为序。

于 2019 年 5 月

编者说明

《经济所人文库》所选文章时间跨度较大，其间，由于我国的语言文字发展变化较大，致使不同历史时期作者发表的文章，在语言文字规范方面存在较大差异。为了尽可能地保持作者个人的语言习惯、尊重历史，因此有必要声明以下几点编辑原则：

一、除对明显的错别字加以改正外，异形字、通假字等尽量保持原貌。

二、引文与原文不完全相符者，保持作者引文原貌。

三、原文引用的参考文献版本、年份等不详者，除能够明确考证的版本、年份予以补全外，其他文献保持原貌。

四、对外文译名与今译名不同者，保持原文用法。

五、对原文中数据可能有误的，除明显的错误且能够考证或重新计算者予以改正外，一律保持原貌。

六、对个别文字因原书刊印刷原因，无法辨认者，以方围号□表示。

作者小传

王诚，男，1955年10月11日生于广西桂林，1987年进入中国社会科学院经济研究所工作。

王诚是经济学理论研究者、经济学教育工作者和经济学期刊的负责人。他成年后的一生中除了7年的机械厂车工、2年的经济管理教师、7年的本科生和研究生生涯以外，其余工作学习时间都是在中国社会科学院度过——在研究生院和经济研究所攻读博士、研究课题、作讲座、带学生、外派进修、编辑期刊。尽管经历过3年困难时期的童年饥饿，十年"文化大革命"对11—21岁求知渴望的冲击，但他还是感恩于遇上了中国千载难逢的改革开放时代，得以艰难追赶中学知识的不足，缩短大学中与同学的差距，并且获得了博士学位的教育和多次前往英美等国学习进修的机会。他知道，能够从偏远的少数民族一隅走出来，开阔视野，接触到世界的精彩和学问的博大，真不容易。

王诚是中国社会科学院经济研究所研究员。曾任经济所宏观经济研究室主任。《经济研究》杂志社社长、副主编兼编辑部主任。中国社会科学院研究生院教授、博士生导师。兼任中国投资学会、北京外国经济学说研究会、中国发展经济学研究会理事。由于编辑负责人工作中的兢兢业业和卓有成效，获得"全国新闻出版行业领军人才"称号。

在求学生涯中，1982年和1987年，经济学本科和硕士毕业于武汉大学。1997年于中国社会科学院研究生院获经济学博士学位。1992—1993年和1997—1998年分别赴英国拉夫堡大学和伦敦大学亚非学院从事金融经济学进修和就业问题高访研究。2001—2002 年赴美国布朗大学从事就业理论高访研究。曾获英国政府颁发 FCO Chevening Scholar 和 British Academy KCW Fellow 荣誉称号。主要学习和研究领域为劳动就业、收入分配、社会保障、企业创新、宏观调控、经济分析史等。1992—2019 年，除以上大学外，还先后访问英国的国家学术院、皇家学会、国际战略研究所、诺丁汉大学、牛津大学、剑桥大学、斯特林大学；美国的密苏里大学、华盛顿大学、西康涅狄格大学；匈牙利科学院经济研究所；日本的东京大学、明治大学、亚洲现代经济研究所、岛根县立大学；韩国的仁和大学、启明大学、诚信女大；新加坡国立大学；中国台湾的"中研院"、中华经济研究院、台湾政治大学、台湾成功大学、台湾中山大学、台湾大学；中国香港的香港大学、香港中文大学、香港浸会大学；中国澳门的亚洲战略管理研究院；在这些国家及地区高等院校和学术机构访问讲学，或在其主办的国际研讨会上宣讲论文。

在学术活动方面，他主持和参加过十余项国家级和中国社会科学院重点课题的研究工作，其中包括参加中国社会科学院重大国际合作项目即美国福特基金会资助的中国经济转型中收入分配研究和中国社会保障体制改革研究，世界银行资助的中国劳动就业和工资制度改革研究。主持国家人事部资助的二元经济就业的一体化研究，中国社会科学院资助的宏观经济政策体系研究，国家社会科学基金重点项目资助的核心就业理论研究。最后一项研究的成果在相关的国际媒体如联合国公共管理与财政网（UNPNL）、国际劳工信息研究网（IILIS），国内的人民网、光明网、劳动保障科研网、思想者网、学说连线网等学术网站和各地政府网站进行了全文转载或重点报道。

王诚在中国社会科学出版社、商务印书馆、牛津大学出版社等出版的主要研究著作有：《促进就业为取向的宏观调控政策体系研究》、《竞争策略与风险管理》、《中国工业改革与宏观经济不稳定性》（英文合著）、《中国居民收入分配再研究》（合著）、《海信集团考察：竞争力与自主创新动力机制研究》（主笔）等十余部。在《经济研究》《经济学动态》《改革》等重要刊物上发表的论文有《中国就业转型：从隐蔽失业、就业不足到效率型就业》《从零散事实到典型化事实再到规律发现——兼论经济研究的层次划分》《经济稳定：宏观调控的首要和基本职责》等百余篇，本文集收录其中27篇。译著有《公共选择》、《制度分析与发展的反思》（主译）和《现代经济学的最新发展》（合译）等数部。参与负责编纂的词典有《现代经济辞典》等。

王诚曾获得"国务院政府特殊津贴专家"称号及中国社会科学院优秀科研成果奖一等奖和三等奖等诸项荣誉。他认为，荣誉作为一种激励机制很重要，但作为学者，不能为了荣誉做学问。这一理念延伸到学生教育中，他对博士生说："你们做好学问，以后能够做出成就，我当然很欣慰，但是不要忘了比做学问更重要的东西，那就是做人。"即：要先学会做人，然后学会做事，再做学问。做人第一要培养自食其力的能力；第二，要保持愉快的竞争状态，不要为了名利使自己很痛苦；第三，要有尊严，不管干什么事情，要用尊严尺度来衡量自己；第四，要有自尊，至少大部分时间要有自尊地活着；第五，要重视健康，不要把身体搞垮了；第六，要有一定的责任心，做到自我接纳和自我责任的动态均衡。

目 录

经济分析方法

分工性分配论：理论发展和现实演变 ………………………… 3
分工发展：实体经济、虚拟经济与现代经济 …………………… 16
中国宏观经济分析面临新挑战 …………………………………… 22
中国的企业改革理论应该引入政治变量 ………………………… 39
从零散事实到典型化事实再到规律发现
　　——兼论经济研究的层次划分 ……………………………… 44
改革热点与冷静研究 ……………………………………………… 73
经济学论文与评价标准争议 ……………………………………… 77

宏观经济研究

增长方式转型中的企业家及其生成机制 ………………………… 85
创新和完善中国的宏观经济调控体系 …………………………… 98
中国收入分配类型、差距及其政策取向 ………………………… 106
论新型工业化及地方经济发展
　　——四川省眉山市新型工业化道路的建议 ……………… 113
向公共型政府转型与后进区域发展 …………………………… 124
中国经济运行与宏观调控及其理论发展 ……………………… 134
经济稳定：宏观调控的首要和基本职责 ……………………… 147
世界经济体制性失效及对中国经济的诊断 …………………… 157
中国的经济改革与宏观调控的边界 …………………………… 172

就业——社会保障

中国就业转型:从隐蔽失业、就业不足到效率型就业 …………… 187
就业和分工的拓展与收入分配的改善 ………………………… 203
中国就业发展:从二元就业到现代化就业 …………………… 215
新经济、就业机制变化与中国对策
　　——关于美国低失业率现象的一个理论 ………………… 228
中国就业发展新论
　　——核心就业与非核心就业理论分析 …………………… 247
中国的就业形势与新就业政策 ………………………………… 261
大学生就业的理论和政策 ……………………………………… 273
论社会保障的生命周期及中国的周期阶段 …………………… 281
社会保障体制改革中的美国经历与中国道路 ………………… 299
面对经济全球化的中国就业困境与出路 ……………………… 321
劳动力供求"拐点"与中国二元经济转型 ……………………… 329

编选者手记 …………………………………………………… 346

经济分析方法

分工性分配论:理论发展和现实演变

一 收入分配理论的二重发展

收入分配状况对于社会经济发展和进步的影响,自古以来就受到学者们的关注。如古希腊思想家柏拉图就认为,治理国家的标准是"公民既不极端贫困,也不极端富有,因为两者都会产生邪恶。立法者应该决定贫与富的财产界限,让最贫穷的人也有抽签担任公职的资格"[1]。显然,这里提出不仅要使收入分配的结果相对平等,还要实现财产权的相对平等和机会均等。世界上信奉人口最多的基督教也教导人们,"公平的砝码,为主所喜悦""不要不公平"[2]。中国流行两千多年的儒家思想同样认为,"不患贫而患不均,不患寡而患不安。盖均无贫,和无寡,安无倾"[3]。

古典经济学的创立者亚当·斯密将注意力集中在经济效率的分析上,并且在人类思想史上首次揭示和论证了"分工能最大增进劳动生产力"的理论观点。尽管在分配问题上斯密也分析了社会上的三个主要阶级及其收入性质,指出"来自运用资本的收入称为利润",而"劳动生产物构成劳动的自然报酬或自然工资","地租,

---

[1] 参见巫宝三等《古代希腊、罗马经济思想资料选辑》,商务印书馆1990年版,第93、379页。
[2] 参见巫宝三等《古代希腊、罗马经济思想资料选辑》,商务印书馆1990年版,第93、379页。
[3] 唐满先等:《四书今译》,江西人民出版社1989年版,第170页。

可以说是地主借给农业家使用的自然力的产物"①。但是，这种分析只是一种服从于其经济增长分析需要的"功能性收入分配"理论，即将分配与投入要素在增长中的不同功能联系起来，研究不同收入来自生产增长结构的哪个部分，各项投入提供的生产性贡献大小。李嘉图敏锐地注意到分配问题是当时英国经济增长的一大障碍，并且提出："政治经济学的主要任务在于确定那些支配财富分配的规律。"但是，他同样没有看到关注分配公平性对促进经济稳定增长的巨大作用。他仅仅从"功能性收入分配"思路出发，认为工业化使社会对农产品需求增大，在对农产品生产实行进口保护的政策下，农产品价格必然不断上涨，这时，地租（由于土地"原有的和不可摧毁的地力"的级差性）也会不断上升，为了维持工人实际基本生活水平的工资也必须相应上涨，所以，利润在农产品价格"支付地主和劳动者的份额"后，必然会不断下降②。

相反，马克思从工人阶级的立场出发，提出了"资本雇佣劳动"和"按资分配"的理论观点，进而系统分析了资本主义生产方式中贫富空前悬殊的原因，作出工人阶级将"埋葬资本主义"和社会终将进入实行"各尽所能、按劳分配"和"各尽所能、按需分配"的社会主义和共产主义的社会新阶段的推论。马克思虽然继承了斯密从分工着手分析经济效率的方法，并且承认"资产阶级在它的不到一百年的阶级统治中所创造的生产力，比过去一切世代创造的全部生产力还要多，还要大"③。马克思的独特之处是从分工中看到人的异化，看到分工创造效率的同时还带来了人与人之间关系的尖锐对立和严重的不平等。在分配问题分析上马克思仍然沿用斯密的功能性收入分配分析方法，只不过认为，所有投入要素中唯有劳动尤其是物质生产领域的劳动才具备生产功能。

---

① [英]亚当·斯密：《国民财富性质和原因的研究》，中译本，商务印书馆1972年版，第47、58、333页。

② [英]大卫·李嘉图：《政治经济学及赋税原理》，中译本，商务印书馆1962年版，第106页。

③ 《马克思恩格斯选集》第一卷，人民出版社1972年版，第256页。

由于脱离了分工和制度分析，以马歇尔为代表的新古典主义经济学虽然在配置效率的均衡分析方面取得了一定的成功，但在分工效率和收入分配的整体思路上却无进展。首先，在效率理论方面，组织内部的分工和专业化发展变化消失了，组织之间的社会分工转变也消失了。个人作为社会生产参与者和商品消费者的联系被切断，个人的效率创造行为与收入分配行为被分离。社会上只剩下其身份静止不变的生产者、消费者、劳动力、资本家、经理和地主，虽然他们能依据单一利润或单一效用原则实现市场的交换均衡，但是根据这些经济主体的活动人们无从知道企业、市场、政府等组织产生和变化的原因，该理论也无法解释经济增长和发展过程中的现实困难和问题。其次，在分配理论方面，新古典学派虽然继续坚持功能性收入分配的形式，但是却将功能分配的份额分析转变为边际分析，把与分配公平性有关的利益冲突和组织合作难题撇在一边，仅仅从生产要素的市场供求量和生产使用量的相对变化来寻找要素市场上的均衡价格，并以此来确定工资率、利率、利润率和地租率等，从而推论净产品可以在各要素所有者之间"百分之百的分配完毕"[①]。

后凯恩斯学派对新古典的要素边际生产率分配论和均衡价格分配进行了批评，指出单一要素的边际生产率计算的不可能性。由于"当多增加一个单位生产要素时其生产率就一定下降"的假设无法证实，所以，由各个生产要素共同作用下生产的产出是不可能在各个生产要素之间按比例分解的。正是由于纯市场性的边际生产率原则指导收入分配活动的不可能性和生产要素贡献的边界模糊性，才造成现实的收入分配中由地主、工人和资本家组成的利益集团在产出分配上的冲突，而决定分配冲突结果的绝不是生产要素的市场供求均衡点，而是集团的讨价还价能力和对政治决策的影响力。所以，后凯恩斯学派否定了新古典学派的分配理论而主张回到古典学派的功能分配的份额分析思路上。

---

① [美]萨缪尔森：《经济学》（中），中译本，商务印书馆1981年版，第230页。

以库兹涅茨为代表的"个人性收入分配理论"将分析重点放到社会成员所获收入的绝对规模以及这些收入规模差别的大小上。由于涉及收入差别大小的比较问题，所以，个人性收入分配理论必然要与分配的公平性问题发生联系。然而，现代个人性收入分配理论的早期研究者却试图回避关于公平性问题的任何研究，将考察对象局限在描述和解释收入分配的均等程度及其与经济增长水平的关系上（Kuznets，1955）。耶鲁大学的费景汉从"测量加解释思路"与"绝对贫困线思路"的对比中发现了个人收入分配理论的不足。提出"绝对贫困线思路"不问贫困的原因而一味强调对富人征税而实行"损有余以补不足"，似乎像个"庸医"，但它的优点是有其理想的公正标准（消灭贫困），这也符合罗尔斯的公正原则，并且它还能够提出政策方案；"测量加解释思路"尽管将分配与增长联系起来分析，探讨了造成分配不平等的一些历史上的原因，但是，收入分配的均等程度怎样和为何才是最好，"测量加解释思路"却没有回答。对此，费景汉提出一个收入分配公平状态的标准，即从静态看居民户或家庭的收入结构表现为金字塔形（最富的家庭少，中等富裕的家庭较多，一般富裕或小康的家庭占绝大多数）；从动态看，不同富裕程度的家庭之间具有社会流动性，这一社会流动性的核心就是机会均等。

可见，现有的收入分配理论或是将注意力集中于所谓"生产要素的贡献"而忽视个人之间的分配关系；或是仅注意个人之间的分配均等性问题而忽视个人分配与生产增长之间的内在联系。这样的一种理论状态，与分配实践中收入分配必须同时注意生产效率和个人公平的要求相去甚远。

二　从生产分工到收入分配

分工，是一个共同体中某项完整生产活动或生产工作的划分，而参加分工的人们是具有分立的个人利益意识的人，因此，当分工通过提高生产活动的效率而创造出收入时，收入在各分工成员之间的分配就是自然的结果。

在最简单的家庭生产的分工中，一旦收入为一个家长所独占或基本独占，家庭内部就会出现矛盾，使得分工变得不协调。如果家庭生产因分工不当而不能创造足够的收入，分配也会出现危机，使得家庭作为生产共同体无法继续存在下去。据历史资料，这种情况在明治维新以前的日本经常可见。在家庭生产共同体中，分工成员主要是通过两种方式分离出去的，一种是，成员从几乎不领工资（只管吃住）的学徒按照"年功序列"逐步扩大自己的分配份额，而当该成员成为"工匠"而要求明显大于学徒工标准的收入时，为了防止矛盾发生，他就必须离开原来的共同体独立谋生；另一种是，家庭共同体不能创造足够收入而倒闭，分工成员分散开来而成为无固定生产组织的"流寓工匠"，靠参与临时性分工（通过"包工"方式）而谋生（山本七平，1995）。可见，这两种方式都是因分配的中断而停止了分工。在以成熟企业形式出现的生产组织中，分工因分配的失调而中断更是常见的事。各种不同的生产要素所有者，都可能因分配原因而终止对特定企业的分工参与。例如，土地要素的所有者因土地使用者拒绝或无法交租，就会从生产组织中撤出土地；劳动力要素的所有者如果得不到意愿的工资报酬，迟早也会退出企业；财务资本的所有者不能分配到利息就会停止资本的投入；技术开发和内部管理者若不能得到相应报酬，就会停止技术开发和管理活动；而作为创新组织者的企业家如果不能从风险经营中为自己创造出支付各项成本后的足够的余额，也会停止组织活动。

除了上述的投入分工，产出方面的分工也会对分配产生影响。在产出分工方面，产出的纵向分工或是横向分工的出现和发展，都属于带有一定风险性的创新步骤，其风险收入可能很高也可能为零甚至为负值，而由分工结果所带来的这种新的分配状态，决定着纵向分工或横向分工能否存在和发展。新出现的分工企业如果能参与分配，则分工就发展一步，否则，分工就会停滞。当然，如果原有的分工企业不能保持分配所得，分工也会萎缩。至于产出的区域分工，历来是分配状况决定生产和分工发展状况的最为明显的领域。以重农学派为代表的农业地区重要论认为，只有农村地区的农业生产，才是真正创造财富的部门，而城市的加工业和商业仅仅是改变财富的形态和位置，所以分配应向农业和原材料生产地区倾斜，以鼓励农业和限制工商业。而强调工商业重要性的新古典主义观点认为，城镇或资源加工地区的生产采用了更为"迂回的"生产方式而成为财富创造的主体，因此城镇在分配上应占更大比重，城镇地区应该比农村地区更富裕。在以上观念的影响下，历史上出现的由"重农抑末"政策、"重工轻农"政策等所造成的城乡或资源地和加工地之间贫富的巨大差异，引起了区域分配上的不协调，导致区域分工难以按照效率原则深入下去。

由此可见，收入分配是生产分工所不可分离的结果，分配是分工的客观要求和自然产物。那种认为某一种分工地位（如一种生产要素所有者、一个环节生产单位或一个区域生产组织）能够任意支配和占有全部收入成果的分配理论，或者认为分配可以独立于生产过程的分配理论，都是难以成立的。不协调的分配就意味着否定了适当的分工，从而就否定了效率和收入，最后就意味着否定了收入分配本身。既然收入分配必须以生产分工为基础和前提，那么，分配的实现就必须满足这样一些与分工相关的基本条件。

首先，分工参与行为来自生产要素所有者，而所有者的利益要求只能通过分配来满足。生存利益是最基本的利益要求。所以，生存利益是制约协调的分配得以实现的第一个基本条件。正是生存利益条件的制约，使没有分配到收入的参与者不得不改变身份，即或者退出一定分工格局，或者以其他要素所有者的身份参与分工（就像日本的流寓工匠那样）。如果一个经过身份改变的要素所有者仍然无法分配到收入，他就面临另一次身份改变，这就意味着个人分工状况的不断变化，一直到该要素所有者满足其生存利益要求为止。这方面的典型例子可以是正面的，例如，一个缺乏物质和人力资本积累的人靠发奋学习和节俭改变了自己要素的所有者身份而加入了一定生产分工，从食不果腹到最终实现了像样的生存利益的满足；反面的例子在历史上更为常见，例如在经济转型巨大的社会条件下，许多从事正当生产活动的人变得难以为继，于是人们的分工地位不断下降（如可能从专业技师变为人力车夫）。如果在最低分工地位上的人们的生存利益仍然无法满足，人们就可能参与反分工的行动（如动乱或战争），直至生存利益满足为止。

其次，分工通过提高生产效率而创造收入，分工的每一步发展都使收入增加，其增加值必须不低于新分工者获得的报酬（即分工的规模经济前提），因此，制约协调分配实现的第二个基本条件是分配参与者的效率贡献。从最直观的意义上说，效率贡献条件就是分配必须具备可分配的物质对象，即人们首先作为分工参与者创造收入，然后才能够作为分配参与者分配收入。但是，由于创造收入往往需付出较为长期而艰辛的劳动代价，而分配收入仅仅是对劳动成果的一次性瓜分，无须付出什么代价，因此人们在行为动机上时常会回避创造收入而仅注意分配收入。一旦人们作为分配参与者的活动强度超过作为分工参与者的活动强度，分配活动就会扭曲，进而削弱生产的分工。例如，在计划经济体制下形成的某些生产主管部门，在改革开始后所管辖的企业大部分已经市场化的情况下，这些部门的分工已经不具有存在的必要性。但是，这些过时的主管部门可以利用新体制的漏洞和传统上形成的影响，力争介入市场生产组织的分配。这一方面会造成新型企业的效率损失，另一方面又通过对垄断性物资或服务的提价、摊派等手段扩大其分配份额，使分配变得严重扭曲和不协调。

再次，分工作为工作的划分，要求对社会成员在特定生产组织中进行角色定位，这种定位就是确定分工者的责任和权利，权利的核心部分就是分配权。因此，分工者的地位确定是制约协调的分配得以实现的第三个基本条件。地位确定包含以下几个层次：一是地位确定的形式。在一个人数少而人员较为固定的共同体中，由于大家彼此之间十分熟悉,分工地位可以以非常不正式的形式确定。但随着一个共同体规模扩大和人员增多,或者人员流动性增大和陌生人增多,共同体成员地位的确定形式需要越来越正式。如从口头协议,到成文的店规或厂规,到双方承诺的契约,再到由执法部门公证的契约,等等。二是地位确定的程度。按成员分工的严格程度,各成员之间的地位确定的程度也可以有差别。随着地位确定程度的加深,共同体可能从每一个细节对成员的地位加以确定(例如生产流水线的操作工之间责任和权利必须作出明确的划分)。三是地位确定的对称性。由于分工成员的地位可分为责任和权利两部分,所以地位确定就有一个如何平衡责任和权利相对大小的问题。从性质上看,责任和权利都是富有弹性的概念,责任可以从非常小(如学徒工的生产责任)到非常大(如无限责任公司的合股方的债务责任),权利也可以从十分小(如仅仅满足生存利益的权利)到十分大(如支配共同体一切支出)。然而无论如何,分工中责任和权利的对称性,必须符合一定历史条件下的对称性标准。

三 分工发展与分配的多元化

一种由亚当·斯密提出的分配观点认为,在人类的原始未开化时期,少量的人可能面对广袤无垠的肥沃土地和自然果实丰盛的森林、草原,人们只需劳动就可获得全部的收入,既不用交土地的地租,也不用交资本(采掘工具)的利润,所以全部收入都是劳动创造的,也就归劳动者所占有。后来,出现了以占据土地为生的地主和以占有资本为生的资本家,劳动者在收获成果时就不能占有全部成果,而必须分一部分给地主和分另一部分给资本家。这样,地租和利润就是对劳动所得的扣除。若进一步说,这就是一种明显的剥削。因为,在没有地主和资本家时劳动者过得更富有更自在,为什么要存在地主和资本家呢?然而在近代和现代社会生产中,生产活动已离不开土地和房地产经营,以及资本的积累和融资经营。对土地和资本所有者的否定意味着对现代生产过程中分工发展的否定。

事实上，尽管没有社会的正式确认，人们对生产活动中必不可少的某些资源或物品拥有公共的所有权。这就是说，人们可以随意取用和消耗某些物品，就像使用自己的劳动一样。在人类社会的早期，人们在生产活动中很可能不受限制地取用土地、森林资源、草原、海洋、河流、各种植物和动物等，只要"手到"就能"拿来"，根本不用考虑是谁的或向谁付费的问题。然而，这并不意味着，所有这些自然资源和自然力量不属于生产要素投入，或者说生产中投入的只有劳动力这一种要素。因此，那种认为在"未开化社会"所有收入都是由劳动创造的观点是有问题的，是违背经济可持续发展原理的。尽管全部收入在形式上归劳动者所有，但这些收入却是劳动投入与其他各种自然要素投入共同作用的结果，离开了其他投入，劳动力一无所能。其实，此时的劳动者并非单纯的劳动力所有者，他还是所有这些自然要素投入的潜在的所有者，如果劳动者建造了简单房屋和制造了简单工具，那么他还是这些"资本"的所有者。当然，他可以没有任何"所有者"观念，但是他事实上随意取用着这些生产要素并且享有所有这些投入要素所创造的全部产品，因此他既是个人要素所有者又是公共要素的潜在所有者。这时候，用于区别人与人之间的关于资源取用的权利和责任的所谓"产权"是一体的。既然没有产权的分立性，产权本身的存在也就没有必要。随着人类成员的增多和生产活动对资源取用量的增大，人们变得不像原先那样可以随意找到适宜的生产环境了。于是，资源变得稀缺起来，人们的生存空间也变得比以往拥挤。随意取用的公共资源越来越少，人们对自己正在使用的资源转让给别人使用开始索取一定代价，而自己为了使用其他资源（如从平原到森林里打一次猎）也必须支付一定的代价。由于同一自然资源上投入的劳动力要素和"资本"要素的增多以及劳动分工的发展，生产效率很快增长起来，一定量的投入比以前创造出更多的产出。这表现为按人平均的物品拥有量的增多和大量剩余产品的出现。虽然产品增多了从而人类社会在总体上比过去富裕了，但是随着加入产品生产过程的相关人员增多和分工活动的复杂化，要求参加收入分配的社会成员比过去大为增加了。

其实，从分工发展的内在要求来看，分配的多元化是一种进步的趋势。因为在正常情况下，增多的产品是由于增加劳动分工所带来的，而将产品在更多分工者之间进行分配又会保证和促进下一步的分工。然而，人类历史上的分配多元化进程却是充满坎坷和矛盾的。由于偏见和狭隘的利益驱动，一部分原来占有自然资源的人们试图将绝大部分产出据为己有，而一部分原来拥有人造财富（如房屋、工具、牲口等）的人则企图瓜分更多产出。分配的多元化已经意味着分立的利益集团的出现，只要有任何一方不承认另一方的分工地位和分配地位，或者任何一方试图独占共同体的产出，那么分配的争端就会出现，暴力强制就会取代协商谈判，由此而导致社会和分工的倒退。

所幸的是，人类已逐渐从利益分配的大大小小战争中吸取教训。除了局部区域仍然以暴力解决分配问题以外，现代社会已通行和谈与非暴力抗争的解决办法。保持和平和争取发展成为现代社会的主流。这种形势为人类社会最终解决分配及分工问题创造了良好的环境条件。但是，这并不意味着解决分配问题已轻而易举，因为分配多元化进程还在随着分工的扩大而进一步展开，分配中的矛盾依然存在。所以，为了早日解决分配问题，我们面临的首要任务就是理论上说明分配多元化的实施问题。

实施分配多元化的困难主要反映在两方面。一方面是如上面所提及的自然资源和人造财富的人格化，即原来人类共同支配或劳动者自己支配的那些生产要素变成各有其所有者，这些所有者以分工者的地位参与分配，使分配多元化。另一方面，社会性工作的分工随着社会发展也日益复杂化，这些分工可能离产品的直接生产操作过程越来越远，但又是社会必要分工的一部分，因而有理由参与收入的分配。这两个方向上的分配多元化的潜在深度都是巨大的，前者如外层空间、空气和阳光等，一旦人类对这些资源的开发利用发展到必须要由分工来管理和经营它们的程度，就会产生这些资源的所有者，从而形成产出收入的新的分配流向；后者如联合国等国际性社会服务组织的活动，随着地球变得越来越拥挤，生产过程需要日益增多的国际性协调和服务，因此这类机构的活动也属于生产性分工，也有权参与收入分配过程。事实上，正是针对近年来联合国财政状况日渐艰难，许多成员国不愿交纳会费的情况，一些专家提出设立各成员国国内生产者的专项征税，以使联合国及时得到运转资金，同时也能显示联合国的合理分工地位。那么，如何保证分配多元化的正常发展呢？首先，为了防止由于分工不足和分工过度所造成的效率损失，需要考察一项分工是否具有效率意义，如果通过考察能够证明该项分工能产生收益递增的效果或正的分工净收益，则相应的收入分配就是适当的；相反，如果该项分工不具有正的分工净收益，则说明该项分工没有必要性，其相应的收入分配也是不适当的。其次，对于具有效率意义的分配流向，必须给相应的工作者界定"产权"，即动用生产性资源的权利和责任，以使该工作者尽到分工所要求的责任和享受到不侵犯其他分工者权益的利益分配。这样做，由于明确了分工者的工作职责范围和相互间的分配界线，就避免了因分配多元化所引起的矛盾。以资源的人格化为例，水在工业化以前的时代还是随意取用的，但今天的水或者经过工业加工、输送变成自来水，或者经过净化、装瓶、包装成为饮用水，这种水资源的占有和管理的分工经过公众舆论和市场需求检验证明是有效率的分工，因此水加工行业就得到有关法规的认可，水资源占有和管理者在现代社会中就一般拥有不侵害相关行业（如饮料业和水果加工业等）的特定经营范围和分配权利。同样，社会性分工尽管没有市场评价，但其效率意义对于共同体成员来说仍是清楚的，人们可以证明它是否属于正常分工。例如公共消防服务在历史早期并不存在，但现代社会已离不开这一分工，而它并不与相关行业（如私人消防器材业和保险业等）相排斥，因此在现代社会中拥有其特定的分工范围和分配权利。

四 分工性分配论的特点

首先，关于生产要素的概念。功能性分配理论认为，投入的生产要素既然创造了收入，就自然拥有了分配收入的资格；每一种生产要素创造了总收入中的一部分，所以每一种生产要素所有者以一种收入形式分配到一份收入。这种分配正好将总收入分配完毕。获得收入所凭借的是要素的所有权，要素的"主人"可以对收入创造过程不起任何直接作用。分工性分配理论则认为，收入的生产过程并不意味着收入的分配过程，作为公共资源本身并不要求单独分配一份收入，而只有当公共资源人格化以后，这类生产要素投入才与收入分配相关。因此，生产要素所有者分配到收入，来源于人类生产对资源的利用程度发展到需要这样一项分工，并且该要素所有者履行了该项分工的产权责任。这就是说，在一个分工的世界里，仅仅凭借某项生产要素的所有权是不可能获得收入的。生产过程中的生产要素作用的背后，是人的分工活动。

其次，关于如何划分收入的问题。功能性分配理论从建立收入划分标准上寻找出路，提出这个划分标准就是生产要素的产出贡献大小。至于如何确定各个生产要素的贡献大小问题，古典的和新古典的功能性分配理论提出了各种不同的假说，这些假说至今在理论上仍未使人信服，在经验检验上也还没能证实其有效性。分工性分配理论则承认公共资源的参与和分工效率的作用，因此认为人类的生产活动从一开始就创造出比人类自己的投入更多的东西，每一个具体生产组织从产出中得到的要大于在投入中所付出的东西。所以，产出不可能按贡献在生产要素所有者之间分配完毕。因为，每一个参与分工的生产要素所有者都能无偿获得两个部分的收入，即来自"免费的"公共资源的贡献和来自"无成本的"分工效率的贡献。在此基础上，各种生产要素才通过"付出代价"的贡献产生相应的收入。这样，生产要素所有者得到的收入总和就会超过他们的贡献所形成的收入。从另一角度来看，来自公共资源和分工效率的"无偿收入"也不是完全自动产生的，而是靠了分工参与者的活动所产生的某种"副作用"或"副产品"。这种"副作用"的大小很难说主要来自哪一位分工者，或者更确切地说，它就是靠共同的活动所产生的。每位生产要素所有者的生产要素贡献，如果单独生产则生产效率极低或什么也生产不了，只有加入分工性的共同生产过程，才能形成相应收入，因此，在分工生产中很难说某一位生产要素所有者所得到的收入仅仅是由他的生产要素所创造的收入，而其中不包括其他生产要素对他的收入的贡献。在分工性分配理论看来，有意义的收入划分标准来自产权的界定，而产权的界定来自生产要素所有者在分工中的定位，而分工中的适度定位来自协调的分配，协调的分配又来自公平的观念及其合作行为。因此，从根本上说，可行的收入划分标准只有四个字，即"公平合作"。在人类历史上不难看到，凡是分工发展顺利和生产增长快速的时期，不仅是收入在当时历史条件下被认为相对公平划分的时期，也是分工参与者的合作积极性相对较高的时期。

（原载《浙江学刊》1999年第3期）

分工发展:实体经济、虚拟经济与现代经济

一

任何一个现实经济都是由实体经济（由实体性分工生产过程组成）和虚拟经济（由虚拟性分工生产过程组成）这两部分构成。这两部分对于经济增长和发展都缺一不可。两部分经济都包含着因分工不足或过度而导致经济效益相对萎缩的可能性。只不过，虚拟经济中的过度分工和过度发展具有很大的隐蔽性。在历史上，虚拟经济中的分工不足问题，是通过生产活动中的经验积累、科技开发、企业创新、政府创新等方式来解决的。但与此不同的是，虚拟经济中的过度分工问题，在人类社会的前期是通过迷信和宗教的冲突、实行专制和推翻专制、旧共同体的解体和新共同体的产生、国家的朝代更迭来解决；在人类社会的后期则是通过政治选举和竞选以及公共选择等途径来加以解决。

从人类生产能力的迅速扩展性和人类需求满足的有限性来看，实体经济创造的物质财富对人类基本需求（衣食住行用）的满足，在工业化社会的后期可以说大致已经到位。高效率的生产活动仅仅需要很小比例的分工者，就足以满足社会的市场需求（当然不是无成本观念的无边际的需要）。对此，西方一些思想极端的学者甚至提出，为了维持物质生产的规模和人的充分就业，人类必须也正在通过克隆技术一类的先进科技手段来制造出"非人类"，通过"非人类"需求的加入来扩大市场的需求。不过，一个明显的事实是，西方现代经济中的第一产业、第二产业在国民经济中所占的比重已经

下降到20%—30%，而第三产业即服务业的比重已经上升到70%—80%。从实体经济的观点来看，第三产业在性质上属于虚拟经济，因为人们看不到物质产品从服务业中产出。因此，从长期的发展趋势来看，人类社会经济的虚拟性的比重将会越来越大，而实体性的比重越来越小。为了保证虚拟经济对实体经济的促进作用，虚拟性分工的扩大仍然必须保持其适度性和适宜性。为此，现代社会将会把更多的精力放在评价和规范虚拟经济发展的制度建设上。

二

创造日益增高的经济效率的分工经济，必然伴随着产品交换活动的增多而增多。为了提高交换的效率，人们使用了"一般等价物"即货币。也同样是为了提高生产和交换的效率，人们从社会生产中分工出一个新的产业即金融业。毫无疑问，货币和金融业属于虚拟经济，它具有促进共同体经济效率和效益提高的功能，也具有潜在的过度分工和过度发展的风险。

货币经济尤其是纸币经济产生以后，人们参与经济活动中的分工和从分工中得到财富的风险空前增大。人们创造的财富不再是实物产品，所获得的收入也不再是实物产品，而是一些纸片。因此，信用成为经济活动得以开展的一个关键因素，同时，信用也是少数人不正当获得财富的一个漏洞。这时，经济中的虚拟性问题凸显出来。人们也从另一个意义上来解释虚拟经济。

按照马克思的说法，在资本主义社会中，对应着实体经济中的实际资本（Real Capital），还有一种虚拟资本（Fictitious Capital）。虚拟资本，即在实际资本的基础上产生，以有价证券形式存在，能够给持有者带来收益，并且可以独立扩大增值的"实际资本的纸复制品"。以虚拟资本的运作为中心的经济，就称为"虚拟经济"（Fictitious Economy）。为了区分两种虚拟经济，我们不妨更准确地称Fictitious Economy为"货币虚拟经济"。

由此可见，货币虚拟经济虽然属于虚拟经济（Virtual Economy）的一部分，也是适应着实体经济分工发展的需要而产生，具有分工不足或分工过度的可能性；但是，货币虚拟经济的特殊性在于，它既是实体经济的补充，又是实体经济的影像；既是以人们过去的信用为基础，又可以在未来预期信用的基础上实行几乎是无限制的扩张。

自从货币金融业发展起来以后，从宏观经济总量上看，一个社会的全部产品或财富就从一个侧面表现为物质产品总量（包括实物投资积累部分），属于实体经济或实际经济；从另一个侧面表现为一定的货币和金融资产总量，属于虚拟经济或货币虚拟经济。在计量上或记账上，人们通常既计入实物量有多少，又计入货币价值量有多少。这种"两本账"的计量方式显露了实体经济与货币虚拟经济的冲突和矛盾。由于价格的变动以及货币支付的时差，这"两本账"经常会出现不一致。当实物量有余而货币量相对不足时，实物量的一部分就可能变成无用之物（假定价格不变或变化不足）。当货币量不变而支付的实物不足时，一部分人手中的货币就会变成"白条"。这种实体经济与货币虚拟经济的差异，是造成现代经济中养老金支付制度（现收现支或先收后支）陷入两难困境的根本原因，也是关于老一辈以有用劳动和产品换取收入积累，反而被认为是依赖年轻一辈生产者来供养的悖论产生的原因。

"金融经济"（Financial Economy）是英国经济学家泊多斯基（Podolski, T. M.）在1986年出版的《金融创新与货币供给》一书中所提出的概念，指的是现代经济可能发展到这样一个阶段，即人们在商品交换和财富贮藏活动中不再需要货币，而是使用高度多样化的金融资产和金融服务来取而代之。所以，"金融经济"又被称为"后货币经济"（Post-money Economy）。显然，泊多斯基在这里将货币与金融资产相分离，与人们通常将货币归于金融资产的做法是不相同的。金融经济概念反映了20世纪80年代中后期和90年代西方经济学界一种流行的和过度乐观的看法，即认为金融产品（各种金融证券、衍生物和融资服务手段）的"创新"以爆炸性的速度展开，旧的金融工具和金融服务（如货币和银行）将会很快消失，一个新型而完备的资本市场将以最高的效率提供经济社会所需要的一切金融功能。这种过度乐观的观点，很可能是公共部门（国家或政府）对金融监管尤其是国际金融监管的放松，导致金融部门的过度分工和畸形发展的主要原因。国际金融的过度分工，超过了其对实体经济的促进作用，很可能是近几年世界各地发生金融危机的原因之一。

不过，金融资产的外延毕竟远远大于货币。金融虚拟经济是货币虚拟经济的进一步发展。在现代经济尤其是网络经济中，金融资产不仅具有价值储存功能，还可以具有媒介产品交换的功能。所以，货币的定义在理论上从现金扩大到"货币近似物"（如股票、资本资产、房地产）。这样，随着现代信用制度的发展，旧式货币的流通速度在加快，新式货币的规模在迅速膨胀。从广义货币概念来看，一个社会的货币经济部分很容易就会大于其实际经济部分，超过适当的比例关系。尤其是在现代社会中，随着生活的节奏加速和工作的压力加重，人们往往变得容易焦虑和浮躁，经济预期和信心不稳定。当金融市场上的金融资产价格上升或下降时，容易引发金融投机和"跟风"行为。对于类似中国这样的尚未积累丰富的金融市场经验的国家，金融资产的价格和价值量的波动性更大。这种广义的货币经济规模远远大于实体经济规模的情况，就会导致"泡沫经济"。

泡沫经济，指的是货币虚拟经济中的金融资产存量严重超过实体经济中的实际资产存量而形成的一种经济现象。按照日本学者（如山口茂）的观点，当一国经济中的货币虚拟经济扩大到为实体经济的5.5倍左右（通常以股票市场增长指数与GDP增长率相比），该国经济就处于典型的泡沫经济状态，因而随时具有经济泡沫大规模破灭的可能。由于在现代经济中生产过程所需的货币投放超前的特点（负债经济），以及人们以金融资产储存财富的特点，因此，除了一国处于金融危机的特殊时期，货币虚拟经济规模总会大于实体经济规模，因而现代经济中或多或少存在一定数量的"泡沫"。只要国家对货币供应部门、私人部门和国外部门流入该国市场的金融资产量加以密切监督和灵敏调控，使市场中的金融资产与实际资产的比例不致过度失调，泡沫经济现象就不会很严重，泡沫经济就不会成为经济运行中的现实。当然，包括亚洲金融危机在内的近些年的国际金融危机表明，人类社会的金融分工还很不成熟，金融活动的规则还很不健全，一个国家要做到对市场上金融资产的"密切监督"和"灵敏调控"，还面临着一系列的知识和技术上的难题。不过，只要解放思想，注意总结前人和发达国家的经验，加强研究和学习，这些难题还是可以克服的。

三

在人类社会的历史上，作为生产要素的土地、劳动、资本、管理、技术知识等对于经济增长的作用具有明显的阶段性。早期的经济增长是靠开发更多的土地和自然资源来实现的。等到全球的土地差不多开发完毕时，经济增长就主要靠人口的增长和劳动力的投入。在经济从传统农业社会转向近代工业社会时，经济增长的主要支撑力量就转变为资本。但在现代社会（有人称为"后工业社会"）中，推动经济增长的主要因素就不再是土地、劳动（指简单的体力和智力劳动）、资本（指厂房设备等劳动手段），而是管理和技术知识的积累、开发和创新。因此，人们形象地将现代社会的经济称为"知识经济"。测量一个经济的现代化程度的重要指标，就是管理和技术知识在经济中的扩散或普及的水平和程度。知识经济，就是技术知识广为普及并且技术知识水平较高的经济。

显然，相对于实体经济而言，技术知识的积累、开发和创新的活动属于虚拟经济活动（虚拟性劳动分工）。技术知识的开发创新具有高风险、高投入的特点，因此需要高度发展的金融行业的支持。这里的金融行业属于货币虚拟经济活动。还有，技术知识的开发创新需要有普及的教育、产权的保护、信息的交流和生活的便利等条件，而这些条件是由经济中一个大的服务业来提供的。这种服务业的分工活动也属于虚拟经济活动。最后，也许是最重要的，技术知识的开发创新需要有一个给这种创新活动提供人文、法律、政策、政治环境的"制度平台"，它能够以良好的制度架构保证知识创新获得充分的激励和稳定的预期。建立和调整这个"制度平台"的活动，也属于虚拟经济活动。

可见，在现代经济或知识经济中，经济增长对虚拟经济提出了更高的要求。虚拟经济对经济增长的推动作用也越来越超过实体经济的作用。但是，越是在现代社会中就越应当牢记虚拟经济的弱点，防止虚拟经济的过度分工和过度（畸形）发展，随时审定虚拟经济的每一步发展是否给整个经济带来了经济效率和效益的提高。

在开放的经济中，人们还需要警惕，在信息和知识的传递日益超越国界的环境下，所谓的"经济全球化"和"国际分工一体化"是否具有世界性的"制度平台"，或者说，这个"平台"的目前状况如何？没有一个稳固的"制度平台"的社会分工和技术创新是危险的和虚构性的，这无论是对一个国家或一个世界皆如此。

总之，实体经济是相对于虚拟经济和货币虚拟经济而言的。金融经济至少还是一种预期的设想。"泡沫经济"是货币虚拟经济过度发展的一种贬义性描述。知识经济是强调知识和技术的创新性分工作为现代经济基本动力的一种现代分工经济的概括。

（原载《上海财税》2000年第11期）

中国宏观经济分析面临新挑战[*]

近两年来关于中国宏观经济是否过热以及宏观调控措施是否恰当的争论,在很大程度上反映了国内在宏观经济分析思路上的分歧。国内对于经济热点问题的分析,总是有各方面的人士从各种不同的角度提出自己的观点,这在一个处于转型和开放的经济社会中无可非议。但是,对于理论性和政策性都很强的宏观经济分析而言,学术界出现两种明显不同甚至对立的观点,则是值得我们高度重视的。

一 当前宏观经济态势和宏观调控政策分析中两种对立的观点

一方面,在具有学院派色彩的规范性宏观经济分析看来,宏观经济基本面良好,没有经济过热的状况,也不需要出台特别的宏观调控措施。如果出台紧缩性的宏观措施,反而可能打击正在开始的新一轮经济上升周期。这是因为,从规范性宏观经济分析来看,3%—4%的通货膨胀率是经济中的正常现象;5%以下的失业率可以算作劳动力正常流动需要和自愿选择的"自然失业率";9%—10%的经济增长率是符合中国改革开放以来较长时间里增长趋势的"潜在增长率";与这种潜在增长率相一致的投资率可以达到40%;投资增

---

[*] 本文感谢中国社会科学院宏观学科重点建设项目、中国社会科学院重大课题(B类)"就业优先宏观调控目标体系研究"项目和国家社科基金重点项目"核心就业扩展与中国就业模式转型"(项目号:03AJL005)所提供的资助。

长率可以达到25%；消费增长率可以达到15%；净出口增长率可以达到20%；以及贷款余额增长率可以达到20%；广义货币增长率可以达到20%左右。这些，都属于正常范围。

这些正常值通常又称为"临界点"或"警戒线"，是规范性宏观经济分析中用来衡量经济是否"过热"或"过冷"的标准。

那么，2003年的各项宏观经济指标，都处于这些经济不过热的范围之内（除投资增长率和投资率稍高以外），有些指标还显示经济有一些过冷现象。如，2003年GDP增长率为9.1%；CPI为1.2%，PPI为2.3%，投资品价格上升2.2%；登记失业率为4.3%，新增就业859万人；全社会固定资产投资增长26.7%；最终消费增长7.5%；净出口增长为-23%，进出口总额增长37.1%；贷款余额增长21.1%；广义货币增长19.6%。

所以，从这些指标不能得出经济有过热症状的结论。由此可以推论，在2004年度采取控制经济过热的宏观调控政策，基本上是不恰当的。经济没有过热主要表现在，消费物价不高（除局部性的粮食和食品价格上升外），资金不紧张，劳动力不紧张，产能不紧张。

另一方面，在具有经济政策决策考虑背景或对策性分析特征的宏观经济分析看来，宏观经济中已经出现"过热"，需要采取果断的宏观调控措施制止经济中过热的势头，以保证宏观经济稳定协调地健康发展。这种思路判定宏观经济存在"过热"的依据是：

1. 某些行业的投资出现超速增长，带动全社会投资过快增长

虽然2003年的全社会固定资产投资增长26.7%，其过快的势头还不猛，但是水泥投资增长121.9%，钢铁投资增长96.6%，电解铝投资增长92.9%，轿车投资增长87%。全社会投资率也从2000年的36.4%增长到2003年的42.7%。在全社会固定资产投资中，速度最快的房地产投资（29.7%）和其次的基本建设投资（28.7%），都超过了技术更新改造投资（25.1%）。因此，正是连年的房地产投资高速增长（2000年以来每年增速都在20%以上，而更新改造投资和基本建设投资的速度仅在10%左右），加上汽车业的大幅增长

（近两年为37%左右的增长，其中轿车的增长更达到55%和85%），带动了以上原材料生产和投资的过快增长。作为2003年过热影响的结果，2004年一季度的全社会投资增长达43%。

2. 主要原材料市场价格大幅攀升

如钢材及相关产品价格在2004年年初升幅为20%—30%。有色金属的价格升幅也在15%左右。原材料产品的平均价格上升为7%。物价水平从初级产品到最终产品的传递，从局部过热到经济全局过热，中间存在一个时滞。不能等到出现了全局过热和物价总水平的大幅上升，才来着手解决局部过热和结构性过热的问题。

3. 某些行业的过快增长所带来的负担，超过了国内资源和环境，以及国际原材料市场的承受力

2003年，中国的GDP占世界GDP总量的4%，但是，中国消耗的能源和原材料大大超出这一比例。如中国消耗的水泥占世界总量的40%，原煤占31%，铁矿石占30%，钢材占27%，氧化铝占25%，原油占7.4%。中国的电力生产弹性系数，也从1998年的0.37上升到2003年的1.8，表明中国的增长表现为高耗能的状态。

4. 由各地政府所主导和推动的低水平重复建设现象十分严重

地方政府以"开发区热"和"形象工程热"圈占大量农村耕地后，一是上马了许多低技术、小规模、高污染的水泥厂、铝厂、煤窑和钢铁厂等，造成社会成本高昂的企业低成本扩张；二是上马那些无投资资金或长期拖欠资金的政府工程项目，导致大规模工程款拖欠，产生民营企业倒闭和农民工就业无工资收入等严重社会问题；三是造成了大量失地、失业、失生活保障的"三无"农民。

5. 由于部分行业和地方建设项目引起的经济过热，导致全国性的煤、电力、石油、运力紧张

6. 中国目前的工业化阶段，大体处于重化工业发展为主的工业化中期

依据发达国家的历史经验，工业化中期是容易发生经济过热和周期性大波动的时期。因此，对于经济中的过热现象或苗头，我们

需要特别提高警惕。

二 宏观经济分析产生分歧的原因

正如中国的市场经济主要是从西方国家学来的，中国的宏观经济规范性分析也主要是采用西方主流经济学的分析工具、分析视角和分析基点。西方主流经济学就是新古典经济学，因此，规范性宏观经济分析即新古典宏观经济理论分析。在新古典宏观经济学中，通货膨胀或物价水平的普遍持续上涨被认为是综合反映宏观经济状况的最佳指标。这是因为，宏观经济可分为总供给和总需求两个大的方面，宏观经济问题就主要表现在总供给和总需求是否处于均衡状态。按照 AD—AS 模型，总需求大于总供给，就会出现通货膨胀；总需求小于总供给，就会出现通货紧缩；总供求处于平衡状态，就会出现物价稳定。宏观经济政策的实施，就是调控通胀和通缩的波动，以熨平经济波动为主要目标。

不过，物价水平的普遍持续上涨，或通货膨胀现象的出现，需要有一个滞后期。往往在总供求失衡一年左右，才会反映在一般物价水平上。此外，由市场物价波动引起的强制性调整，会给整体经济带来过高的调整成本。因此，为了实现在短期内（一年以内）调控宏观经济不平衡的目标，还需要观察和分析总需求和总供给本身。在总需求方面，通常说的是四驾马车，即民间消费、民间投资、净出口和政府支出。新的国民经济账户体系把政府支出分解为三项，因此，总需求就反映在总消费、总投资、净出口这三个指标上。

总供给方面，通常进行的是总产值和增加值的分析，最短期的有工业总产值或增加值指标，较长期的有三次产业增加值指标。还有总供给的生产要素分析，包括：

劳动力就业和失业的总量和结构指标，工资总量和结构变化指标；

货币信贷总量和结构以及各种利率变化指标；

证券市场交易量及证券价格波动的指标；

主要原材料和能源的总量和结构以及它们的价格变动的指标；

土地和水等自然资源的使用量及其租金或价格变动的指标；

政府部门所提供的公共服务以及税收方面的指标；

企业的创业及其成功的总规模以及利润总量和结构的变化指标；

国外或境外生产要素输入及其价格变化的指标；等等。

在规范性宏观经济分析中一般认为（或假定）：经济增长取决于生产要素投入和资源禀赋，充分就业取决于劳动力在市场上的自主选择，国际收支平衡取决于自由贸易和自由资本流动，收入分配通过边际生产率的调整和财富增长可以最终解决，产业结构或地区经济结构内部的失衡问题可以通过生产要素和产品的市场流动加以解决。因此，通货膨胀成为宏观经济调控所要解决的唯一重要问题或主要问题。宏观经济中是否存在经济"过热"或"过冷"，主要是由一般物价指数（包括 CPI、PPI 和 GDP 平减指数）来测量的。无疑，这种宏观经济的诊断方法，为宏观调控带来了极大方便。这就像医生为病人诊断是否"发烧"或"发冷"一样，只要量一量体温是否处于 36.6℃的临界点，就可决定是否给病人服"退烧"或"升温"药。

另一种宏观经济分析思路，我把它称为"宏观问题感受性分析"。顾名思义，这种宏观经济分析的方法是直接从国民经济中的宏观问题出发的，通过对宏观问题严重程度的感受和思考，提出自己的观点。宏观问题感受性分析在分析工具、分析视角和分析基点上都不同于规范性宏观经济分析。首先，这种宏观经济分析思路的分析工具，不是现有的 AD—AS 模型、IS—LM 模型等总量模型和总量概念，而是现实问题的个案分析、因果分析、对策分析和经济生活及社会科学各相关学科中的概念。其次，这种宏观经济分析的视角，不是新古典的宏观经济理论假定和纯市场交易过程和信号，而是从决策者或问题分析者的角度感觉到经济中发生了可能影响到宏观经济全局的问题，并且对这些问题运用各种理论（包括经济学、政治经济学、制度分析、经济周期分析、社会经济学、政治学、法学等）进行规模、原因、机制、效应等方面的分析。再次，这种宏观经济分析的基点，不是新古典的一般均衡体系和不动点定理，而是全面、协调、稳定、可持续发展的宏观经济体系。所以，宏观问题感受性分析的出发点与规范性宏观理论分析的出发点是不一样的，两种分析的过程及结果也就有很大的差异。

三 对两种宏观经济分析思路的评价

新古典的宏观经济观念，曾经受到凯恩斯经济学的巨大冲击（尽管凯恩斯在理论体系上，基本上属于新古典体系，即经过非均衡分析修改的新古典理论体系）。凯恩斯以市场经济中三大心理规律（消费倾向、资本边际效率、流动性偏好）的假说，论证市场行为的自动调整不能达到资源充分使用（即充分就业）的宏观均衡状态。因此，市场经济的有效运行需要政府的财政政策和货币政策的介入。

凯恩斯学派还通过宏观经济计量模型的构造和宏观经济关键性参数的计算，把宏观经济学变为可以直接指导政府政策的理论。即为了政府宏观经济政策的出台，凯恩斯学派以大规模国民经济数据的输入和计算机处理来预测未来宏观经济主要指标的变动趋势。这种宏观经济预测的方式，甚至为世界银行和 IMF 等国际性组织所普遍采用。

对此，以弗里德曼和卢卡斯为代表的适应性预期学派和理性预期学派，从抽样调查数据的检验分析和实证研究中否定了凯恩斯的三大心理假说。他们提出，从现代社会人们的理性行为来看，消费决定于人们的长期收入趋势及其预期变化（而不是像凯恩斯所断言的人们总是在增多的收入中拿更少的部分消费），投资决定于人们对于赢利机会信息的充分研究和预测（而不是像凯恩斯所言投资者总是在投资增多时产生莫名其妙的危机感），而现代信用和电子支付制度使人们已经不需要储备过多的流动性（而不是如凯恩斯所断言的人们因为市场不确定性而宁愿持有货币不愿支出）。他们认为，以充分利用现代信息社会的信息来保护和促进自身利益的理性预期因素，能够更好地解释发达国家的宏观经济现象。因此，他们认为，凯恩斯的宏观经济政策应该对20世纪70年代的"滞胀"危机负责，同时，凯恩斯的宏观理论也显得不合时宜。对于凯恩斯学派以统计数据和宏观模型来解释和预测宏观经济的做法，卢卡斯认为，这些国民经济数据本身已经包含了政府政策对于经济的不同程度的干预因素，从而不能代表市场经济客观运行的结果。因此，这样的解释和预测所形成的宏观经济结论是不正确的。这就是所谓的"卢卡斯批评"。

这样，通过对凯恩斯理论的否定，理性预期学派又把宏观经济学的主流拉回到新古典的道路上来。这意味着，在理性预期的行为基础上，宏观经济的实际增长总是等于潜在增长，因为理性的经济人总是要利用这种潜在增长机会来获得利润。如果有失业，那也是经济人在劳动力市场交易中自愿选择的结果。唯一值得进行宏观调控的总供给和总需求的总量不均衡，通过市场价格的一般波动调节也可以解决，而价格的大幅度波动往往是外部冲击（如20世纪30年代美国银行大危机和70年代石油危机）和政府政策的不当操作引起的（形成纳什非最优均衡）。

至于宏观经济的微观基础，卢卡斯认为，不能从各种统计数据及其计量分析中去寻找，而应当从具有理性预期特征的"宏观个体"的行为反应中去寻找。理性预期学派证实，通过这种"宏观个体"分析得到的宏观经济结论和预测，在分析美国等发达国家经济情况时，比凯恩斯学派分析得到的结论和预测更加准确有效。

不过，如果按照新古典宏观经济学的观点，政府宏观经济调控是越少越好，财政政策上要做到财政预算平衡无赤字，货币政策上要做到货币增长率长期稳定不变的"单一规则"。这些观点，如果与发达国家的宏观经济政策实践相比较，就可以发现两者其实是大相径庭的。中国的宏观经济政策实践是否要按照这些新古典观点走，仅仅就这一点而言，也需要提高警惕。

在一定意义上，宏观问题感受性分析的优点，可以弥补新古典宏观经济分析的缺点。宏观问题感受性分析的思路，从宏观政策面临的现实问题出发，根据宏观经济发展现阶段的任务所提出的要求，对产生一定宏观经济问题的原因、机制和体制进行探讨和分析，刚好弥补了规范性宏观经济分析的不足，即从西方经济学既有的概念和定理出发，根据一般均衡经济体系的要求，对中国宏观经济问题所作出的不切实际的诊断和宏观政策建议。所以说，宏观问题感受性分析，是当前中国宏观经济分析中不可缺少的一种重要的分析方法。

然而，在进行宏观问题感受性分析时，我们需要注意防止另一种不好的经济研究习惯或偏向，即对经济学进行"散文式研究"。中国是一个散文大国，数千年的文化和学术思想，许多都是以散文的形式记录下来的。散文的优点是可以随意挥洒作者的思想、灵感和联想。好的散文可以给读者以开拓思路和创造意境的启迪。但是，从关于经济理论的认清现实和指导政策的要求来看，散文式的研究方式或理论表述方式就存在明显的缺陷。散文式研究的这方面缺陷表现为：（1）通常不使用严格界定的概念，概念定义的随意性较强，甚至一个人使用一种只有他自己才明白的定义；（2）论述的问题不集中，一篇文章不是集中论述清楚一个主题，而是可能涉及几个方面的主题，从而产生焦点分散和模糊不清的后果；（3）论述的内容缺乏一个严密和前后一致的逻辑框架，没有一个自成体系的文字模型或观念模型；（4）通常不追溯在该论题上前人的代表性观点有哪些，不强调自己在该论题上的特有贡献之处何在，从而没有形成在学术上自动积累的自觉意识和优良传统，常常造成学术研究上"重复劳动"和"低水平重复建设"的不良效果；（5）大量的思考没有抽象和上升为具有典型性的事实、具有代表性的概念和具有一定规律性的定理，甚至没有进行这种抽象的系统性努力。因此，虽然论述中可能不乏真知灼见的创意和一针见血的剖析，但往往被淹没在大量无关紧要的分散论述之中。

四 关于宏观经济分析走出困境的思考

关于对中国经济如何进行宏观经济分析的问题或争论，从改革开放之初就一直存在，并且每隔一段时间就爆发一次。尽管每次大的争论都能够把人们对于宏观经济分析和宏观经济政策的认识引向深入，但是每次争论的焦点问题都没有能够解决。这个焦点就是，如何将西方主流宏观经济理论与中国的宏观经济调控实践结合起来。

经济学是求真之学，经济学也是致用之学。然而，西方新古典主流经济学除了在少数概念（如稀缺、效用、需求、供给等）和分析工具（如边际分析、弹性分析、定量分析）上具有实用性外，在整体上是一种既不求真（即不能告诉我们经济中的现实情况是什么），也不求用（即不能告诉我们在经济生活中怎么去做），而只是求形式之美（即在以经济人为核心的一系列假定之下说明市场经济可以达到完全竞争和纯粹均衡状态）的学问。为了保证其理论体系的完整性和形式上的对称性，还为了坚持市场经济理念的完美性和教育上的方便性，新古典经济学从创始人马歇尔开始，就抛开了那些能够深刻揭示市场经济的本质，但是却难以加入到简单均衡分析之中的古典经济学的活力因素（包括分工理论、创新理论、企业理论、制度理论等），把经济学变为既不能正确认识经济生活中的真实，又不能将经济学原理直接运用于经济工作和政策的"沉闷的科学"。

新古典经济学的根本问题，在于试图以买卖均衡关系来界定一切市场经济关系。并且假定，买卖中的双方是公平和对等的，买卖使交易双方的利益都得到增进。现在人们开始意识到，企业中的关系远不是简单的买卖关系；商品和服务市场的买卖也往往不是公平对等和信息对称的；房地产市场的各种纠纷远远超出了买卖关系；劳动力市场的交易包含了人权、社会稳定和荣誉关系；证券市场的交易也不是简单的买卖关系；产权市场的交易也绝不是买卖关系一词能概括的；国际贸易中的关系更不是简单的买卖关系。并且，买卖关系或交换关系并不是自我生成和发展的。真正推进交换关系发展的因素是分工的扩展。如果说要肯定新古典经济学在学术上的特殊价值的话，那么，新古典经济学说明了：在一个高度纯粹的假设的交换环境中，对等的交易双方的行为变化如何引起交易价格和交易数量的变化。因此，运用新古典经济学对于现实问题直接作出解释的努力常常会产生谬误。

新古典宏观经济学也是如此，将复杂而生动的经济生活现实因素通过太多的假定舍弃了，剩下的是建立在纯粹买卖关系行为基础上的简单总量均衡关系。问题的关键是，新古典宏观经济学试图以这种简单总量均衡关系来替代其他各种经济关系对于现实宏观经济问题的影响和解释，并且试图给出政策处方。新古典宏观经济学所提出的关于宏观经济现实的分析和宏观调控政策的意见，即使是在西方发达国家中都是备受质疑和常常碰壁的，更加不可能适用于如中国这样的市场经济关系复杂程度大得多的发展中国家。尽管从学术入门来看，了解这种高度抽象的简单总量均衡关系及其模型是有必要的，但是用基于这种关系的认识来直接指导中国宏观经济的理论、政策和实践，就有可能使人误入歧途。

中国不少经济学家在接触西方经济学时发现，要将所学的西方主流经济理论运用于中国的市场经济分析非常困难，以致改革开放早期的许多中国学者陷入迷惘。一些人认为，中国经济根本不适合进行宏观总量分析，也不需要实施宏观经济政策；另一些人则将注意力放在如何将中国的经济运行改造成主流经济学教科书所描述的那样一种纯市场经济，从而为中国宏观经济政策的未来实施创造出一个适合的对象或受体。

当然，现实经济问题总是很复杂的，用于解决现实问题的宏观经济政策也总是面临多种可能的选择，而在选择时除了考虑宏观经济因素，还要考虑其他如政治因素和外交因素等。宏观经济理论没有必要去试图取代其他理论或其他社会科学对整个社会经济现象和政策作出解释。不过，宏观经济理论至少需要具备为宏观经济政策提供思想基础的能力。这一点，从学术分工来看，似乎应当是宏观经济理论所必须承担和不可推卸的基本任务。如果宏观调控的决策者虽然具备了"宏观经济学"的理论知识，但碰到宏观调控决策的问题时仍然是必须凭借自己的直觉或依靠其他方面的理论，那么可以说，这种"宏观经济学"的理论是"失职"的，这种"宏观经济学"还可能在经济生活和政策实施中产生误导。

由于现行宏观经济理论基础的不牢固，关于宏观经济学的研究对象应该如何划界，国内的宏观经济学界长期以来没有达成一致意见。大致上看，关于宏观经济学的研究对象的观点可以作如下划分：一是最狭义派，即认为宏观经济学只是进行短期的总供求均衡及其波动方面的分析；二是狭义派，即分析对象是短期的总供求均衡波动加上经济增长分析；三是广义派，即认为宏观经济分析的范围是总供求均衡、经济增长、经济发展和体制分析；四是最广义派，即认为国民经济中任何具有普遍性（大部分地方发生的重大问题）、紧要性（如经济安全、资源安全和环境危机等）、整体性（涉及整个体制和机制的重大问题）、全局性（从局部发生而可能或已经影响到全局的重大问题）和战略性（如增长优先战略或可持续发展战略）的问题，都属于宏观经济分析的范围。

国内一种有代表性的规范性宏观经济分析思路，坚持最狭义的宏观经济分析观点。主张回到凯恩斯最早关于宏观经济学研究对象的"狭义的"定义，即集中研究短期内总供求关系的失衡和经济波动问题。其理由：一是一门学科的研究对象与学科所必须涉及的对象是不同的，如宏观经济学涉及潜在总供给和国家竞争力，但是却不能以它们为研究对象。二是宏观经济学研究的是短期内发生变化的因素，而短期不变化的因素如银行坏账和国企问题就不是宏观经济分析的对象。三是宏观经济学要解决的特殊问题,是消除经济波动和使总供求相一致,因此宏观经济理论不应该分析制度问题、微观基础问题和长期增长问题,而应该是在这些分析已经完成的基础上来进行宏观经济分析。而公共选择、国际经济学和发展经济学所涉及的问题,则应该是在宏观经济分析完成之后再来进行分析。[1] 可以看出,这样做的用心是良苦的,主要是为了实现与西方主流宏观经济学的接轨,而将宏观经济问题中可以与纯粹交易关系及简单均衡关系相对应的那一部分非现实的关系抽出来,进行不顾或者排除现实前提和政策后果的纯"宏观理论"分析。可以预期,这样的宏观理论分析对于人们认识宏观经济真相和指导宏观经济政策的帮助,是大可存疑的。

宏观经济理论体系的正式创始人凯恩斯,尽管有很强的政策感觉,也非常关注现实问题,并且,他可能从一开始就意识到西方宏观经济学的重短期轻长期、重总量轻结构、重波动轻发展、重态势轻基础、重对策轻机制等方面的特征,但是,他并没有跳出新古典理论的分析框架,也没有把这些宏观经济学特征当作理论上的缺陷和不足;他甚至把仅仅关注短期问题当作经济生活的固有属性和人性的弱点。因此,凯恩斯给宏观经济学的题词是:"IN THE LONG-RUN WE ALL DIE。"(从长期来看,我们都不存在了)。然而,他的"潇洒",尽管暂时回避和掩盖了新古典经济学和凯恩斯经济学的内在缺陷,却给从事宏观经济理论研究和宏观调控政策操作的后人,留下了大量的后患。

与宏观经济分析密切相关的另一个问题,是关于宏观调控政策工具的选择。宏观调控政策工具,是政府为了使宏观调控有效达到调控目标而使用的政策手段和调节方式。在西方主流宏观经济学看来,宏观调控中可能使用的工具无非是财政(收入和支出)政策、货币政策、人力政策、收入政策和汇率政策这样一些政策。

---

[1] 《中国人文社会科学前沿报告》(2002年卷),社会科学文献出版社2004年版,第7页。

同样引起国内宏观经济分析争论的，是中国政府使用的宏观调控政策工具。这些工具中除了西方经济中使用的常规性工具以外，还包括非常规性的工具。中国使用的宏观调控工具是：

1. 行政性政策工具

投资项目清理和项目审批权调节政策。例如，对在建和拟建项目进行全面清理和审核，对国家明令禁止的、违反有关法律法规和国家政策，不符合环保规定、城市规划、信贷管理和项目审批程序等有关规定的在建项目停建缓建，并视情况进行处理。暂停审批党政机关和企事业单位办公楼、培训中心和各类会展中心、大学城等项目。

企业经营审批和监管政策。例如，大幅度缩小政府对企业的市场经营范围的审批限制，同时扩大对高污染、高耗能、高违规的企业的审批限制和行政监管。

资源支配权限政策。例如，严格用地管理，防止突击批地。对不符合国家产业政策和行业准入标准的建设项目，一律不批准用地。对违法违规占地严重的地方，暂停土地使用审批。坚决收回违规多占或占而未用的土地。

政策执行松紧度检查政策。例如，中央政府派出巡视小组或检查小组，对各地的政策执行情况进行检查和评估。

组织人事处理政策。例如，对于不执行宏观调控政策或执行不力的各级官员，实行组织和行政职务的处理。

2. 产业和区域性政策工具

限制和停止产业上马政策。例如，将钢铁、电解铝、水泥、房地产（经济适用房除外）等行业建设项目资本金比例提高了15个百分点。并相继制定出台了一些相关产业政策和行业标准，切实按照环保、安全、能耗、技术、质量等准入标准发展国内的产业。

鼓励产业加速发展政策。例如，加大煤电油运协调力度，促进煤电油运和重要原材料的供需衔接，加快电源、电网建设，制定有序供电方案，优先保证城乡居民生活和重点单位的用电需求，充分挖掘煤电油运企业的生产潜力，努力保障重要物资运输，调整煤价和电价，积极缓解煤电油运产业与需求的矛盾。

限制过度城市化建设政策。例如，限制各级城市的开发区、广场、地标工程、地铁、办公楼等建设。

保护和鼓励农业和农村区域发展的政策。例如，对种粮农民实行直接补贴、良种补贴、农资价格管理、农业税减免等，推进粮食流通体制改革，限制耕地的建设性使用，进一步改革乡镇机构，为农民工清欠工资，在农村启动社会保障网络。

3. 常规性政策工具

财政支出政策。例如，扩大对农业和农村的转移支付，扩大对建立社会保障体系的支出。

税收政策。例如，加大污染税费的征收力度，逐年取消农业税。

货币政策。例如，中国人民银行在2003年8月将存款准备金率提高1个百分点的基础上，2004年4月又提高了0.5个百分点，央行加强公开市场操作，向贷款增多的商业银行发行500亿元定向票据，以收紧其放贷能力，出台了加强窗口指导和银行监管的措施，将信贷政策与产业政策协调配合起来，要求商业银行严格控制对过热行业的信贷投放，但扩大支持利于调整结构、扩大消费和增加就业的项目资金需要。

就业和再就业政策。例如，提高对青年人的培训力度，开展对农民工的培训，加强劳动力市场的信息服务，严格对劳动力市场上违规行为的监管，强化对再就业困难的40—50岁人员的扶助。

汇率政策。例如，实行人民币汇率相对稳定的政策。

关于中国宏观调控中使用的这些政策工具，规范性宏观经济分析和宏观问题感受性分析自然提出两种迥然不同的评价。前者认为，既然中国实行的是市场经济体制，就应当在宏观调控中使用发达市场经济国家规范的宏观政策工具，不应当使用非常规性特别是行政性的调控工具。后者则认为，中国宏观经济问题带有发展中国家和体制转型国家的特点，在政策工具方面不能简单按照发达国家的宏观调控方式去做。使用不同政策工具的目的是实现宏观调控的目标，而面对中国的宏观经济问题，仅仅使用常规性的政策工具显然达不到目的。这段时间的宏观调控实践也证明，中国使用包括行政性政策工具在内的多重调控工具的方式是有效的。

笔者认为，宏观调控政策工具的采用首先是服从于宏观调控所要实现的目标。面对中国经济发展的客观需要，中国当前市场经济条件下的宏观调控目标必须是最广义的，即凡是涉及普遍性、紧要性、整体性、全局性和战略性的宏观经济问题，都属于宏观经济调控的范围。从中国宏观调控正反两方面的经验中不难看到，有效的宏观调控不能不涉及政府职能的各个主要方面，即经济调节、市场监管、社会管理和公共服务。有学者认为，中国的宏观调控应当向西方国家学习，有多少钱办多少事，管不了的事让市场自发解决。这显然是一种基于旧发展观的认识。新发展观不仅是口号，而且赋予中国政府在中国经济可持续发展中更大的责任。中国宏观调控政策涉及面比较广，其潜在或可能产生的问题并不在于多方位宏观调控可能会扼杀市场行为者的创造性，而在于中国宏观调控政策本身是否具有健全的出台机制和实施机制。这个问题没解决好，就是最狭义的宏观调控政策也可能对市场形成巨大干扰。而目前正在努力解决宏观调控政策出台机制和实施机制问题的行动（如强化法治国家和党的执政能力建设）一旦获得重大突破，较广泛的宏观调控政策只会带来越来越好的市场经济健康发展环境。与较广泛宏观调控政策目标相适应的宏观政策工具的范围，只能同样是比较广泛的。

其次，宏观调控政策工具的采用取决于如何更有效地实现宏观调控目标。这就是，具体采用何种政策工具应当视能够有效地达到宏观调控目标而定。正如我们不能简单照搬西方国家的宏观调控工具，也不能固定不变地使用一套既定的宏观调控工具。随着中国市场经济的发展和内外部环境的变化，为了最大化宏观调控政策的有效性，中国的宏观调控工具也需要有所变化。此外，使用宏观调控政策的工具还需要注意其可能产生的副作用以及采取可能的弥补手段。这是因为，中国的宏观调控政策需要兼顾短期与长期、总量与结构、波动与发展、对策与机制、经济与社会、人与自然等多方面的协调问题。

为了实现宏观经济理论为宏观经济政策提供思想基础的基本目标，也为了引导学习宏观经济理论的学生和感兴趣者正确认识宏观经济现实这一更高目标，我们需要改变宏观经济分析的视角，引入更加有效的分析工具和分析概念，如案例综合、定性与定量结合、分工、创新、工作团队、信息对称性、经济文化行为、权力制衡、体制冲突、政治经济周期等。同时，抛弃那些具有误导性的分析工具和概念，如单纯经济人假定、市场完善性假定、静态比较优势、纯市场交易、霍夫曼系数规律、效率优先规律等。以最广义的宏观经济分析思路，寻找宏观经济中真正具有典型化的事实，分析这些事实之间的内在联系及其对宏观经济走向的影响，进而重新梳理中国宏观经济关系，建立中国宏观经济概念体系，重建中国的宏观经济学。

参考文献

北京大学中国经济研究中心宏观组：《货币政策乎？财政政策乎？——中国宏观经济政策评析及建议》，《经济研究》1998年第10期。

樊纲：《经济学中的"长期"与"短期"问题——兼论经济学的学科分类》，《经济研究》2001年第6期。

黄达：《人民币的风云际会：挑战与机遇》，《经济研究》2004年第7期。

李霆：《中国的宏观经济研究与区域分析》，《经济研究》1990年第11期。

林毅夫：《经济学研究方法与中国经济学科发展》，《经济研究》2001年第4期。

刘树成：《新一轮经济周期的背景特点》，《经济研究》2004年第3期。

刘迎秋：《高增长、低通胀：宏观调控的目标与归宿——近五年来中国经济持续高成长经验的理论思考》，《经济研究》1998年第1期。

聂丹：《当前我国宏观经济调控的一般均衡分析》，《经济研究》1999年第2期。

钱颖一：《理解现代经济学》，《中国社科院经济所学术研讨会论文集》，2002年。

王诚：《创新和完善中国的宏观经济调控体系》，《特区理论与实践》2003年第1期。

袁志刚、何樟勇:《以新的视角审视当前中国宏观经济增长》,《经济研究》2004年第7期。

张曙光:《中国宏观经济分析报告》(2),社会科学文献出版社2002年版。

赵磊:《西方主流经济学方法论的危机——唯心论抑或唯物论》,《经济学动态》2004年第7期。

朱绍文、陈实:《总供给与总需求分析对我国经济适用吗?——兼论宏观经济政策的社会基础与前提》,《经济研究》1988年第4期。

(原载《经济研究》2004年第11期)

中国的企业改革理论应该引入政治变量

在企业改革的实践面前理论家的理论总是滞后的。我比较欣赏一个观点:"没有坏的现实只有坏的理论。"现在我们不论是研究企业家理论,还是企业理论,往往是按照规范经济学的设定,说企业家需要怎样的一个运营环境,说企业家的供给机制、需求机制应该怎样。即企业家需要一个"正常"的环境,然后,在这个环境里面产生出"正常"的行为。好像我们的理论是好的,但现实是坏的。

实际上,这种思维模式从理论上说是有问题的。我们有这么好的理论,但为什么那些优秀的企业家还是不能发挥更好的作用?为什么我们的国有企业改了这么多年还是问题一大堆?关键就在于我们的理论没有提供如何从计划经济体制下的企业家和企业制度,向市场经济体制下应该建立的企业家和企业制度转变的有效机制。导致这样的"理论真空"的很重要原因就是我们没有把中国的经济研究和中国的政治研究很好地结合在一起。

不考虑"例外"是很大的缺陷

周其仁教授谈到,他主张的企业家理论不会考虑一个例外,就是企业家觉悟很高的情况。我也注意到这些天各大媒体在主要的时间段都在谈论如何保持共产党员先进性的问题。实际上,现在我们整个政治理论的取向就是要在这个"例外"上进行突破。我们做经济理论研究的似乎可以不去考虑这种政治取向,但这恰恰是一个很大的缺陷。

中国市场经济体制的产生具有很大的特殊性。表现在：一是在原有计划经济体制的母体中诞生；二是市场经济出现后实质上并没有改变原有的政治领导；三是强调实行共产党领导下的中国特色社会主义市场经济；四是市场经济运行所依托的社会交往方式是具有强烈儒家文化色彩的重等级、重尊卑、重交情、官本位的交往方式等。所以，人们普遍注意到，中国企业的市场化改革不但要受到通常的经济因素的影响，而且会受到政治因素的强烈影响。但是，在我们的理论中，特别是企业改革理论和企业家理论中，尚未见到将政治因素的分析系统性地引入经济分析体系的。因此，如果我们在企业体制、企业运行和企业家形成的分析中，像西方新古典经济学家那样，仅关注那些企业考虑和制约企业的经济变量，而忽视企业不得不考虑和承受的政治变量，我们的理论分析结果及其有效性很可能就要大打折扣。

关于企业理论分析中经济变量和政治变量的相关性问题，可以分几个层次。

好的理论应该能破解经济现实的"死局"

从理论分析的任务看，经济理论分析和经济政策分析往往不是直接相关的，如果说前者涉及原理和原则的探讨，后者则涉及相机抉择的操作中一定历史制约条件的探讨。我们需要看到，在逻辑推演上很完备的"好理论"是一回事，在经济现实生活中能够运用的"适用理论"有可能是另外一回事。

大多数理论家满足于一种远离现实的理论研究，甚至认为经济理论为了走科学化和规范化道路，就必须采取这种远离现实的抽象研究方式；而有一类经济学家提出经济理论科学与其他科学的不同之处，就在于它与人类的经济生活和经济行为的密切联系，从而特别强调经济理论对于经济现实的指导作用。经济理论的最终任务，是要把看似"坏现实"的一盘死棋走活。如果我们像西方主流经济学那样，在理论模型中把政治因素假定为不存在，不发生影响，或者影响是外生的，那么，我们的经济理论就没有资格指责经济现实这也不好那也不好，更没有理由要求现实生活中的人们按照我们这样的经济理论去做。这一方法论，对于那些无法面对经济现实的"死局"，而又自我陶醉和沾沾自喜的"理论大师"提出了严峻的挑战，也对经济理论分析提出了新的任务。

中国企业改革理论"误区"

从企业理论和企业家理论来看，由于新古典经济理论为在简单市场力量作用中实现均衡和在自由放任环境中实现和谐发展的市场经济提供了最完美的解释，市场经济国家通常也就乐于以新古典理论来证明自己的经济体制的合理性。所以，尽管新古典经济学受到各种"异端"观点的攻击，但仍然是市场经济国家经济学和经济理论的主流。然而，在新古典的一般均衡理论体系中，无法解释企业和企业家的存在。在新古典的局部均衡理论体系中，企业家存在的理由仅仅是市场中对于"管理劳动"的需要，同样找不到企业本身存在的理由。在完全竞争的最优状态中，没有企业创新利润的地位。

新制度经济学以交易成本的理论来解释企业产生的原因，以产权理论解释企业运行的原因，以委托—代理理论解释企业家的功能，从而突破了新古典经济理论的研究框架，从市场经济制度形成过程的角度提供了关于企业理论的解释。但是，新制度经济学的地位仍然是作为新古典经济学的补充。不仅如此，企业的本质——推动市场经济发展的根本动力即商业创新的承载者，仍然受到忽视。从中外历史上看，在制约企业创新函数的各种自变量中，不仅包括资源稀缺、技术进步、消费需求、资本供给等经济因素，而且更重要的是包括法治环境、法律健全、政府定位、市场监管、产权保护、社会文化、心理倾向等社会政治因素。在简单均衡分析中面对成本约束函数而追求利润最大化的一次性生产的"厂商",其实并不是一个真正的企业,因为这种"厂商",没有丝毫创新行为。然而遗憾的是,我们的企业改革理论,不是把企业当成具有创新动力和核心竞争力的真正市场主体,而是把企业培养成简单追求利润最大化的"经济人"。同时,也涣散了有创新之心的真正企业家队伍的凝聚力。

如何将政治因素引入理论模型

从方法论上来看,如何着手来分析经济模型中的政治因素呢?这方面可以借鉴内生增长理论的方法。在内生增长理论形成之前,西方传统增长理论认为,增长的函数决定于资本、劳动和土地等实物因素,而知识和技术等无形因素被认为是外生决定,即由经济分析体系外部的因素所决定。因此,就技术因素而言,传统增长理论是一种外生增长理论。罗默等西方经济学家在模型中引入了技术知识因素,认为技术因素不仅影响了经济增长,而且技术本身也可以被一定量的资本和劳动的投入所决定。因此,技术因素就不再是外生的或外部决定的,而是由经济体系内部的实物生产要素所决定。内生增长理论的出现,通过把技术知识这个影响增长的重大因素引入模型,大大提高了增长理论的现实性,缩小了西方增长经济学与西方经济现实之间的鸿沟。

所以,为了使中国的企业家理论和企业改革理论更加贴近中国的现实,我们就需要努力而仔细地将社会政治因素引入我们的理论模型。可以考虑的理论工作步骤有这样一些:

其一,将企业改革目标的确定从新古典经济学的厂商理论转移到熊彼特的创新理论基础之上。在这方面,我们还可以借鉴现代企业管理理论。

其二,在大量案例分析的基础上分清影响企业改革、企业运行和企业家行为的不同类型的社会政治因素,对于这些社会政治因素进行定性和定量分析，从中筛选出具有典型意义从而可以用于模型分析的政治变量。

其三，将不同政治变量引入企业改革目标分析函数，考虑其可能具备的分析可行性。

其四，对于各个政治变量影响企业改革目标函数的后果进行系统性分析，从而确定各个政治变量在一定值域可能造成的改革成本和改革收益。

其五，综合企业改革函数中社会政治变量、经济变量以及其他变量的各种现实和可能的影响，提出在一定改革目标和社会可承受最大成本前提下的最佳改革目标实现方案。

（原载《中国企业家》2005年第5期）

从零散事实到典型化事实再到规律发现

——兼论经济研究的层次划分

一 导言:熊彼特的困惑

西方从事经济分析研究的大师级学者约瑟夫·熊彼特,在其晚年写作《经济分析史》的很长一段时间里受到一个矛盾的严重困扰,即经济理论如何走出一条规范化和科学化的道路,同时经济理论又能够深刻反映和指导经济实践。这个矛盾在马克思和西方古典经济学家那里可能是不明显的,因为他们基于价值分析的理论体系试图解释商品经济或市场经济的产生、发展和消亡。其抽象分析和历史分析在理论上是一致的。在西方新古典经济学家那里,这个矛盾也几乎不存在,因为他们中的大多数人认为,纯经济学理论可以不管经济实践的问题,只要在几个简单的假定前提或公理基础上,借助一套界定良好的概念,通过抽象和逻辑的推演,就可以建立一个"自洽"或自圆其说的理论体系。在新古典经济学家看来,经济学发展的任务就是在这个体系中不断进行修补和完善,而不要走出这个体系到经济现实中去。这种把经济学"科学化"的主张经常引据的事例是,任何一门"自然科学"的基础理论都是不管作为其研究对象的"自然"中所发生的自然现象和自然事件的,因为自然现象或现实总是包括化学、物理、生物、天文等多方面因素作用的结果。因此,"科学的"理论体系(如理论物理学)内部可以不考虑外部的事实。

新古典经济学产生以后逐渐成为西方经济学的主流理论，由此西方经济学做研究的"格式"基本形成。熊彼特面对的方法论矛盾就在于其经济思想的"入格"与"出格"之间。熊彼特一方面极为推崇作为其好友的瓦尔拉斯的理论，认为一般均衡的抽象研究方法才是经济学的"正道"。另一方面，熊彼特又特别注重现实经济中的均衡以外的力量，[①] 其所提出的企业创新理论又是严重"出格"的。企业家不是正统理论中均衡行为的产物，企业也不是均衡力量作用的结果，利润也非均衡产物，利息作为利润的一部分也是非均衡的产物，对于价格及产量的一定程度的垄断而非完全竞争才是经济发展的常态和动力，等等，这些观点与一般均衡体系格格不入。其实时至今日，在注重现实的创新理论体系和远离现实的一般均衡体系之间，从理论的分析基点、分析参照系到理论分析工具等方面所存在的鸿沟，在现在看来仍然是难以弥合的。

本文结合经济学发展史上对于经济学的性质、功能、效应等方面的各种观点，从中国经济学发展面临的理论与现实的矛盾、理论与政策的矛盾以及理论与经验检验的矛盾等诸多困惑，尤其是宏观经济理论和实践的矛盾（王诚，2004）的求解动机出发，试图在建立以"典型化事实"[②] 系统为基础的中国经济研究体系方面做出初步探讨。

[①] 在这里，"均衡以外的力量"与"非均衡的因素"是不同的概念，后者将"非均衡分析"作为传统均衡分析的一个补充，而前者是指均衡分析所无法解释的经济现象的形成因素。正如熊彼特在《经济发展理论》英文版中所说，原来他以为自己的发展理论是"动态学"，可以补充传统理论的"静态学"，但是他后来意识到，自己的发展理论被解释为关于从一个均衡点到另一个均衡点变化过程的"动态学"，这可能是一种"误会"。这种"形似"而"神异"的现象，就像把许多邮递马车（均衡分析）连接起来，也不能成为一列火车（发展分析）那样（Schumpeter，1934）。

[②] 英文文献中，通常使用 stylized facts 一词，少数人使用 stylized features；中译文中，通常使用"典型化事实"或"典型事实"，也有人译为"特征事实""特征化事实""程式化事实""常规事实""典型化特征"等［参见范世涛（2006）等文献］。本文一律使用"典型化事实"或其简化称谓"典型事实"。

二 典型化事实的基本含义

典型化事实的研究有什么意义呢？据美国一位学者的观点，"经济学全部都是关于典型化事实的研究"（MacLean，2005）。[①] 那么，什么是"典型化事实"呢？据西方流行最广的《经济学辞典》中的解释（Bannock et al.，1998），"典型化事实是不太具体但性质上真实的广义上的概括。典型化事实是经济学中最重要但可能最不受注意的经验检验的结果。经济学模型的优劣依据其解释现实世界的能力来判断。但是，许多模型通过计量经济学的检验试图掌握情况的具体细节，或者获得参数值的精确估计。大量模型通过简单化的设计来检验最粗略的行为，只是根据广义的真实性（broad truth）而不是细节真实性来做出判断。典型化事实的一个例子是，'一个经济中的长期利润率是一个常数——相对于资本存量的价值而言。'这就是传统的增长模型坚持要解释的事实。"另一本在互联网上广为流传的《经济学术语词典》（Forex，Econ-Terms，2006）对于"典型化事实"的定义是："典型化事实是从众多场合中获得的一种观察结果，这种观察结果被广泛理解为具有经验意义的真实性，并且理论一定与此相吻合。典型化事实被特别地应用于宏观经济理论。"

此外，值得一提的是几位德国学者在关于预算研究的一篇论文中对于典型化事实的较为细致的讨论（Heine et al.，2005）。他们认为，"典型化事实"是使人们从纷乱的经济现象中准确确定需要研究的问题之所在的"研究景观"（Research Landscape），是系统性地深入经济问题的方法论基础，是为了解释可观测的经济现象而对不同的模型进行比较分析的参照视点（Point of Reference）。

所以，如果我们用一句话来归纳，典型化事实就是一种能够反映经济运行的真实和基本特征的具有代表性的关键性事实。经济学

[①] Economics is all about stylized fact.

关于典型化事实的研究和发现，其重要性是不言而喻的，可以认为是经济学研究工作的主干部分。如果从典型化事实考察的角度，发现一个理论没有典型化事实作为支撑，这个看似成立的经济理论体系马上会变得摇摇欲坠。

然而，具有如此重要性的学术基础方面的研究，在今天西方经济学界却似乎并不受到重视。代表经济学基础教育的教科书中，基本上没有关于"典型化事实"的专门篇章。经济学专著中，也基本上看不到关于典型化事实的专题研究。在代表学术研究最高水平的经济学论文中，几乎找不到以"典型化事实"作为研究主题的论文。在以上提到的 Econ-Terms 经济学网络系统中，关于"典型化事实"的"相关术语"是"无"；"相关资料来源"是"无"；"有关书籍"是"无"；"有关的期刊论文"也是"无"。如果这在某种意义上反映或说明西方经济学认为自己在相对成熟的西方发达经济形态基础之上，关于"典型化事实"的研究阶段已经基本结束，整个西方经济学界的主要任务和主要精力，都可以放在各个"具体细节"和"精确参数"的琢磨上，那么，对于以处于改革、开放、转型和发展过程中的中国经济为主要研究对象，从而面临众多新经济问题的中国经济学者来说，是不是也要在经济分析方法上完全与西方主流经济学"接轨"，基本接受西方经济学已经发现的全部"典型化事实"，而把主要精力放在"具体细节"的研究上？在这个问题上，中国和西方学者之间以及中国学者内部正在出现日益明显的不同观点。然而更为值得注意的是，有些经济学者并不是很清楚地意识到这一问题，即不明白自己在讨论经济研究的问题时，必须首先在典型化事实问题上做出选择。而越来越多从事中国经济前沿问题研究的学者已经觉察到中国经济运行的一些特殊性。中国经济的"典型化事实"研究和发现仍然是一个未完成的任务，可能需要从最为基础的研究工作着手。

从最基本的语义学上说，典型化事实涉及两个方面，即事实（Fact or Facts）和典型化（Stylized）。因此，为了厘清这一概念，我们首先需要对各种"事实"分类，找出典型化的"事实"与非典型化的"事实"的区别，既不能将典型化事实混同于非典型化的事实，更不能将非典型化的事实取代甚至假冒典型化事实，以至于形成"虚构性陈述"（Spanos, 1989），或者是"事实的赝品"（Artifact）。其次，还需要界定什么是"典型"和"典型化"，什么是真正的"典型化"程序。

三 典型化事实的理论定位

对于典型化事实在经济理论中的定位，我们可以从考察典型化事实的存在特性入手，分别研究在经济分析中典型化事实产生的一些关键环节，以及其中可能存在的问题，最后认识其理论地位。

其一，西方经济学公认的"典型化事实"及其在中国的相关现象。

为了分析和重建中国经济具有的典型化事实系列，我们首先需要对西方经济学普遍承认的主要领域中的典型化事实进行清理，找出其合理性及不足之处。

从"典型化事实就是一种能够反映经济运行的真实和基本特征的具有代表性的关键性事实"的定义来看，西方经济学关于典型化事实的概括应该立足于从微观经济学、宏观经济学、国际经济学、金融经济学、人口和劳动经济学、公共经济学、法经济学、管理经济学、产业经济学、区域经济学、制度经济学、发展经济学，到自然资源经济学等各个分学科涉及的主要经济领域。然而，正如从以上论述中所看到的，西方经济学一般认为，典型化事实主要运用的领域是宏观经济领域，此外的一个主要领域是金融市场。

在宏观经济领域中具有代表性的一组典型化事实是著名的"卡尔多典型化事实"（Kaldor, 1961）。其内容包括：（1）每工时实际产出或人均实际产出（Y_t/L_t）在较长的时间内以连续不变的速度增长，即生产率稳速增长；（2）人均资本存量（K_t/L_t）以连续不变的速度增长；（3）以名义利率扣除通货膨胀率而得到的实际利率（$r_t - \delta$）大体上稳定不变；（4）资本—产出比（K_t/Y_t）大体上稳定不变，或产出和资本存量增长速率大致趋于相同；（5）各种生产要素的收入（$r_t K_t/Y_t$，$w_t L_t/Y_t$）在国民收入中所占的分配份额大体上稳定不变；（6）人均产出增长率（g）在不同国家间具有很大差别。收入和利润份额较高的国家倾向于有较高的资本—产出比。

美国学者根据 2004 年《总统经济报告》所提供的 1960—2000 年的数据，对卡尔多典型化事实在美国的表现进行了重新研究，获得了以下 6 项计算结果：（1）$Y_t/L_t = (1.0160)^{t-1960} 38409$；（2）$K_t/L_t = (1.0160)^{t-1960} 93563$；（3）$r_t - \delta = 0.0825$；（4）$K_t/Y_t = 2.4359$；（5）$r_t K_t/Y_t = 0.3150$，$w_t L_t/Y_t = 0.6850$；（6）$g = 1.0160$。这些结果显示，卡尔多典型化事实在今天的美国仍然是基本成立的（Kehoe，2005）。

然而，在中国与其他新兴经济体所发生的相关宏观经济事实却有所不同。一系列的研究显示（Lucas，1988；中国经济增长与宏观稳定课题组，2006），这些新兴经济体所发生的情况与卡尔多典型化事实的不同之处有以下几点：

（1）经济增长的轨迹是一条递增而非平稳的曲线；

（2）大规模要素积累而非稳定增长是赶超型增长曲线的最主要特征之一；

（3）技术进步与生产性投资保持着稳定的比例关系，[①] 即技术进步并非随机和外生的；

（4）人力资本作为一种新要素，其投入和积累具有巨大的增长效应和分配效应；

（5）出口导向、政府干预、协调分配等宏观调控政策对于促进增长起到显著的积极作用，而不是没有作用或负面作用更大；

（6）不同国家之间的经济增长率并非都具有很大差别。虽然人

---

① 人们在研究中发现，技术进步来源于发达国家的技术扩散和自我改进，因此，随着资本的积累，"干中学"的技术会随着设备投资而进入新兴经济体。

均 GDP 增长率的跨国差别很大，但富裕国家之间经济增长率的差异很小，低收入和中等收入国家之间经济增长率的差别非常大。发达国家的经济增长率在长期中保持稳定，低收入和中等收入国家的增长不稳定。初始收入水平与其后的经济增长率没有相关性（最穷国增长率最低，最富的其次，新兴中等收入国最高）；

（7）作为支撑卡尔多典型化事实的库兹涅茨曲线所显示的随着工业化和经济增长，社会收入差距迅速扩大直到中等发达状态才逐渐缩小的趋势，并不明显。

总结中国最近四分之一世纪的相关研究，部分学者（费方域，2005；刘树成，2005，2006）认为，转型的中国所形成的宏观经济典型事实可以归纳为如下 8 个方面：(1) 从 1978 年起至今，中国保持了西方历史上未有的长时间的高速增长，人均 GDP 提高了近 8 倍。(2) 改革开放以后，中国出口额以每三年翻一番的速度增长，贸易增长占世界贸易增长的 1/4。(3) 25% 的劳动力从农业转入工业和服务业。(4) 4 亿人摆脱了贫困。1981 年以来，贫困人口占比从 53% 下降到 8%。(5) 收入差别扩大。基尼系数从 1978 年的 0.28 上升到 2000 年的 0.45。(6) 从 1952 年至今，中国经济波动被划为 9 个周期（或 10 个周期），从生产率冲击角度分析，"文化大革命"前外部冲击的产出效应明显；此后的周期为增长型周期，波动趋于"平缓"。(7) 改革开放后中国经济波动的特征是，投资、财政、货币、价格波动大，产出、就业波动小。(8) 经济增长率与通货膨胀率中等相关，在时间上前者领先于后者 4 个季度。

金融市场是西方主流经济学用以证明市场竞争有效性的关键性领域，因此关于金融市场的典型化事实的研究也比较成熟和成体系。金融市场典型化事实包括 11 项（Cont, 2001）。(1) 金融资产报酬变化的自相关性几乎没有意义，除非在 20 分钟左右的极短时段内。(2) 金融资产报酬的分布是"重尾"（heavy tails）的、非正态的分布。(3) 金融资产的收益和亏损是非对称性的。(4) 资产报酬具有高斯性质（Gaussianity）——随着时间的延长报酬分布向正态分布趋近。(5) 用任何时间尺度来衡量,资产报酬显示出高度的多变性和无规则突变(间歇性变化)。(6) 波动积聚性——大幅度的波动在一定的时间段积聚。(7) 资产报酬中去掉波动积聚因素后,依然显示有条件"重尾"分布现象。(8) 资产绝对报酬水平的自相关性在长期中会缓慢地减弱。(9) 杠杆效应——大多数资产的报酬水平与资产波动程度负相关。(10) 资产的交易数量与波动程度正相关。(11) 时间尺度的不对称性——粗略的资产波动测量对细致测量的预测,好于细致测量对粗略测量的预测。

但是,在中国和以东亚国家为代表的新兴工业化国家中,政府的产业政策对于资本的配置机制通常具有重大的影响。因此,以上金融市场中的一系列典型化事实在中国和其他新兴工业化国家中并不明显存在。由此造成的影响,在理论方面是金融经济学的理论观点需要重新考虑;在政策方面是,资产报酬的变化在扮演宏观货币政策传导中介的角色时,并不能起到应有的作用。中国相关的研究认为,货币政策的传导机制与政策工具和市场条件具有相关性,从而造成货币政策的非中性状态(刘金全等,2002)。

其二,典型化事实的计量统计分析及理论基础。

典型化事实,从本义上说,是指具有一定典型性和代表性的客观事实的表述。因此,在经济学研究和归纳中,凡是较为流行的事实表述如萨伊定律、斯密教条、边际收益递减、规模经济、范围经济,等等,都是或曾经是"典型化事实"。但是,从西方经济学发展史上看,只是在1930年前后计量经济学产生以后,"典型化事实"的概念才被提出来,并且与计量统计分析密切联系起来。有的西方学者认为,正式将典型化事实的概念引入经济学分析的是卡尔多在1961年发表的文章《资本积累与经济增长》(Heine et al., 2005)。西方经济学界甚至一般认为,"一个'典型化事实'就是一个统计观测值的简要表达"。例如,"数据的回归分析可以表明,如果税收每增长GDP的1%,国际贸易余额将增加0.25%"(MacLean, 2005)。这样,即获得一个典型化事实。这样的"典型化事实"的产生方式和理论认定方式是否成立，其实是值得人们质疑的。

我们知道，计量经济学的优势是对经济现象进行定量分析，可以通过数据的检验告诉人们理论模型是否合理，经济关系及其变化的数量指标可能是怎样的状态。计量经济学的缺陷是，其获得定量分析的正确结论所需要的诸多条件往往难以满足，许多形式上可以精确到小数点以下几位数的统计观测值，其实可能远离真实状况。所以，迄今经济学的定量分析远未能帮助经济学模型达到其验证理论正确性的三个标准：第一，模型与经验数据反映的客观事实相符，能够充分解释经济中的经验；第二，一个模型能够被接受和胜出其他相关理论模型的挑战，而不是处于"无法彼此说服"的矛盾状态；第三，模型能够较为准确地预测未来相关经济事实的走向。目前的计量经济分析尽管已经引入先进的数学工具，但也只能帮助经济学在第一个标准的通过阶段中徘徊，远未能达到第二和第三个正确性标准（甘犁等，2006）。

因此，一些通过计量统计分析手段所得到的"典型化事实"，就值得重新推敲和质疑了。正如 MacLean 所言，"不幸的是，人们在很长时期里忽视了那些典型化事实其实是多么'不真实'（unreal）"。以上述关于国际贸易余额与税收增长的回归分析结果为例，虽然对于回归系数 0.25 的合理解释是这个"典型化事实"，但是，"如果税收每增长 GDP 的 1%，国际贸易余额将增加 0.25%"这一表述，很可能是一个没有反映真实状况的"伪判断"或"假冒的典型化事实"。这是因为，现有的理论研究告诉我们，在决定税收和国际贸易余额方面，有收入水平、税率、出口、进口、汇率等众多的复杂因素在其中起作用，离开这些因素的保证作用，这一因果关系的陈述是没有实际意义的，也是难以成立的。

那么，在典型化事实的研究上，理论经济学与经验（实证）经济学是什么样的关系呢？有的西方经济学者认为，"通常，经验常规性（empirical regularities），或称为典型化事实，提供了理论发展的方向。科学研究圈内已知的典型化事实是一种理论所应当考虑作为其最为基本的检验。当然，理论的发展可能导致人们从不同的角度评价该典型化事实的范围和性质，从而改变人们对于典型化事实的确切理解。对于一种典型化事实的解释也会随着用于解释该事实的理论的改变而改变"（Morrow，2000）。据笔者理解，这段话基本上表达了典型化事实在经济学理论中的地位。一方面，以计量分析指标所显示的典型化事实，其所赖以产生的基础模型，必须建立在长期经济理论研究的积累之上，这些理论的积累经过多年的事实归纳和逻辑演绎分析，成为人们对于经济问题认识的结晶。另一方面，经过众多的可靠和权威统计数据检验及获得经济学界普遍公认而存留下来的典型化事实，又是经济理论发展的方向。任何新理论的提出，都应当首先能够通过那些公认的典型化事实的检验，即新理论有助于解释相关的典型化事实。

其三，典型化事实的还原论解释与复杂性解释。

在西方主流经济学中，通行的研究方法是所谓的"还原论"（Reductionism）。"还原论"也是新古典宏观经济学寻找宏观经济的微观基础的代表性方法。还原论认为，对于宏观、微观、金融、管理等各种经济关系现象的解释，只要能够把相互抗衡的市场力量在各个方面形成的唯一均衡点，归结到"经济人"的行为，即符合理性（利己最大化＋完全利用信息）的动机，就可以认为在理论上成立。因此，还原论对于典型化事实的解释是，一种"典型化事实"是否成立，就看它在最终的有代表性的当事人或行为者的理性行为上是否获得通过。如果可以通过，计量统计分析的数值就可以代表"典型化事实"；如果不能在理性解释上通过，则这个数值就不能代表"典型化事实"。例如，"菲利普斯曲线"认为，失业率与通货膨胀率之间呈反比关系，其原因就在于工作者对于其工资具有货币幻觉，通货膨胀率上升时劳动力需求增加，所以失业率就会下降。这曾经被许多经济学家当作宏观经济中的典型化事实。但是，后来的新古典宏观经济学认为，作为"经济人"的工人，同雇主一样具有理性，既关注自己的实际利益，也能够充分利用市场信息，因此，

"货币幻觉"的说法不能成立,"菲利普斯曲线"也就不能算是一种典型化事实。

其实,还原论的方法论能否成立,其中关键性的因素是,人们的经济行为的动机是否唯一且总是理性的。并且即使是理性动机,从个人的理性行为传导到集体性的经济现象甚至传导到宏观现象,其方向性会不会还保持原样?最近关于行为动机的研究已经证明,个人经济行为中包括"从众""寻刺激""同感"等非个人利益最大化的动机大量存在,并且即使是个人的理性在很多情况下也往往带来集体的非理性。所以,用还原论来检验"典型化事实"的方法,很可能是无效的。

与还原论分析相对立,近年来日益兴起一种所谓"复杂性分析"(Complexity Analysis)。复杂性分析从劳动分工原理而不是简单均衡原理出发,认为经济体是一个由简单组织和复杂组织共同构成的系统,这个系统所形成的"典型化事实"[①]不是线性发展和简单均衡的产物,而是非线性发展和多均衡状态的产物。复杂性分析认为,决定经济系统重要事件和典型化事实的主要因素,不是个人的"经济人"动机或理性动机,而是制约分工扩展的三方面力量,即市场规模、资源种类和环境涨落(变化)。由于分工的扩展和多样性所造成的经济体的复杂性,与经济体的稳定性相互矛盾,因此,为了平衡这种矛盾,微观主体和宏观主体在市场经济活动和经济发展过程中必须做出一系列的权衡和选择。在这些选择基础上所产生的许多重大"典型化事实"在新古典经济学中是无法解释的,而在复杂性分析看来则是理所当然的结果(陈平,2002,2006)。复杂性分析需要更加高深的数学技巧作为基础,因此能够更加准确地处理本质上属于开放系统的经济现象和经济问题,但是其发展速度和普及度在目前仍然受到很大局限(成思危,1999)。复杂性分析将可能成为典型化事实建立和研究的未来发展方向。

---

① 尽管相关领域的作者意指典型化事实时不是使用这一术语,而是使用"基本经验"和"典型性实践"等。

其四，典型化事实对于政府政策的效应。

西方学者认为，尽管"典型化事实"一词在西方经济学和政府政策文件中很少出现，但是在实践中，"典型化事实"已经成为西方国家较为普遍使用的游说工具（Lobbying Tool）。在政策游说中通常使用的程式是，首先提出"研究表明……"，其次是一个"典型化事实"，最后就是建立在"典型化事实"基础上的政策主张。那些强调差异的政客会给出基尼系数等显示差异的"典型化事实"，而那些试图掩盖不平等严重程度的政客则会给出增长趋势平均值的"典型化事实"。在政治实践中，"典型化事实"的运用成为影响政府宏观经济政策的十分有效的工具（MacLean，2005）。

对于中美贸易纠纷影响最大的事件，可能莫过于中国的纺织品出口问题。尽管前美联储主席格林斯潘在美国国会的作证中一再强调，在经济学的理解上"公平贸易"就是"自由贸易"，但是美国许多政治家依然认为国际贸易已经从"自由贸易"时代进入"公平贸易"时代，中国对美国的纺织品等制造品的出口所造成的美国大量贸易逆差和劳动力失业，是"不公平的"。在此争端中，一个重要的"典型化事实"就是中国纺织品出口增长与美国就业状况增长乏力之间的高度相关性，或者较大的相关系数。然而，笔者根据美国公布的 2005 年统计资料计算，全美国的纺织工人人数仅有 40 万人左右，占劳动力总数 1.33 亿人的比重仅为 0.3%。即使是假定全部的进口都来自中国，而中国出口的纺织品让美国的纺织工人全部失业，中国的纺织品出口对于美国就业总量的影响也不过是 0.3%，所以与美国整体就业增长乏力没有多大的相关性。

其五，对典型化事实的"事实基础"的反思和重建。

如上所述，在部分国家的历史背景因素、统计计量分析、经济还原论和政治游说需要等各种因素的影响下，典型化事实变得日益远离客观事实的基础，而成为一种主观随意和不真实的描述。为了克服"典型化事实"离开"事实"的偏向，我们需要澄清经济学在理论分析中的几个关键问题。

（1）关于经济学中历史分析与逻辑分析的关系

所谓的历史分析，是按照历史发展的脉络，以有历史记录的事件为基础，对经济问题进行的分析。历史分析是古典经济学和经济史学分析经济的重要工具。关于经济史学与"典型化事实"之间的关系，一般认为是没有密切关系，因为二者所遵循的是两种不同的思路。有学者甚至认为，由于一个典型化事实是从众多场合（Contexts）的研究中所获得的一种观测，因此典型化事实"被认为对于以场合本身为研究中心的经济史学是没有帮助作用的"（Forex，2006）。

所谓的逻辑分析，即按照形式逻辑和辩证逻辑的规则进行推导和演绎，以分辨和寻找经济现象背后的主要影响因素，在根本因素和经济现象之间建立起一个逻辑严密的传导机制分析系统。因此，逻辑分析在现代经济学中比较多地体现在最新发展的现代数学工具的应用上。据许多学贯中西的华人学者如丁肇中、杨振宁、黎鸣等人的研究，中国传统的思维方式如儒家、道家和《易经》的思想，大多数是由感悟性的语句所构成的，各个观点之间基本上没有逻辑推导性质的联系。所以，逻辑分析是中国人思维传统上的一个弱项。但只有在严密的逻辑分析基础上，才有可能建立经济理论体系。而典型化事实，是经济学运用逻辑分析所必不可少的一个基础。

如何处理历史分析与逻辑分析的关系？在对待"经济发展"这一现象上，熊彼特（1934）为我们提供了一种可供选择的范例。熊彼特认为，虽然经济学的边际分析和一般均衡分析等抽象分析方法已经建立，但是，对于"经济发展"问题，人们或者把它留给"任何经济总是不断进步和从低级到高级阶段"的线性发展的先验观念，或者是留给经济史学的"用以前的经济的情况去解释经济的变化"的简单历史分析方法。熊彼特认为，这样的经济发展分析，没有什么理论意义。尽管经济发展现象可以由一大堆经济的和非经济的"历史事实"来解释，但是人们从这些解释中找不到"经济发展"

的根本原因。因此，经济学的任务是寻找不同于"历史事实"的"另一个事实"，即"分析性事实"或"典型化事实",① 并在此基础上建立经济学的逻辑分析体系。针对《经济发展理论》的第一版发行后学术界流传的关于该书"忽视了所有一切历史的变革因素，只有一个因素即企业家的独立存在是例外"的误解，熊彼特指出，经济发展理论所要解决的不是列举"具体的变革因素"，而是建立"变革的机制"。因此熊彼特认为，在经济理论中，是逻辑分析而不是历史分析必须居于分析的主导地位。

与此相反，另一种处理历史分析和逻辑分析关系的观点来自新剑桥学派或后凯恩斯学派。以罗宾逊、斯拉法、卡尔多、帕西内蒂和哈考特为代表的后凯恩斯学派在凯恩斯之后坚持历史分析的重要性，认为模仿自然科学的"逻辑分析"给经济学带来的，是不顾现实性和逻辑性的"资本逆反"和"循环论证"。他们认为经济现实的本质特征是不确定性和"历史时间"，即经济分析中时间因素是不断变化的和有条件的，而不像物理学分析中"逻辑时间"是可以假定不变的。经济现象（如经济增长率达到一定高度就会引发通货膨胀）取决于不同的"历史时间"和"历史条件"，因此具有不确定性。虽然后凯恩斯学派在相关问题的争论中取得了胜利，也得到以萨缪尔森为代表的新古典综合派的认同，但是，面对复杂的经济现象如何着手分析，后凯恩斯学派却没有自己系统的和统一的观点，这使得后人难以沿着他们的研究道路继续前进，难以在经济问题研究上做出积极的贡献。因此，除了如卡尔多那样在"典型化事实"等问题的研究上做出突出成就的学者外，后凯恩斯学派的影响日渐式微。其经验教训是，由于新剑桥学派过于强调历史分析而不注意逻辑分析，既没有留下"可证伪性"的工作可做，又没有留下"范式完善"的工作可做。结果如索洛所言，新剑桥学派由于过于攻击"positive economics"，而把自己变成了"negative eco-

---

① "分析性事实"或"典型化事实"的概念只是反映在熊彼特著作的字里行间，没有明确使用。

nomics"① (王诚，1987；张凤林，2006)。

笔者认为，类似于经济学这样的与人的主动行为反馈相关的社会科学，在学科本身高度成熟（如以上所提及的经济学三个目标的基本实现）和周边学科相当发达（如脑科学、神经元科学②、精神科学和行为科学）的条件尚未达到之前，仍然必须坚持以逻辑分析为主，兼用逻辑分析和历史分析方法，同时容许两种分析方法可能产生的不同研究结论共存。问题很明显，对于成熟的学科如物理学，我们不能提倡允许各种不同的观点同时存在（如水沸腾的"98℃学派"或"101℃学派"），而只能认定一种观点是正确的（水在100℃沸腾）。但是对于经济学，由于还找不到一种办法来评定相互竞争的观点谁对谁错，那么只能允许不同观点的共存。同时，研究中需要兼用逻辑分析和历史分析的方法。在此方面，学术界存在"实践是检验真理的唯一标准"的哲学共识。但是，具体到经济学上，"实践"则可分为已发生的实践、认识到的实践和未来的实践。"已发生的实践"需要总结和提炼，其结果近似于形成典型化事实。"认识到的实践"需要严格的逻辑推论，其结果也类似于典型化事实。"未来的实践"只有通过以往的经验和逻辑分析去沟通，因此需要典型化事实作为基础。所以，建立在逻辑分析基础上而能准确反映历史的典型化事实，代表了以逻辑分析为主、以历史分析为辅的经济学理论研究方向。

（2）关于理论经济学与应用经济学之间的关系

可能是由于参照自然科学（如物理学、化学）的分类方式，经济学也被划分为理论经济学和应用经济学。按科学道理上的理解，理论经济学是关于比较抽象的经济学概念、方法、学派、体系等方面的研究。而应用经济学是关于比较具体而需要提出对策的具体经济问题的研究。所以，理论经济学是应用经济学的前提和指南，而

---

① Positive 兼有实证和肯定、积极的含义，Negative 兼有否定和消极的含义，因此，笔者曾经将 Negative Economics 译为具有讽刺性的"虚证经济学"。

② 最近的综合性研究，可见叶航等（2007）。

应用经济学则是理论经济学的现实延伸和现实反馈来源。二者形成相互区别而又相互联系的互动和互补的关系。

其实，与定义为认识外部世界的自然科学有所不同，在做理论和应用经济学划分之前，首先有一个如何确定经济学本身性质的问题。关于经济学的性质，经济学家持有不同的观点。但即使是从各种不同观点看，经济学在理论与应用之间的划分也是有问题的。其一，如果把经济学看作认识客观世界的科学，那么又如何确定规范经济学的地位？自然科学中从来没有"规范物理学"或"规范化学"这一类对象。因为只有人文社会科学才有学科中的主体和客体之分，自然科学被称为"没有主体的科学"。其二，如果把经济学看作"节约学"或"效率学"，即经济学研究在资源稀缺条件下生产要素的优化配置，那么，经济学在性质上就属于技术性或工具性学科，在大类上属于"工程学"。工程学属于应用学科，无"理论工程学"与"应用工程学"之分。这样一来，本来属于"科学"（而非"工程学"）才有的"理论"和"应用"的划分，就与经济学没有什么关系了。[①] 其三，如果是信仰问题，是否存在"理论信仰"和"应用信仰"之分？既然经济学涉及人类生活的质量，涉及经济生活的规范（Norms），它就不可避免地涉及关于信仰的问题。一般而言，信仰是人们凭借感性理解而不需证明的观念。据一些经济学家的研究和理解，经济学在本质上就是一种信仰，因此，经济学才会永远存在许多的流派。但是，信仰被划分为"理论信仰"和"应用信仰"，其实是否定了信仰本身。

---

① 有趣的是，哈佛大学的曼昆在最近的一篇论文（Mankiw，2006）中提出："在美国经济致力于摆脱衰退的近两年时间里作为华盛顿的（总统）经济顾问的工作，使我认识到，宏观经济学并不是作为一门科学而产生的，而更多的是一门工程学。上帝把宏观经济学家塑造在地球上，并不是让他们提出和检验优美的理论，而是让他们解决实际问题。""我们校园中物理系的同事发现我们把自己当作他们的堂兄弟（科学同行），而会感到可笑，尽管我们提醒到，经济学家正在运用精密的数学、关于个人和加总行为的大规模数据集、最先进的统计技术来把理论公式化，以得到没有偏误和无意识形态影响的经验判断。"

(3) 关于现实主义和工具主义相结合的问题

一些西方学者已经注意到,"典型化事实"这一概念的产生,其实是经济分析中的现实主义和工具主义相结合的结果(Heine et al., 2005; Maki, 1998; Hausman, 1994)。现实主义分为幼稚的现实主义和成熟的现实主义,前者认为尊重现实就是不折不扣地描述现实,后者认为尊重现实是寻找有代表性的现实,而为了寻找代表性现实就需要去粗取精、去伪存真、由表及里地进行分析性描述。同样,工具主义也可以分为幼稚工具主义和成熟工具主义。前者认为所采用的分析方法只要得到与现实情况相一致的预测或结论,那么这些分析工具和方法就是值得肯定的,而可以不管分析的前提和过程是否符合或远离现实。后者则认为,一套成功的分析工具和方法不仅能够得到与现实相一致的结论,而且能够对经济现象生成的内在机制做出大致准确的描述,即达到分析过程与现实形成过程的基本一致。所以,尽管幼稚的现实主义和工具主义有不可调和的矛盾,但成熟的现实主义和工具主义则可以找到契合点。这个契合点,可以说,就是典型化事实。

(4) 关于从零散事实中提炼典型化事实的问题

为了认识典型化事实,需要从最基本的经济事实开始。最基本的事实可以说每时每刻发生在人们身边。从个人和家庭日常经济生活中发生的每一件事,到新闻媒体每天报道的经济事件,都是基本经济事实。由于这些事实是随机发生的,因此是零乱的、分散的,可以称之为"零散事实"。所以,零散事实是日常生活中由于各种偶然因素而随机发生的,由表面现象所构成的事实。由于"个别证明"的逻辑说服力在形式逻辑中是最弱的,因此零散事实不适合用于直接证明任何经济学理论观点。但是反过来,经济学理论观点却应当能够解释绝大部分零散事实,并且以零散事实作为自己的初步对象。了解和掌握零散事实,是提炼典型化事实的第一步。作为第二步,我们需要把零散事实组合成一个个完整的经济故事。经济故事有了开头、发展过程、结尾,有了主角和配角,有了主要事件和次要事件等"故事元素"。第三步，需要把经济故事做成案例分析。案例分析相对于经济故事而言，增加了经济学的"问题意识"以及围绕"问题"所展开的细节分析和比较分析。其中包括：数据的采集和整理；深入的访谈和调研；揭示案例的普遍性、代表性和典型性；提出一种带有政策倾向性的分析结论或观念。案例分析的典型形式是"田野调查报告"或"实地研究报告"（Field Study Report）。[①] 第四步，针对某个经济事实或具体现象进行定量分析。为了进行较为完善的定量分析，需要注意几个方面：一是数据的可靠性和权威性。二是代理指标的恰当性。三是定量分析方法的先进性。第五步，在定量分析基础上就具体经济事实和现象进行定性分析。这种在定量分析之后的定性分析，不同于一般的定性分析。它是在对于一个经济事实或现象取得稳健和可靠的系数或参数支持的前提下，挖掘这一定量分析结果产生和形成的内在机制。进行这样五个步骤的分析后，经济理论分析所需要的典型化事实就基本上可以产生了。

（5）关于典型化事实的进一步探讨

笔者认为，正如典型化事实的提炼是一个复杂的过程，典型化事实的认定很可能不是一劳永逸的。从本质上说，典型化事实的概念不仅仅是一种客观反映，而且是一种学术界的共识。为了建立和维护这种共识，需要进一步完成的工作还有不少。主要包括这样一些：逐步健全和标准化典型化事实的提炼方法和提炼步骤；对于现存的典型化事实进行真伪辨别的方式和标准；典型化事实在经济分析体系中的具体层次和地位的进一步确定；分析确定典型化事实是否具有时代性、过时性、区域性和国别特征；等等。

[①] 在提炼典型化事实问题上，笔者十分强调案例分析工作在中国经济学建设中的极端重要性。一个不良倾向是"就事论事"，把经济分析与记者随笔同等看待，不做深入细致的案例调查和比较分析，甚至停留在零散事实的描述和随意发挥上。另一个不良倾向是"简单照搬"，不研究或不看中国的案例和现实，认为"天下的人都是经济人"，所以"天下经济学都一样"，以外国经济学中既有的模型简单套用中国数据。有时甚至在所获结论与中国现实大相径庭时，任意删减和改变数据。这些，都会造成中国经济学研究中的"硬伤"。关于案例分析的代表性论述，可见朱玲（2007）。

四 经济学的"纯科学主义"排斥典型化事实的研究

随着经济学的发展,人们在经济学是社会科学这一观点上的分歧日益缩小。但在如何把经济学建设成为尽可能"科学"的学科问题上,却一直存在着分歧。这些分歧中比较有代表性的两种对立的观点,是经济学的证伪主义和经济学的纯科学主义。

证伪主义认为,任何经济理论上的判断都必须是可证伪的,否则不是科学的。这意味着,任何的判断或命题都应当可以通过具有客观性的事实来进行检验,这些事实可以来自经验、实验、调查和历史记录,等等。于是,经济学研究的过程,就成为不断地提出"创意"(Ideas)和不断地对这些创意进行"证伪"的过程。证伪的目的是使来自"创意"的理论认识更加接近事实或真实。在证伪主义看来,经济理论永远不可能100%地得到证实,正如人们无法发现终极真理一样。但是,理论被经验证实的次数越多、涉及面越广,经济理论就越接近于事实,越贴近真理。反过来看,尽管在自然科学中理论被一次"证伪"则可以被判定为"伪",但经济理论被一次"证伪",那也由于社会现象的非封闭性和非完全重复性,而未必为"伪"。如果理论被多个重要和普遍认同的事实经验所"证伪",则该理论大致上可以被判定为"伪"。因此,按照经济学的证伪主义,就有"伪概念""伪命题""伪理论"。这样,经济学研究的重要任务之一,就是揭示经济学概念、命题和理论中虚假或不能反映真实的东西,令经济理论反映事实的本来面目。因此,在证伪主义中,典型化事实,一方面,作为典型化或一般化了的经验、实验、调查和历史记录,是检验理论或假说是否成立的一种手段;另一方面,典型化事实作为基本的经济关系的确认,又是构建理论和发展理论的基础材料。由此可见,在经济学的证伪主义中,典型化事实具有关键性的作用。

经济学的"纯科学主义"(Scientism)却持不同的观点,认为经济学的科学性是不需要通过"证伪"的方式来确定的。在纯科学主义方面，西方主流经济学者分别从不同的角度论证过经济学的"纯科学性"，但比较有代表性的观点来自 2005 年获得诺贝尔经济学奖的经济学家奥曼（Robert J. Aumann）。

首先，经济学的纯科学主义认为，经济科学研究的目的，既不是认识客观世界，也不是改造客观世界。一方面，"科学"不在于看清楚现实和事实，而在于"领悟"（Comprehending）我们所身处的世界；另一方面，科学也不在于刻意追求改造客观世界，而在于自然形成的领悟的有用性。奥曼明确指出，在他看来，"（经济学）成功的标准在于'它是否令我领悟'而不是'我将要观察到什么'"（Aumann，1985）。这就是说，经济学分析中所观察到的是事实或不是事实并不重要，重要的是经济分析提高个人的感受力或领悟力。不过，在笔者看来，按照这一逻辑，那些包括博弈论模型在内的各种经济模型的功能，不又回到了经济散文或近似艺术的功能上了吗？这种纯科学主义的"领悟"的目的论，其实很可能否定了经济学的科学性。另外，虽然"悟性"对于人们认识世界非常重要，但在指导经济实践和经济政策的活动中，人们可能更需要依靠的是严谨和客观的经济学分析所得出的结论，而不是感悟性的格言、比喻或警句。

其次，在经济学的纯科学主义看来，经济学理论的科学性质表现在三方面：（1）简单性。"科学"的简单性意味着，无论分析面对的实际情况是多么复杂，或是多么简单，"在其他条件不变情况下，理论越简单就越有用"，从而就越科学。（2）适宜性（或称为"有用的组合性"）。科学的适宜性是指，无论主观的想法是多么正确，或是多么错误，只要将主观想法和客观观察（Observation）组合到一起，就会得到科学观点。奥曼指出，"正确的问题不是'它是否正确'，而应当是'有多少时候它是有用的'或者'它多有用'"。这意味着，经济科学研究不能发现"放之四海而皆准"的正确真理，只能找到指导具体实践的"因时、地、人而制宜"的临时性想法。

(3) 方便性。科学的方便性意味着，方便运用的理论就是科学的理论。奥曼特别引用了自然科学的例子，指出"对大部分追寻'事实'的科学家而言，相对论比牛顿力学更接近于事实。然而，许多科学家仍旧在用牛顿力学解决日常中的问题。为什么呢？……使用牛顿的理论更为顺手"。"就算'事实'已经否定了牛顿力学，但是牛顿力学却仍然作为模型被应用——甚至比相对论应用的范围更加广泛。"因此奥曼认为，科学的经济理论也不需要追求尽可能去接近经济事实（包括典型化事实），只要用起来方便和顺手就行。在笔者看来，以上的"三性"代表了一种对待"科学"的实用主义而非科学的态度，如果经济科学体系建立在这样"三性"的基础上，恐怕其糟糕的后果不堪设想。

最后，经济学的纯科学主义还特别注重经济学中所谓"不科学"或"非科学"的倾向。"纯科学主义"在这方面对学术界几乎普遍接受的一些观点提出了挑战。（1）什么观点是正确或不正确的？纯科学主义认为，"不能简单地用'正确'或'错误'来评价科学理论"。"有人问，既然博弈论提出多重解的概念，其意义何在？哪个解是正确的？人们真实的行为是什么？如果有人持有以上观点，那么博弈论也就失去了它的魅力。"这意味着，在纯科学主义的博弈论看来，科学理论没有是非，经济学理论也没有正确与否的问题。科学理论只有艺术性"魅力"的大小之分。（2）什么观点符合或者不符合事实？纯科学主义认为，"在构建一个科学理论时，我们所要做的并不是试图去达到事实或者甚至是去接近事实，相反，我们试图做的是以某种有用的方式把我们的想法和观察组织在一起"。"对于远古的人来说'地球是扁平的'也同样是一个理论，在我看来，它同样可以被今天的我们看作是真理。""没有一个（博弈论）解会告诉我们人们的真实行动是什么。""效用最大化构成了一种特定的思维方式，产生了许多人们熟知的重要推论……在评判效用最大化原则时，我们不必追问它是否是'合理'的。"这意味着，真正科学的经济理论不需要符合事实或符合真实情况（行动）。或者说，即使不符合事实或不合理的经济学也可以是"科学"的。（3）经济科学是否需要追求真理性？纯科学主义认为，"真理并不是关键。我们抛弃一个理论并不是因为它被'证伪'，而仅仅是因为它不再'管用'，因为它不再适宜"。显然这意味着，经济科学理论不需要追求真理。（4）经济科学是否需要具有一定的预测能力？纯科学主义认为，"我们不能指望博弈论和经济理论能有像物理学或天文学那样具有准确的描述。理性仅仅是影响人类行为的诸多要素中的一个，没有什么理论可以仅仅基于这一要素而得到可靠的预测结果"。"不存在什么强有力的预测，也不存在可证伪性。这些观点听起来非常油滑、不认真和令人不满意。但是，我们并不会因为我们的理论不能预测或预测不准而睡不着觉。我们坦率地说，'理性只是相关要素之一，预测错误是由于其他要素起作用了'。"可见，在纯科学主义看来，经济学不要去做预测和预见性的工作。这样，关于典型化事实的研究也基本上被否定了。因为如果经济理论中离开了关于正确与否的追问，关于是否符合事实的考察，关于真理性的追求，关于将来的理论预测能力的提高，那么，典型化事实的研究显然就成为一件没有意义的事了。进一步说，如果坚持在这些前提下发展经济理论，经济理论本身的发展方向就值得质疑了。

五 经济学的"真实模型"与规律发现

尽管如我们在导言部分所提及的那样，熊彼特在创新理论的发展和新古典理论的坚持二者间一度陷入矛盾境地，但是，熊彼特仍然是一位典型的具有真正科学家素质的经济学家，这个素质就是揭示真实和发现真理。正如熊彼特（1934）所言："我所关心的是真理，而不是我的理论的独创性。"理论的独创性或创新性无疑是评价一项研究成果的重要标准，也是研究成果的价值所在和研究者的学术生命之所在。但是，这并不是一个真正的学术研究者最终追求的目标。一个科学家或研究者真正感兴趣和需要追求的最终目标，应当是对于真实的揭示和对于真理的发现。

典型化事实的研究,应该是中国经济学者认识中国经济发展的客观规律或真理性的不可逾越的一个环节或阶段。事实上,目前大量的经济学研究工作已经有意无意地朝着这个方向前进。可以预期,随着中国的经济学研究在正确的方向上的不断进步,中国经济增长和发展的各方面典型化事实会得到越来越完整的发现和提炼,经济发展的内在规律会得到越来越多的揭示,中国的经济理论模型就会越来越接近于"真实模型"(True Model)。True Model 通常是指能够代表和反映真实经济关系的一个模型体系。

这里值得提醒,在经济学界,国内外学者们对于真实模型的态度还是有严重分歧的。基本上可以分为三种态度。第一种态度认为真实模型是完全可知的。虽然人们没有直接的证据来证实真实模型是怎样的,但人们可以设立一组可能包括真实模型在内的几个模型。所谓的真实模型状态,可以用经济体在过去的一段时间里发生的平均值和经济行为人对于市场的预期值显示出来。只要通过建立关于过去平均值的反应函数或预期函数,在数个模型中进行估算,找到对平均值或预期值反应概率最大的那个模型,就找到了真实模型(Bernardo and Smith, 1994; Hansen and Sargent, 2004)。第二种态度则相反,认为真实模型是完全不可知的。谁也不知道真实模型是怎样的,因为那是不确定和不可知的经济状态。不仅如此,真实模型的概念本身就是自相矛盾的,是一种"矛盾修饰"(Oxymoron)。其基本理由是,"真实"意味着多样性和复杂性;而"模型"意味着抽象化和简单化,人们只有做简化的假定才能建立起模型。所以,"真实模型"是不可能存在的虚构。如果经济学家把注意力放在检验模型是否"真实"上,那么这既是计量经济学也是理论经济学的一场"悲剧"(Eichenbaum et al., 1996)。第三种态度则采取折中的立场,提出真实模型既非不可捉摸,亦非容易企及。这种观点认为,真实模型是客观存在的,"真实"包含数学或逻辑一致性上的"内在真实"以及经验或结论符合实际的"外在真实"两个方面。但是由于经济学不像物理学那样，可以通过可控制的实验来证明模型是否属实，经济学的真实模型就不是经济学的研究对象。在经济学中，关于理论模型的"真实性"的研究，就被关于模型的"可信性"（Credible）或"适当性"（Appropriate）的研究所替代。相对于物理学可以系统描述物理世界的整体状况而言，"一个典型的经济模型就不是一个完整系统，而仅仅是我们研究现实世界的一扇窗"（Rosu et al.，2006）。

然而笔者认为，尽管从典型化事实到一般理论模型，再从一般理论模型到真实理论模型，其间有比较远的距离，需要一代代经济学者付出艰苦的努力，但是，只要我们善于进行理论知识的积累和注意典型化事实的提炼，同时充分总结和运用经济学模型的建模技能和经验，严守模型的"现实性"（Realistic）、"实际相关性"（Relevant）、"稳健性"（Robust）和"可证实性"（Verifiable），那么，随着经济学方法这扇窗开得越来越大，可以预期总能等到看见经济理论真实模型的那一天。

关于规律问题，经济学家变得越来越谦虚和谨慎。这是由于早期经济学家认为自己发现的许多"规律"（Rules），如供给创造需求规律、人口规律、土地收益递减规律、劳动边际生产力决定报酬规律、利润平均化规律；等等，在市场经济的现代发展中出现的"例外"越来越多，甚至有些例外反而成为"通常"的现象。正如有的经济学者指出，"我们很想有3个规律就能够解释99%的经济行为，然而，我们现在有大约99个规律，也许只能解释3%的经济行为"（Rosu et al.，2006）。因此，有些经济学家认为，经济学所发现的规律只是"统计规律"，即在一定时间和一定地点所采集的案例和数据的基础上，运用数学和统计归纳方法所得到的有限的"经常性"，而不是在任何时间和任何地点都适用的"普遍规律"。更有经济学家如同在"真实模型"上采取否定态度那样，在能否找到规律的问题上采取完全的否定态度。在最近数十年中，经济学家越来越多地使用"某某曲线"（如菲利普斯曲线和拉弗曲线）、"某某系数"（如恩格尔系数)、"某某定律"(如奥肯定律)等来表述自己的带有规律性的发现,而不是使用"规律"一词。

在规律问题上,经济学家们的谦虚谨慎态度是值得充分肯定的,特别是考虑到许多经济学家陶醉在由银行自己建立的"诺贝尔经济学奖"和"社会科学皇冠上的明珠"以及"经济学帝国主义"的各种自满言行时,更是如此。我们需要看到,经济学的众多尴尬现状在告诉人们,经济学还是一个远未成熟的学科。尽管如此,在经济规律的发现问题上,笔者是一个乐观主义者,倾向于赞同"经过长期的努力,经济规律仍然可以被人类发现"的观点。总有一天,经过许多人踏实的努力,关于经济世界的典型化事实体系建立起来,关于经济运行的理论模型变得很接近真实,关于经济体制和机制作用的各种规律也会越来越多地被发现。

六 结论

本文结合中国经济学发展的思考,对于典型化事实在经济理论中的地位和作用做了一般化的初步探讨。本文的主要发现和结论是:

(1) 典型化事实就是一种能够反映经济运行的真实和基本特征的具有代表性的关键性事实。由于中国经济运行的一些特殊性,中国经济发展道路的确有自己的一些特征和潜在规律。中国经济的典型化事实研究和发现是一个尚未完成的任务。

(2) 以计量分析指标所显示的典型化事实,其所赖以产生的基础模型,必须建立在长期经济理论研究的积累之上,这些理论的积累经过多年的事实归纳和逻辑演绎分析,成为人们对于经济问题认识的结晶。而典型化事实,又是经济理论发展的方向。任何新理论的提出应当首先能够通过那些公认的典型化事实的检验。

(3) 在典型化事实的研究中需要排除一些不良的研究方法,并注意采用各种先进和合理方法提炼典型化事实。

(4) 经济研究的过程,大致上包括从零散事实到典型化事实,从典型化事实到一般理论模型,再从一般理论模型到真实模型,再从真实模型到经济规律发现诸环节。

其实,经济理论是典型的"从实践中来,又到实践中去"的一个学科。正如卢卡斯(Lucas,1980)提及的,"理论经济学的一个关键功能是提供表述充分清晰的经济系统,使政策可以在这些经济系统中,像在实验室中那样得到检验。假如这些政策放到实际经济中去检验,则人们将遭遇不可承受的高昂代价"(Eichenbaum et al.,1996)。关于典型化事实的系统研究,可以预期将极大地提高经济学的解释力和政策影响力。

参考文献

陈平:《劳动分工的起源和制约——从斯密困境到广义斯密原理》,《经济学(季刊)》2002年第1期。

陈平:《新古典经济学在中国转型实验中的作用有限》,《经济研究》2006年第10期。

成思危主编:《复杂性科学探索》,民主与建设出版社1999年版。

范世涛:《信息化、结构转变和发展政策》,《中国信息界》2006年第4期。

费方域:《转型的中国经济与中国宏观经济学研究的转型》,演讲稿,上海交通大学经济与金融系,2005年。

甘犁、李奇:《寻找只有"一只手"的经济学家:探讨经济学实证研究的方法》,文稿,美国德克萨斯农工大学,http://www.qvniya.com,2006年。

刘金全、刘志强:《中国货币政策非中性——货币—产出的因果关系和影响关系检验》,《吉林大学社会科学学报》2002年第4期。

刘树成:《经济周期与宏观调控》,社会科学文献出版社2005年版。

刘树成主编:《中国经济周期研究报告》,社会科学文献出版社2006年版。

王诚:《两个剑桥的"资本论争"》,硕士学位论文,武汉大学,1987年。

王诚:《中国宏观经济分析面临新挑战》,《经济研究》2004年第11期。

叶航、汪丁丁、贾拥民:《科学与实证——一个基于"神经元经济学"的综述》,《经济研究》2007年第1期。

张凤林:《后凯恩斯经济学若干新进展评述》,《新政治经济学评论》第2卷(2006年)第1期。

中国经济增长与宏观稳定课题组:《干中学、低成本竞争和增长路径转变》,《经济研究》2006 年第 4 期。

朱玲:《实地调查基础之上的研究报告写作》,《经济研究》2007 年第 1 期。

Aumann, Robert J. , "What is Game Theory Trying to Accomplish?", in Arrow and Honkapohja (ed.), *Frontiers of Economics*, Basil Blackwell, 1985. (中译本参见蒋殿春等译《博弈论的目标》,《经济社会体制比较》2006 年第 4 期。)

Bannock, G. , R. E. Baxter and E. Davis, *Penguin Dictionary of Economics*, Penguin Books Press, 1998.

Bernardo, J. and A. Smith, *Bayesian Theory*, John Wiley, 1994.

Box, G. E. P. , "Science and Statistics", *Journal of American Statistical Association*, 1976, 71, 791 – 799.

Cont, Rama, "Empirical Properties of Asset Returns: Stylized Facts and Statistical Issues", *Quantitative Finance*, 2001, 1, 223 – 236.

De Leeuw, J. , "Model Selection in Multinomial Experiments", in T. K. Dijkstra (ed.), *On Model Uncertainty and its Statistical Implications: Lecture Notes in Economics and Mathematical Systems*, Springer-Verlag, New York, 1988, 118 – 138.

Easterly, William and Ross Levine, "It's Not Factor Accumulation: Stylized Facts and Growth Models", *World Bank Working Papers*, October, 1999.

Eichenbaum, Martin, "Some Comments on the Role of Econometrics in Economic Theory", *Economic Perspectives*, Federal Reserve Bank of Chicago, 1996, 1 – 1.

Fiorito, R. and T. Kollintzas, "Stylized Facts of Business Cycle in the G7 from a Real Business Cycles Perspective", *European Economic Review*, 1994, 38, 235 – 269.

Forex, Econ-Terms, http://www.fxwords.com/u/userguide-to-econ-terms.html, 2006.

Frankel, J. A. and Rockett, K. E. , "International Macroeconomic Policy Coordination when Policymakers do not Agree on the True Model", *American Economic Review*, 1988, 78 (3), 318 – 340.

Hansen, L. P. and Sargent, T. J. , "Robust Control of Forward-looking Models", *Journal of Monetary Economics*, 2003, 50, 581 – 604.

Hansen, L. P. and Sargent, T. J. , *Robust Control and Economic Model Uncertainty*, Princeton University Press, 2004.

Hausman, D. M. , "Why Look Under the Hood?", In Hausman, D. M. (ed.), *The Philosophy of Economics: An Anthology*, Cambridge: Cambridge Univ. Press, 1994,

217 - 222.

Heine, Bernd-O., Matthias Meyer and Oliver Strangfeld, "Stylized Facts and the Contribution of Simulation to the Economic Analysis of Budgeting", *Journal of Artificial Societies and Social Simulation*, Vol. 8, No. 4, http://jasss.soc.surrey.ac.uk/8/4/4.html, 2005.

Kaldor, N., "Capital Accumulation and Economic Growth", in F. A. Lutz and D. C. Hague (ed.), *The Theory of Capital*, New York: St. Martin's Press, 1961.

Kehoe, Timothy J., "Notes on Calibrating the Growth Model", Fall, www.econ.umn.edu/-tkehoe/classes/calibration-04.pdf, 2005.

Lucas, R. E., "Methods and Problems in Business Cycle Theory", *Journal of Money, Credit and Banking*, Vol. 12, November, 1980, 696 - 715.

Lucas, R. E., "On the Mechanics of Economic Development", *Journal of Monetary Economics*, 1988, 22, 1, 3 - 24.

MacLean, James R., "A 'Stylized Fact' is a Simplified Expression", http://www.prometheus6.org/node/10061, 2005.

Maki, U., "Realism", in Davis, J. B., Hands, D. W. and Maki, U. (ed.), *Handbook of Economic Methodology*, Cheltenham: Elgar, 1998, 404 - 409.

Mankiw, N. G., *The Macroeconomist as Scientist and Engineer: A Brief History and Evaluation of the Field*, Harvard University, May, 2006.

Phillips, Peter C. B., "Laws and Limits of Econometrics", Discussion Papers, No. 1397, *Cowles Foundation for Research in Economics*, Yale University, February, 2003.

Rosu, Iaonid, "What Makes a Good Model in Economics and Finance", ASE, University of Chicago, December, 2006.

Schumpeter, J. A., *The Theory of Economic Development*, Harvard University Press, 1934. (中译本:熊彼特:《经济发展理论》,何畏等译,商务印书馆1990年版。由于理解有分歧,笔者的一些引文来自英文本。)

Spanos, Aris, "Early Empirical Findings on the Consumption Function, Stylized Facts or Fiction: A Retrospective View", *Oxford Economic Papers*, Vol. 41, No. 1, 1989, 150 - 169.

Taub, F. B., "Book Review: Estimating Ecological Risks", *Ecology*, 1993, 74, 1290 - 1291.

White, G. C., Anderson, D. R., Burnham, K. P. and Otis, D. L., *Capture-recapture and Removal Methods for Sampling Closed Populations*, Los Alamos National Laboratory, LA-8787-NERP, Los Alamos, USA, 1982.

(原载《经济研究》2007 年第 3 期)

改革热点与冷静研究

祝贺华夏新供给经济学研究院和中国新供给研究学50人论坛成立！这么一个研究院和论坛的成立，本身就是一个创新，因为我们知道原来在民政部方面要批准一个机构设立是比较难的，现在我们国家正面临一个很好的发展机遇，面对新的一波发展机遇、新的改革和发展浪潮的时候，我们怎么抓住这个机遇，怎么利用这个浪潮来推动中国经济的发展，其实还是一个问题。

我们知道，过去每一次新的浪潮出现、新的热潮出现的时候，很可能出现一些低水平重复生产、大跃进，同时我们的理论界也会产生一大批低水平重复研究的成果。所以，面对改革热点的时候，我们应该思考怎么样树立正确的理念，进行更高层次、更有贡献的经济学理论研究。时间关系，我切入主题。

所谓热点，其实就是在公众传媒里高频率出现的一些词和一些问题。大家知道，凯恩斯是做需求研究的，也是需求管理政策方面的一个大师，他的一个口头禅就是"In the long run we all die"，反映市场经济社会中人们的一个普遍心理，不仅一般的老百姓有，不仅学者有，不仅企业家有，我们政府也有，所以，在政府、企业家、学者、劳动力都面临不同压力的情况下，这种关注短期、忽略长期的现象并不是一种偶然的现象。

我们进行研究就必须回溯、反思事物的渊源和过程，正像《道德经》里说的"无名，天地之始；有名，万物之母"。有些学者提出研究是一个Search，怎么样能够追寻到一个事物发生的渊源、形成的过程，所以，进行研究的时候我们需要理性、客观的态度，需要发现事物的正面和反面的这样一种方式。正如我们现在总是提到怎么寻找正能量，形成正能量，但是我们的负能量没人研究，我们负能量形成的渊源也没人关注。

我们的目标是寻找矛盾之处，而不是总是突出和称赞我们的和谐、我们的大好形势，我们的宗旨是发现事件发生的原因和规律。

关于党的十八届三中全会的热点大家知道的很多，这里只是简单提一下，包括已经确立了的总目标，已经有粗略的时间表，关于经济体制改革是我们改革的重点，关于要建立市场体系，以及发挥决定性作用，关于经济制度的重新定调，关于财税制度改革，关于宏观调控中怎么样全面履行政府职能，关于城镇化，关于土地制度改革，关于自由贸易区建设的改革试点，关于司法体制改革，关于资源有偿使用制度改革，关于社会事业方面的改革，关于生态文明的改革，关于社会治理的改革，以及成立国家安全委员会和全面深化改革领导小组。这些都是我们改革的热点和重点，都是值得所有学者，特别是经济学者关注的。

在面对改革热点的时候，我们需要注意的是冷问题。所谓的冷问题就是非常重要，但是，还没有被人发现或者是没有被人充分注意到的问题。学术界一定要记住一句话，"板凳不怕十年冷，文章就怕一句空"，所以，做学问、做研究还是要注意坐冷板凳。同时，这方面要与现实保持一定的距离，所谓理论是灰色的，而生命总是绿色常青的。

当前学术界面临一个热点选题的问题，包括社会科学基金、自然科学基金，当然，还有对策性部门的一些需要，但是，我们做这些热点研究的时候，也应该是有准备的，应该在这个专题坐了十年或者很多年的冷板凳的基础上来进行这方面的研究。

大家知道经济学的研究领域，按照 JEL 的划分方式，我们有 19 种，在这些方面我们就不具体展开了。我主要想强调一下，中国当前面临的经济研究应该有三类：第一类是理论性研究，第二类是对策性研究，第三类是顶层设计性研究。第一，讲讲理论性研究。现在理论性研究被忽略的情况很严重，特别是当前各个方面面临着一些非常急迫的现实性问题需要解决的情况下，特别是对策性研究压力很大的情况下。理论性研究是问题导向，强调的是如何分析，强调的是解释世界，强调的是寻找潜在联系，强调的是设立假定。不要以为设立假定就是一种虚构，正如我们现在强调新供给经济学一样，西方为什么关于需求分析那么多，关于供给分析那么少？我想，一个很重要的假定就是在于他们认为供给方面的问题，只要建立一个健全的市场经济体系，就可以解决大部分的供给问题，正如我们非常熟悉的三驾马车、四驾马车，只要这马车状况好了，那就可以拉动经济大步往前奔，但是没有考虑到这辆四匹马所拉动的大车是不是有问题，这个大车本身的运行机制以及结构部分是不是合理。在西方发达国家，关于大车的建设已经比较完备，这种大车的根本功能就是创新。所以，供给方面如果有一个很好的创新机制，那只要需求的力量一拉动，它就会把经济非常健康地往前拉。中国经济恰好不是这种。所以，我们一定要分析我们理论的假定前提是不是合理，是不是符合经济现实。

另外，理论分析强调的是可能的正负面影响，强调的是发现客观规律性，而不是为政府或者企业找到一个对策，理论分析重要的一点是行为性分析，科学院和社科院是承担这方面工作的一个职能机构。

第二，讲讲对策性研究。我们可以看到，对策性研究在很多方面跟理论性研究截然不同。如果不注意对策性研究和理论性研究的区别，把这两种研究混合在一起，我们的对策研究不会做好，我们理论研究也是低水平。所以，在对策性研究方面我们要注意它的特点：第一，它是提出问题在哪里，以及如何解决这个问题；第二，它要改造世界；第三，它的对象清晰化；第四，它没有任何假定，所有天时、地利、人和的对策都可以采用；第五，强调可行性研究；第六，目的是要找到实现我们的政策目标的有效途径和手段；第七，在人本方面不强调行为，不强调动机和智力。

第三，为什么我们要强调顶层设计性研究？当前，中国社科院有关领导正在大规模地组织力量从事这方面的研究。顶层设计性研究是在我们的理论性研究和对策性研究之上最高层次的一种研究，这样讲并不是说要否定我们的理论性研究，也不是否定我们的对策性研究，而是要在这两种研究基础之上。所以，它的特点就是要强调重大战略布局问题、长远战略问题、统筹经济资源问题。顶层设计性研究的基本内容包括独立研究，包括趋势研究，包括政策环境研究，以及最广阔的研究视野，就像航空母舰的设计一样。

（原载《经济研究参考》2014年第1期）

经济学论文与评价标准争议

无论是谁，只要涉足经济学的天地，就开始被一个基本问题所困扰：怎样才算是一篇好的经济学文章？因为常常是昨天才看了一篇觉得很好的文章，今天就可能被其他人批驳得似乎一无是处。而前一阵还被媒体批判的"有毒"文章，今天就有可能成为许多经济学家的"楷模"。正所谓：十个经济学家就有十二种观点，让人无所适从啊。

其实，这就是一个关于经济学论文的评价标准问题，该问题至今还没能解决。之所以引起入门不久的经济学学习者的惊异，盖因为人们把号称为社会科学皇冠上明珠的经济学与一些成熟的科学学科如物理学和化学相比较。没有人会在物理学中质疑水在正常大气压下零度结冰的判断，也不会有人指责化学中的元素周期表。但是，在经济学中，即使是在课堂上也没能解决关于效用和剩余价值等基本概念的争议，关于政府在市场经济中作用等基本判断的对立，关于经济周期形成原因和过程等基本经济机制的争端。虽然现实中人们往往通过权威观点、经典论述甚至上级部门的统一规定从表面上解决问题，但是，关于经济学评价标准问题迄今并没有真正解决。在此问题上的争议，一般认为来源于经济学属于社会科学的"社会"因素。

然而，按照新剑桥学派琼·罗宾逊的经济哲学思路，经济学论文的评价标准除了一般学术论文必须共同遵守的概念明晰、表达准确、结构严谨、条理清楚、逻辑性强、写作规范等标准以外，其余评价标准上的争议本质上来自三个方面。

一是来自人们不同的经济价值观。即形成人们所追求经济目标的关于真善美的主观判断，包括幸福、快乐、独立、自由、服从、平等、和谐、斗争，等等，这些价值判断直接决定人们的行为或行动方式的差异。比如，同样面对经济危机，相信人类会走向大同世界的"人类命运共同体"观念或相信人类总体上处于正和博弈的价值观，会认为危机总是暂时的，通过克服一次次危机世界经济总体上会变得越来越好。而相信人类总是处于不同的零和、负和博弈中的价值观，会认为不同种族、民族、阶级、阶层、文化人群、社会成员甚至家庭成员之间，总是存在着不可调和的矛盾和斗争，真善美的价值判断会因为阶级阶层成员地位等的不同而截然不同。所以经济危机就可能是不同层次人群矛盾和斗争的大爆发，人们在危机中需要把对立面消灭掉而实现其"自己人"上台的"改朝换代"，或者落入同归于尽的"世界末日"。显而易见，建立在不同价值观基础上的各个经济学流派（广义而言），在很大程度上是相互否定的，不会存在一致的经济学评价标准。因此，如果确实想要达成一个经济理论评价标准，最起码大家先要统一价值观。

二是来自人们对于经济世界的认识方式差异。如果说"活下去"是各式各样经济生活的共性，"怎么活下去"则是对于经济世界不同认识方式的共同出发点。古代社会曾经长期以为经济生活由天神魔怪主宰，于是通过祭祀天地、活人畜牺牲、拜神求雨、以咒语赶病驱邪等方式力求认识世界和改善经济生活。近代商业社会曾经出现认为货币越多则国家越富裕的货币拜物教，结果导致政府滥印钞票和国家陷于严重通货膨胀的恶果中。近代科学认识方式的出现及其成就才逐渐统一了人们对于客观世界包括经济世界的认识。如果说，科学思维方式的优势在于主观独立于客观，通过观察实验和实证分析的方法来认识世界，而中国古代思维方式的不足之处则是几乎没有科学理论认识的元素，只是通过对所谓先知或先王的言说加以传道授业解惑的渠道来认识世界，加上与推崇王权相关的模糊主义（所谓只可意会不可言传，只可神通不可语达）泛滥。所以，改革开放初期关于"实践是检验真理的唯一标准"的提出,不仅成为中国改革开放的号角,也是包括经济学在内的整个中国学术界的再出发。尽管评价经济学论文水平高低必须坚持经济学认识方式的实践标准或科学标准一度成为共识,但是后来,"先王标准""上级标准""行政标准""经典标准""派系标准""眼前利益标准"等又卷土重来,使得人们对于经济问题的学术研究莫衷一是。根本问题在于,"实践"这一概念在经济学的认识中还不够深入和透彻。由于实践是每分每秒以各种具体形式表现的,因此需要研究者从具体到抽象,以高度提炼的概念和机制来描述实践的主体。由于实践是不断发展的,因此需要把今天的经济研究建立在过去大量研究的基础之上。由于实践是人类长期探索的过程,因此经济分析不能脱离对于历史现象的关注。由于实践不是一人一地的实践,而更多的是一定时空中千万人的实践,所以,在经济分析中需要有抽样调查、数据采集、经济统计分析,以及互联网时代的大数据、云计算、人工智能分析。由于实践分为成功的实践和失败的实践,为了总结成功和防止再失败我们还需要有机结合的定性和定量分析,运用逻辑分析、数理分析和计量经济学分析,以发现典型化事实和经验规律,如此等等。可以说,正是实践的多样性决定了经济学的基本样态。

除了在正式学术媒体上出现的排斥"实践标准"的种种不同标准外,近年来在比较活跃的网络媒体上,各种不规范甚至奇葩的"经济学论文"更是"吸引眼球",公然违背基本的学术规范和学术底线,以至于误导民众并且泛滥成灾。一种奇葩论文是与2018年新出现的十大网络流行语之一相关,即"杠精"。该词本来是指抬杠成瘾的一类群体,即不管别人说的是什么,先反驳挑刺,为了反对而反对,通过反驳别人来凸显自己的优越感。涉及经济问题时,杠精类文章还往往采取经济学论文的形式,抓住别人文章的一些枝节问题大加讨伐,或者为了批倒别人的文章而断章取义、旁征乱引。其实杠精类文章既无一以贯之的良知,也无切中时弊的实感,只是为了抬杠而已。另一种奇葩论文则是无中生有,对于严重违背经济生活常识的现象进行"研究",还常常自诩为研究创新。例如,关于银行行长的脸宽度对于银行经营绩效的影响研究;关于消费者的腰臀比对于生活满意度的影响研究;关于车牌摇号制度降低城市生育率水平的研究;以人体特异功能的低成本优势促进国防发展的研究;关于人体特异功能用于开发矿产资源经济的研究;等等。还有一种奇葩论文,是瞄准社会流行的不良情绪,以道听途说、随意揣测、无旁证的野史来"论证"一些非常极端观点,以满足在网络上发泄不良情绪的需要。例如遇到诸如"西方国家货币政策制度的形成"一类经济问题时,不是冷静看待和全面分析,而是全盘否定并且从所谓动机不纯到意识形态毒害上加以批倒批臭。这类论文看似在说理,但往往背离学术论文应该理性研究和言之成理、持之有据的基本原则。这些没有经过经济学专业编辑看过而发表出来的所谓"经济学论文",当作笑话看看也未尝不可,但其危害却在于与某些畸形教育相结合而"认真地"误导了民众。

　　三是来自对所谓的世界本体观察上的分歧。除了通过不同方式认识世界以外,人们关于世界的本体究竟是什么也存在着分歧,这种分歧导致人们在关于经济现象本质问题上的争议。虽然大多数学者包括大部分经济学家都认为经济现象从表面到本质都是物质的可知的,但以老子为代表的二元论(即所谓道可道非常道,名可名非常名)以及以康德为代表的二元论学者认为,人们只能认识到事物的表面,而事物的本质究竟是什么没人能够知道。现代经济学的创立者亚当·斯密关于"看不见的手"的观点,就被认为来源于存在着一种人们无法认知和无法支配的客观力量的思想,认为经济的发展就需要顺应这样一种客观力量。

　　虽然斯密"看不见的手"的观点已经被实行市场经济的国家的人们所普遍接受,但是其背后的二元论哲学思想则长期被人们存而不论,直到近百年来特别是最近十来年影响越来越大的量子力学的传播,才促使人们重新审视经济现象背后的实质究竟是什么。量子力学发现,尽管人们是通过五官即视、嗅、听、味、触觉来观察这个世界，当五官感受到世界以后把信息全部集中到大脑，然而我们不知道大脑是如何认识的。为了弄清楚这个问题，就涉及物质的三个层面。第一层面的物质是"宏观"的（请注意这里的宏微观与经济学用语的含义不同），是可以感知到的，是经济现象构成的主体。第二层面是"微观"的物质，即需要借助仪器才能感知到、测量到的现象，比如今天通过使用互联网、大数据、云计算和人工智能才能分析到的一些经济现象。物理学上的原子、分子、蛋白质、一亿光年以外的星球等也类似。第三层面是"超微观"的物质。对这一类物质，物理学上只能进行理论推测和实验验证，但是不知道它们在观察上是什么，包括量子叠加态、光子运动等。尽管知道一个量子系统中原子的粒子围绕质子可以有自旋和能级、能量，但是很难通过直觉来理解，这就是超微观世界。经济现象也是如此，可以推测经济运行肯定受到超微观力量的影响，因为从逻辑上讲超微观世界形成微观世界，微观世界又形成宏观世界，但是经济学界还不知道对此如何着手研究。笔者想到可能的研究方向有：（1）经济行为的主体是人，那么驱动人发生经济行为的脑神经反应及其超微观力量有哪些，影响机制如何？（2）经济资源来自时间和空间，那么不受任何空间约束（也有人认为不受时间约束）的量子纠缠怎样影响到经济主体的生命力以及经济资源的可获得性？（3）已知的物质在宇宙中只占5%，其余95%左右的物质存在形式我们还不知道，物理学叫它们暗物质和暗能量，那么正如对待"消费者剩余"等概念一样，我们在经济发展中如何分析和发现暗物质及暗能量的影响力？

尽管经济学对于本体论的新观察研究甚少，但是，不同学者对于经济现象本体认识的分歧仍然反映在关于理论评价标准的争议上。一类观点认为，经济世界依旧按照传统力学的均衡模式运行，经济主体基本上仍然采取的是机械反应的行为方式，认定有限理性等心理和外部因素的影响仍然是很小的，所以推崇均衡模型分析的评价标准。另一类观点认为，外部世界的随机性、随意性、不确定性都对经济系统产生巨大的影响，因此，客观经济现实是难以认清的，优秀经济理论不在于帮助人们进一步认清现实,而是在学术完善性上获得一种更好的启示。所以,逻辑严谨性和内容自洽性等学术标准是更值得推崇的评价标准。应该强调,对于95%的未知世界,我们仍然需要通过科学和实践的方法去一步步认识,而人类的实践历史已经明确否定了的关于迷信、空想和邪教一类的想法,在没有新的证据出现以前,不能盲目地回到过去或者采取过激的政策,以免从小的方面说给个人带来愚昧和痛苦,从大的方面说给经济发展和人类社会带来不可估量的危害和灾难。

(原载《经济学家茶座》2019年第3期)

宏观经济研究

增长方式转型中的企业家及其生成机制

中国经济增长方式的转变,必然意味着经济增长从政府作为选择主体和过度耗费生产资源的低效率方式,向着个人作为选择主体和有效使用生产资源的高效率方式转变。低效率增长方式出现的原因是缺乏有效供给的主体——企业。在改革开放 20 年后,低效率增长方式仍然在中国的经济领域中较为普遍地存在,其原因依然是以利润为目标的真正企业的缺乏。[1] 没有企业家,就没有真正的企业,也就没有增长方式在整体上向高效率型的转变。那么,什么是企业家? 企业家如何生成? 企业家如何决定和影响着经济增长的方式?

一 生产函数与企业家功能

在市场经济条件下,经济增长是以总供给的变化来衡量的,而总供给函数是各个行业的不同产品的供给函数的加总,各行业的供给函数又是个别企业的供给函数的加总。个别企业的供给函数是一个分段函数:在"停业点"以上,企业的供给量由企业边际成本的变动所决定;在"停业点"以下,企业的供给量等于零。

企业的供给函数所表现的是企业的成本运筹与意愿供给量之间的关系,本质上受到收益递减的技术关系的制约。由于对于任何一个企业而言,成本的开支是与不同投入品的价格和使用数量相关的,因此,成本与供给量之间的技术经济关系同样可以表现为生产要素

---

[1] 刘小玄、刘芍佳:《双重目标的企业行为模型》,《经济研究》1998 年第 11 期。

组合与生产量之间的关系,即表现为人们常用的生产函数关系。

企业家对于经济增长的作用首先反映在企业家与生产函数的关系之中。生产函数中的生产要素是指投入企业的劳动（包括简单劳动、技术性劳动、协调性劳动、管理性劳动等），材料（包括原材料和中间产品），资本品（包括机器和厂房等）①，还可以指技术（包括专利、合作引进技术等），土地（包括一切需要付费使用的不可移动自然资源，如城市用地、田地、矿藏、河流、空间等），知识（包括文化类型、企业精神、企业商誉等），社会环境（指企业通过交纳税收而获得的安全、稳定、合理、尊重自主性的外部经营环境）。最近有学者将生产要素划分为七类,即劳动力、资本力、禀赋力、组织力、科技力、知识力、经营力。② 但是,值得注意的是,那些尽管对生产量发生实际影响和贡献,但不需要企业付费使用的自然资源（如阳光、空气、公海、太空、臭氧层、地球引力等）和社会资源（如和谐的人际关系、工业传统、积极的消费文化等),企业一般不将其作为计算成本的生产要素。当生产的产品目标确立以后,所需的生产要素就依据技术经济原则加以投入和组合,于是,企业得以产生。从市场交易的观点来看,企业的优势是以"一次性"的生产要素交易来取代"多次性"的投入品交易,以服从于一系列产品生产合同或批量的目标。因此从总体上看,企业的出现降低了市场交易成本,这就构成了企业存在的原因。③

那么,企业家对于企业具有什么功能呢? 在这个问题上,学界一直存在争议。一种典型的所谓"生产四要素"理论认为,企业家与其他生产要素没有什么不同,正如土地提供了自然力,劳动提供了人力,资本提供了机械力一样,企业家提供的是管理能力。因此,企业家的收入为支付给企业家的"管理工资"。例如最早提出这一观点的马歇尔就把企业利润划分为"正常利润"和"经济利润",

---

① 斯蒂格利茨:《经济学》（上）,中译本,中国人民大学出版社 1997 年版,第 258 页。
② 唐丰义、房汉廷:《经营力:一个新的理论假说》,《经济研究》1999 年第 2 期。
③ Coase, R., The Nature of the Firm, Economica IV, 1937, pp. 368 – 405.

而认为后者是短期波动中出现的现象,在长期中企业家只能获得"正常利润"。另一种最早由卡尔多提出的观点认为,企业家就是企业的领导人,负责企业的日常主要决策(如生产什么、生产多少、用什么方法进行生产)的工作,典型的身份是"管理业主"(Manager-proprietor),所以,其报酬为企业收入支付各项成本开支后的剩余。还有一种很有影响,最早由奈特所提出的观点,认为在市场经济中从事生产经营活动必然面临各种难以化解的风险,而承担这些风险使得生产经营活动得以进行的人,就是企业家。因此,企业家获得的收入就是"承担风险的报酬"。科斯纳则认为市场交易活动中存在着产生效益和利润的机会,但由于潜在交易双方的信息不完全而难以利用这些有利机会并达成交易,企业家就是能够发现这些有利机会并且将交易双方媒介在一起的"中间人",企业家因此而得以分享潜在利润。此外,熊彼特依据其创新理论认为,企业家是站在生产要素之外,对生产要素进行组合,从而建立新的生产函数,也就是创立新企业的人。企业家的收入,就是由于创立企业而生产出的创新产品所带来的高出一般利润的超额利润(相当于马歇尔的经济利润)。

如何对待这些不同观点?许多经济学家的做法是首先认可这些观点从一定角度来看的"局部合理性",然后试图将它们综合起来,用以描述一个"完整的"企业家的不同方面特征。笔者以为,在企业家问题上需要防止可能陷入"全面主义"的误区。有意义的方法很可能在于一方面结合经济理论史上关于企业家论述的内在逻辑,另一方面结合以中国为代表的经济转型国家在当前的社会各方面生产分工亟待合理化和规范化、市场运行机制中企业创新严重不足的现实困难背景,来认识我们在今天所面对的企业家问题。在如何认识企业家作用的问题上,似乎首先必须明确两个思路上的基本原则:其一,如果没有社会非经济力量(如政治、宗教力量)对生产发展过程的严重干预或阻碍,分工会随着分工净收益(分工带来的生产性收益减去分工引起的交易成本)的增长不断深化,一方面表现为因分工而实现的总体生产效率提高趋势,另一方面是生产过程中原有分工职能的细分化和专业化。就是说,企业家职能作为一种分工的专业化趋势是历史发展的必然。其二,在市场经济中,企业绝非一个被动反应式生产单位。市场中的企业生产的前提是经营,经营的目标是利润,而利润产生的前提是市场需求中潜伏着的盈利机会,因此,企业在市场上本质是一个发掘和利用潜在盈利机会的机器。这种机器在市场上不可能标准化大规模重复地被制造出来,因为它具有适应于一个特定市场类型的专用性。企业家就像是发现市场机会的"矿源"并且依此组装生产企业这部"机器"的人。当然,由于市场机会的不确定性和生产要素的"部件"市场的不确定性,国家或政府不可能承担"勘探"市场和"组装"企业的高风险任务(保险公司也无法承保如此高的风险),这方面任务中的风险首先需要企业家来承担。所以,企业家必须具备的基本能力包括发现产品或服务市场的能力、熟悉和利用生产要素市场的能力、树立个人信誉和说服他人提供融资信用的能力、组合生产要素的能力、调整生产要素组合的能力以及鉴别不同风险和高风险压力下正常工作的能力。在以上两个原则基础之上,我们看到企业家存在的理由是与企业的出现过程密切相关的。没有真正企业的出现和存在就不需要有企业家,而没有企业家也就不可能出现真正的企业。

然而,在市场经济未成熟的早期或经济转型时期,企业的产生和发展可能需要企业家担当许多额外的职能。企业家在直接创立企业的活动之外,还可能要承担提供资本的资本所有者职能,经营资本的资本投资者职能,经营企业的生产经营者或营销者职能,从事企业日常管理的生产管理者职能,以及参加一定生产活动的生产工作者职能。如果是在市场经济秩序尚未基本建立的情况下,创立企业的人很可能还是支配公共秩序的武装力量的首脑、提供公共产品和服务的政府官员、进行市场纠纷仲裁的司法人员,等等〔当然,这里的政府力量介入企业,是与计划经济下政府介入企业具有不同的性质,后者是以计划取代市场,从而把企业改变为无经营行为的单纯生产单位（工厂或车间）；前者是承认市场，但由于市场条件不具备，企业家必须以政治或军事力量代表的身份出现才能创办企业]。很明显，我们没有必要将商品经济发展的历史上企业家曾经担当过的职能都赋予企业家，因为这些职能的绝大部分是在市场经济发展尚未成熟的历史条件下或较早时期的特征。在发展成熟的市场经济中，只有创立企业的职能为企业家保留着。至于其他的职能，则已经分别由新的分工角色所承担。如提供资本的职能由股票和债券投资者以及银行存款者所承担，经营资本的职能由投资银行家和证券公司经营者所承担，经营生产企业的职能由营销代理事务所的人员承担，日常管理的职能由企业管理事务所的人员来承担，生产技术职能更有生产技术研究和开发人员来承担。企业的安全、稳定和交易规则等外部环境也早已不用创立企业的企业家来提供，而是由较为健全的政府来提供。至于媒介不同交易方的"中间人"功能，已经由经纪人来承担。企业在其整个生命周期所发生的各种风险，也不再仅仅由企业家一人承担，而是依据不同职能承担者的产权责任和权利，而分别由不同职能者所承担。因此，由康替龙（R. Cantillon）在18世纪早期最先提出的"企业家"（Entrepreneurship）为"按照固定价格购买和按照不确定价格出售"的风险承担者的概念，已经随着分工的进步和专业化而转变为"创立新企业者为企业家"的概念。

企业家的职能就是创立企业。创立企业自然是一种"创新"。按照熊彼特的研究，"以不同的方式把这些原材料和（生产要素）力量组合起来"的企业创新，可以体现在5个方面：引入新产品，采用新技术，开辟新市场，掌握新原料来源，以及实行企业的新组织。一个关键的问题是，如何理解这里的"新"？如果我们将创"新"理解为绝对与"旧"的不同，"创新"就是"推倒重来"，那么，企业创新就会显得是凤毛麟角，"企业家在现实社会中实在太少了"[①]。

[①] 徐志坚：《创新利润与企业家无形资产》，《经济研究》1997年第8期。

然而,"创新"的标准应该理解为创立了面对市场潜在需求的新企业,并且这个新企业因为引入了新产品、技术、原料、组织或市场策略而诱导和满足了潜在市场需求,从而带来了创新利润。这个创新企业可以是重新组建的,也可以是在原有企业基础上针对新的市场需求而改造成的。因此,关键不是创新对生产函数形式的改变程度大小,而是新的生产函数能够带来创新利润。虽然,熊彼特依据20世纪初期的西方经济中产品的开发和生命周期很长的特征,所提出的创新就是"创造性的毁灭"的观点显得有些过时,而90年代以来随着上述周期的大为缩短,创建新企业的创新活动已成为经济中较为经常、普遍和延续性较强的活动[1],但是,创立新企业作为企业家的基本特征依然保持着。因此,潜在企业家是普遍的。

二 两种增长方式中企业家的位置

企业家活动的本质特征,是在企业的创立及其前后相关的一系列活动中严格面向市场,全面体现市场经济运行中的主体自由选择原则、交易分散自主原则和组织等级集中原则[2]。我们可以将在这些市场原则规范下,从而在真正企业生产行为基础上实现的经济增长方式,称为"以企业为基础的增长"。相应地,可以将在创立企业及其相关活动中否定这些市场原则的经济增长方式,称为"以行政化生产单位为基础的增长"。

虽然由于社会环境条件的不同和历史发展阶段的不同,企业家有时除了从事自主创办企业的核心活动外,也需要承担一些创立企业的前期和后期的任务,但是,企业家所可能承担的这些"额外"任务,是以服从于"创立企业"这一核心任务为必要条件的,绝不会为了承担额外任务而不顾核心任务。此外,企业家在承担和完成这些额外任务的时候,所遵循的行为原则与其创办企业的行为原则

---

[1] 于中宁:《现代管理新视野》,经济日报出版社1996年版,第18页。
[2] 王诚:《企业改革:现实与原则》,《经济评论》1992年第1期。

一样，也是上述三个市场经济运行的原则。所以，在"以企业为基础的增长"方式中，如果企业家不得不自己提供投资的资本，他也会在不同的投资机会的风险—报酬组合中进行选择，至少要把自己投资办企业的盈利率与银行存款利息率进行对比，只有在扣除财务成本、机会成本、沉没成本、交易成本等项开支后的预期净盈利率足够大时，企业家才会提供资本，并进而创立企业。同样，如果企业家在创立企业后不得不承担经营企业，他也会积极地开展市场营销，即在进行创新产品生产的同时，将生产活动的调整与市场的微小变化联系起来，通过市场调查、专家咨询、查阅资料等多种方法积极捕捉相关市场信息，并且将这些信息变化迅速地反映在生产产品的数量、规格、外形、款式、质量等方面的调整上。还有，如果企业家不得不从事企业日常管理，他也会以尽可能扩大生产收益或节省生产成本为目标，在企业家已经开发出的市场上选择性能—价格比最好的原材料、燃料、资本品、劳动力、技术等生产投入品，调整出效率尽可能高的企业生产的硬件布局和软件协调关系，以最低的直接生产成本和管理成本完成企业的生产任务。当然，在企业家执行其核心任务即创立企业时，所依据的也同样是自由选择、自主决策和等级组织的市场原则。企业家即使有再好的盈利机会，也不可能强迫资本所有者投资，强迫其他生产要素拥有者提供投入，以及强迫产品购买者一定要使用其产品。企业家的创新能力即使再差，只要不是搞市场欺诈，就不会有超经济的力量阻止他创立企业，也没有谁可能对他强行"撤职"。企业家所创立的企业通常是以合约为纽带的等级组织。在此增长方式中，没有人能够改变企业组织的这一运行秩序。

  与此相反，在"以行政化生产单位为基础的增长"方式中，企业家蜕变为行政化生产单位的领导者，企业蜕变为行政化生产单位。生产单位运行所遵循的原则不再是市场原则，而是"行政本位原则"，即行政干预选择原则、权力主导交易原则、组织秩序行政化原则。行政干预选择原则，是指经济主体的理性市场选择行为总是会受到政府不同行政部门的干预，其干预的理由是政府人员的"素质更高"、政府选择符合"更大社会利益"、强制性选择能够推动经济"更快发展"。权力主导交易原则，是指市场交易活动中总会有行政性权力的介入，交易的实现往往不是取决于交易方的成本—收益决策，而是取决于行政权力的利益倾向或对行政权力的收买支出。组织秩序行政化原则，是指企业等经济组织的合约关系、活动目标、决策程序、产权责任等内部秩序，常常要受到政府行政部门的条块隶属关系、行政活动目标、政府决策程序、政府部门间责任结构的变动等因素的严重影响，生产单位的组织形式和组织关系与政府部门有很强的同构性，生产单位和行政单位的权利和责任发生交叉而难以分清。这些企业生产活动中的行政本位原则，不仅存在于中国计划经济的整个时代，而且在改革开放 20 年后的今天仍有相当大的影响（见表1）。这些原则不仅存在于中国，而且存在于与中国具有相似传统文化背景的东南亚经济体，使得这些经济体中或多或少存在一块严重脱离市场运行原则的企业生产活动。

表1　　　　　　　　行政本位原则的影响程度　　　　　　单位：%

	国有企业	集体企业	合资企业	私营企业
政企权责分不清	45.2	40.1	38.7	50.0
政府干预领导层任命	67.4	68.3	48.4	33.3
政府干预中层任命	50.4	45.3	31.8	36.1
政府干预生产任务	57.3	76.4	59.0	33.3
政府干预日常经营	53.8	41.8	49.7	
董事会无法履职	12.2	16.9	48.5	88.9

注：表中数字为被调查企业领导人的选项百分比（最多可选3项）。
资料来源：中国企业家调查系统（1996年）。

因此，"以行政化生产单位为基础的增长"方式，决定了企业生产活动中强烈的非市场化倾向。首先，虽然生产活动以创立企业（生产单位）为中心，但创立企业的主体不再是市场性质的企业家，而是行政性质的政府部门。创立企业的目标不再是创造利润，而是相关级别政府的公开或隐形收入的最大化。其次，一旦建立企业的目标已经确定，政府无须向市场上的投资者明示该企业的风险和预期收益有多大从而吸引投资资本，而是可以直接运用行政力量，或者用财政预算的税收进行投资，或者使用政府债务融资和国有银行融资的资本进行投资。再次，企业的营销活动大大让位于直接生产活动，因为直接生产活动带动的生产量最大化，与当期政府的财政收入最大化和政绩最大化相关，而营销活动所追求的利润最大化和效率最优化，反而给政府的短期扩张经济行为和使总税费最大化行为带来种种限制和不便。最后，企业的日常管理活动虽然通常有专职的生产单位领导人（也称为厂长或经理）来负责，但是在"行政本位原则"的支配下，生产单位领导人的个人行为目标通常不是"生产单位领导专家"，而是更高级别的政府行政单位的领导人（生产单位本身一般都套用一定的行政级别）。因此，在这些行政化生产单位中，企业领导人很难变成具有高度市场敏感性的真正企业家。在产品市场上，企业领导人对价格不敏感，总习惯于依赖宏观扩张经济政策或通过行政渠道的影响来维护和扩大自己的市场份额。在投入品市场上，又对信贷资金的利息和劳动力的工资等要素价格不敏感，一方面习惯于依赖传统上国家对借贷利息的低价位控制和工资水平的低差额控制，以及政府对行政化生产单位的资金、技术、材料、劳动力的投入保障制度的优势来获得较好的质量—价格比的生产要素；另一方面又不能根据市场上利息和工资等要素价格的相对变化来调整生产要素组合，即调整对不同生产要素的使用量〔这方面实际发生的调整往往是政府的号召（如下岗）和实现政府利益（如兼并）的结果〕。因此，真正的行政化生产单位效率要低于市场一般水平。

三 企业家生成机制及现存问题

为了将经济增长的方式全面转移到"以企业为基础的增长"上

来，真正企业的出现及其在整个经济生产活动中所占的分量，就成为中国经济增长方式能否实现根本转变的一个关键。真正企业的出现又依赖于企业家的生成。现实的企业家数量（以及企业家报酬水平）既非单纯由供给力量决定，也非单纯由需求力量决定，而是由供求两方面力量共同决定。

所谓企业家的供给力量，是指一定社会背景下社会成员愿意并且有能力从事创立企业的活动的力量。从愿望方面看，企业家的供给取决于社会成员想成为企业家的志趣、家庭传统和教育等因素。这方面的社会背景虽然有传统计划经济下打压独立企业家精神的消极影响，但中国传统文化中家庭或家族创业的意识依然是很强的。个人或家庭创业不仅成为海外华人经济和台港澳经济发展的支柱，而且在改革开放20年来的中国大陆的大部分地区，也因其良好的经济社会效益，而普遍得到了人们的认同和推崇。过去人们所具有的与创业精神相抵触的"重农抑末""重学轻商"等观念的残余，也在市场经济的大潮面前被涤荡得几无踪影。从能力方面看，要中国今天的企业家达到市场经济已发展数百年的西方企业家的水平，显然是不现实的。因为企业家能力除了来自学习外，主要来自经验的积累。具有现实意义的，是考察中国社会成员中是否具备企业家的基本能力。依据生活中的经验，可以认为这样一些企业家的基本能力在中国是具有的，即有中等教育以上的文化知识水平，对本地和相关市场情况的了解以及信息渠道的掌握，对如何运筹企业生产活动的基本知识有较全面的把握，在产品和服务市场上具有"看准就上、敢为人先、不怕失败"的冒险精神。随着20年来的经济发展，个人在货币资本和物质资本上也有了一定的积累，可以抵御一定程度的负债风险，企业家天赋和灵性越来越多地得到发现，"企业家人才"正在脱颖而出。对于中国企业家供给的信心，就是在西方学者那里也能看到。

在企业家的需求力量方面，从最宽泛的意义上说，只要一个经济是需要通过企业生产来获得发展和满足生活需求的，该经济就需要企业家。但是，企业和企业家作为市场制度的一种体现形式，其被接受的程度，受到一定社会的现行经济制度和政策的制约。决定企业家需求力量的经济制度和政策可以包括如下基本内容：其一，市场经济制度确立的程度。市场经济制度是按照自由选择和自主交易原则运行的产品市场制度、生产要素市场制度、企业市场制度、国际交易制度以及政府行为的市场相容程度等所构成的统一体。中国的市场化指标，在1997年已经分别达到：产品市场61.7%，生产要素市场36.6%，企业市场51.0%，国际交易21.3%，政府行为的市场相容程度36.6%。[①] 虽然相比改革前这些指标接近于零的状况，中国的市场经济制度的建立已经有了重大突破，但是相距市场经济制度的全面建立，还有相当大的不足。其二，创立企业的制度门槛的高低。在中国，创立新企业至少还存在这样三道大的门槛：一为企业创立者的身份条件。对于不具备一定条件的创立者，是不允许提出企业申办的申请的。然而，在这些身份条件中，除了年龄、健康、特殊行业限制等正常要求外，还有一般市场经济国家和我国的个别经济特区已经废止了的额外条件，诸如高额注册资金的要求、经营范围和经营方式的限定、找到自己所"归属"的某个主管部门、事先获得主管部门等政府机构发给的"前置审批"批文、本人必须为"非在职人员"，等等。二为创立企业的能力资格。由于对创立人的能力资格难以确定客观标准，因此该部门的审批条件和审批程序一直不透明和不规范，人为色彩和人情色彩较为浓重，严重限制了社会对创立企业活动的需求。三为支付各政府监管部门的额外成本。本来出于公共利益的考虑，政府有责任对自主经营的企业生产活动进行监管，同时企业通过纳税的方式支付相应部分的政府成本。但是，由于多种原因，中国各级政府的监管行为在相当程度和相当范围演化为不正常收入分配行为，包括卫生、质量、检疫、公安、市容、消防、城监、计量、环保、劳动、工商、交通等部门在内的各

[①] 常修泽、高明华：《中国国民经济市场化的推进程度及发展思路》，《经济研究》1998年第11期。

政府机构，都可以用"监管"的名义向独立企业（没有某个政府机构作为"保护伞"或"非行政化"的企业）征收税收以外的，在数额上和时间频率上随意性很强的"罚""没""费""派""售"等款项。其三，企业家的产权受到保护的程度。在一个健全的产权体系中，任何一项产权的产权权利和产权责任都是对称的。只要一项经济行为尽到其产权责任，那么其产权权利就必须受到保护。否则，该项经济行为就会萎缩和消失。企业家的产权责任就是创立成功的企业，具体责任可包括对于融通的资金保值增值或还本付息，对于使用的劳动力支付合约规定的报酬，对于原材料等其他投入及时支付价格，对市场提供符合国家标准的产品，按照有关法律规定组织生产、排放废弃物和照章纳税等。相应的，企业家的产权权利包括：向社会上资金提供者平等融通资金的权利，平等招聘和使用劳动力的权利，平等购买和运用科技、原材料等其他投入的权利，自主决定生产什么、生产多少和在哪个市场上销售的权利，享有正常的生产环境和生产秩序的权利，以及获得利润剩余和企业资产控制的权利，等等。从现实情况看，民营企业仍然无法获得平等的融资机会和权利。在原材料、燃料、动力、技术市场上，仍然存在着对独立企业的歧视规定。产品销售市场也存在地方保护主义和行政特许权力的过度干预。也许最重要的方面，是企业家的收益权得不到适当保护。一方面是企业家的剩余索取权制度或真正的"年薪制"尚未建立起来，企业家"多劳"不能"多得"；另一方面是企业家积累起来的个人资产没有明确而具体的法律保护规定，使成功的企业家存在"怕富"的不稳定心理预期，致使企业创新行为变形。

综合以上市场经济制度确立的程度、创立企业的制度门槛的高低和企业家的产权受保护的程度三方面，我们可知中国目前对企业家的需求力量是非常弱的。按照均衡分析的"短边决定"原理，虽然中国企业家的供给力量很强，但是较弱的需求力量决定了中国的企业家均衡存在数量非常少。斯蒂格利茨指出："在许多发展中国家中，一个关键性问题是缺少企业家。""经济学家不知道这些国家为什么缺少企业家。经济史学家和心理学家们也试图解释其中的原因,但都没有得到明确的答案"。[①] 本文以为,发展中国家缺少企业家的答案,可能就在于对企业家需求的制度性约束。如果能克服这一障碍,中国经济增长将会以一种新的面貌出现。

(原载《经济研究》1999 年第 5 期)

[①] 斯蒂格利茨:《经济学》,中译本,中国人民大学出版社1997年版,第402页。

创新和完善中国的宏观经济调控体系

党的十六大报告对国家的宏观经济政策虽然着墨不多，但是相关内容却体现了现代市场经济中的政府定位和建立规范的宏观经济调控体制的观念，为未来一个较长时期里中国宏观经济调控体系和宏观政策的创新和完善，提供了一个良好的指南。

一　政府职能的规范化

经过20余年的改革开放，中国的国民经济中由民间推动的消费、投资和出口的比重，以及由市场主导的产品和服务的生产在总体生产中的比重，都已经占据了绝大部分，计划经济的运行机制在很大程度上已经让位于市场经济的运行机制。但是，由于我国的市场经济是在政府推动下建立的，在从通常的"大政府小市场"变化到"小政府大市场"的经济市场化过程中，政府并没有多少机会来转变职能，而是随着市场经济的成长将行政干预以另一种形式深入到经济的各个方面。政府在中国特色的社会主义市场经济中如何定位，成为中国宏观经济调控体制建立所面临的一大难题。这意味着，虽然中央政府放松了自己的传统行政命令权力，但如果行政权力又以另外一种形式在不应出现的地方出现，各部门和地方各级政府仍然以行政办法简单干预市场经济，那么，宏观经济调控可能又会陷入"控—死—放—乱"的恶性循环，甚至"死"和"乱"同时发生的情况（例如近年来全国股市发生的状况）。

针对这种情况，党的十六大报告确定了政府职能的"16字方针"，即"调节经济、监管市场、管理社会、服务公共（事务）"。这意味着，政府的行动首先应该是在市场经济自主运行的基础上，对市场的失效或者失调部分进行调节，而不能替代市场的作用来"推动经济"。其次，政府对待各种类型的产品和生产要素市场，是监管其正常和合法的发展。一方面要严格依法取缔市场上的各种违法违规行为，另一方面只要是正常合法的市场就应该"一路绿灯"。所以，对于当前政府行政审批泛滥，一个企业行为必须盖几十个公章和耗费大量时间的现象，报告特别指出要"减少和规范行政审批"。再次，政府要依法管理社会，而不是要主宰社会。政府需要调动公民参与社会事务的积极性，通过民主建设城市社区和农村村镇的方式，培养非政府组织来实现公民自治。政府只是需要在出现社会发展较大不平衡，社会不稳定，或者外部冲击等公民自治组织无法对付的情况时，出面加以解决。最后，政府的主要精力要放在全社会的公共事务上，而不能放在个人、非政府集体和企业可以处理的个别事务上。政府不但不能事无巨细都要加以干预，而且对待自己处理或干预的公共事务要站在"服务员"或"公共事务服务员"的角度来进行。

二 宏观经济调控目标和主体的规范化

党的十六大报告还确定了政府实施宏观经济调控的主要目标，即"促进经济增长、增加就业、稳定物价、保持国际收支平衡"。这4项宏观经济目标的确定，包含了两个重要含义。一是政府的宏观经济调控从"摸着石头过河"的不规范阶段向着国际上市场经济社会的统一目标的规范阶段转变。二是在界定中国的宏观经济调控目标时，宏观调控主体已经从狭义政府向着广义政府转变。

宏观经济理论认为，任何一个经济中都存在实际的增长率和潜在的增长率之间的区别，二者不可能完全一致。宏观经济政策的一个重要任务，就是设法调整经济中的实际增长率，使其不致过度大于潜在的增长率而产生持续的物价上涨即通货膨胀，或者使其不致过度小于潜在的增长率而产生持续的物价下跌即通货紧缩。规范的宏观经济政策，就主要是通过宏观财政政策和货币政策的扩张和收缩方向的操作，来补充或抑制总需求，达到促进经济增长的目的。如果实际增长率与潜在增长率基本保持一致，宏观经济调控的促进增长目标就实现了。可见，适当的宏观经济政策，在促进经济增长的同时，在一般情况下也能够同步达到充分就业和物价稳定的目标，即实际增长率与潜在增长率基本上达成一致。这是因为，潜在增长率的提高，就意味着包括劳动力在内的各种经济资源得到充分利用，或者说，达到"人尽其才、地尽其力、物尽其用"。

相反，我们过去实行的不规范的宏观调控，则是在出现通货膨胀时，通过行政命令来要求商家停止涨价、银行停止贷款、企业和消费者实行限制性购买；在出现通货紧缩时，又通过行政命令来要求消费者购买"爱国物品"、银行盲目贷款、生产者或企业扩大仓储容量，而不是从货币和财政政策的源头及其传导机制上去找出原因和采取措施。所以，中国宏观经济中长期存在的一个主要问题是总量上产销不对路，而不是实际增长率和潜在增长率的背离，简单地运用实际与潜在增长率的原理来分析中国当前面临的一系列宏观经济问题，有可能使我们陷入认识和政策的误区。只有在政府脱身于直接干预微观经济活动，实行规范的宏观经济政策时，宏观经济调控才会逐渐显示出它的效率和真正效应。当然，我们也需要看到，由于各国和各个时期经济问题的特点有所不同，宏观调控在运用宏观经济政策工具时也有其特殊性。西方许多国家在通货膨胀时期都使用过劝告性和法规性的收入政策，在失业严重的时期都使用过人力政策，这些为中国对付目前宏观经济中的通货紧缩问题和失业问题提供了很好的借鉴，但是无论情况怎么特殊，政府和宏观政策都不能够直接干预或取消微观主体的决策行为权利（除非面临战争、瘟疫等大灾难）。

宏观调控政策的执行主体怎么界定，对于宏观经济政策执行的效果关系重大。中国过去的计划经济体制，造就了狭义政府即行政部门指挥一切经济活动的惯性。行政部门干预各级社会事务的权力过大，与其他权力部门形成"强势"和"弱势"的关系，也还基本上是今天的现实。然而，为了有效和正确地进行宏观经济调控，调控主体的权力就不能太大，不能没有来自其他方面权力的制衡和约束，不能调控错了无人追究责任。所以，当宏观经济调控的任务被规范地划分为四个部分时，宏观调控主体的权力结构也需要发生相应的改变，由立法部门、司法部门、政协部门、舆论部门与行政部门一道，通过分担职责和权力，发挥各自的功能，来共同促进经济增长、增加就业、稳定物价和保持国际收支平衡。否则，如果把这四个宏观经济目标仅仅当作行政部门的事务，与国家的法律和法规的内容无关，也与社会的民主监督无关，那么，这样的宏观经济目标实质上是不规范的，它们在实现上也总是偶然的。关于中国经济的宏观权力主体从狭义政府向广义政府的转变的内容，由于与政治体制改革密切相关，党的十六大报告放在了"政治建设和政治体制改革"部分。报告明确提出，对于行政部门，要"从决策和执行等环节加强对权力的监督，保证把人民赋予的权力真正用来为人民谋利益"。在立法方面，要"保证人民代表大会及其常委会依法履行职能，保证立法和决策更好地体现人民的意志。……到2010年形成中国特色社会主义法律体系。"同时，在司法方面，要"推进依法行政，维护司法公正，提高执法水平，确保法律的严格实施。……从制度上保证审判机关和检察机关依法独立公正地行使审判权和检察权。"需要明确的是，作为规范的宏观经济调控目标，国内外理论界存在三种口径的观点。第一种是宏观经济学较早提出的"窄口径目标"的观点，认为宏观调控目标包括物价稳定、充分就业和国际收支平衡；第二种是"中间口径目标"的观点，亦即报告采用的观点，为以上三个目标加上经济增长目标；第三种是"宽口径目标"观点，目前为越来越多的人所认同，即认为中国的宏观经济政策目标有三类共7个。第一类是稳定目标，包括充分就业、物价稳定和对外收支平衡；第二类是发展目标，包括保持适当的或健康、快速、可持续的经济增长率，保持合理的经济结构；第三类是平等目标，包括对于社会弱势群体关照在内的全社会的基本保障，基于人的生活需要（而不是基于市场生产要素贡献应得）实现的实际收入合理分配格局。

三 宏观经济调控手段的完善化

在我国过去的宏观经济调控历史上，经常出现宏观调控手段上的"单边主义"或"救火主义"。即或者是面对通货膨胀时，采取一切措施控制和降低物价，只要把物价降下来就万事大吉，而不顾片面降价对于不同产业的正反面影响，以及对于总体经济的健康程度和持续发展能力的影响。或者是面对通货紧缩或失业上升时，采取各种经济措施和非经济措施来提高需求和安排就业，而不管这样提高的需求能否持续以及强行安排的就业能否创造有效供给和社会价值。这样做，没有认识到宏观经济是国家长期经济发展的一个有机部分，而把宏观经济产生的问题孤立起来看了。片面宏观调控手段运用的结果，也许暂时能"救火"，但是因此造成的长期隐患可能是很大的。这方面我们曾经有过不少教训。针对宏观经济调控手段上的这种片面性，党的十六大报告提出了实施完善的宏观经济调控手段的方针。宏观经济调控手段的完善性，一方面体现在兼顾宏观经济各方面问题的统筹解决。比如，报告提出了当前一段时期，宏观经济方面要注意调整投资和消费关系，要完善国家计划，要完善财政政策和货币政策，要发挥经济杠杆的调节作用，要深化财政和税收体制改革，要深化金融和投融资体制改革，要完善预算决策和管理制度，要强化对财政收支和税收的监管，要稳步推进利率市场化改革，要加强金融监管以防范和化解金融风险，等等。这些方面，都是中国宏观经济面临的关键问题，任何一个问题解决得不好，都会给未来经济的发展造成大的挫折，所以必须统筹兼顾、全面解决。

另一方面，宏观经济调控手段的完善性，还体现在如何解决宏观经济当前面临的两大难题的原则上。第一个难题是通货紧缩问题。关于这个问题有相互矛盾的两种观点：

一种观点认为，通货紧缩现象是中国的扩张性宏观政策运用得过迟和力度不够造成的，所以应该持续地使用扩张性财政政策和货币政策，尤其是扩张性的政府赤字投资政策，以刺激总需求。认为不存在或不应该考虑积极财政政策的"淡出"问题。

另一种观点认为，通货紧缩现象是由中国的需求不足，尤其是消费需求不足所引起的，扩张性宏观经济政策只是治标不治本，积极财政政策所造成的政府赤字负担已经很大了，再继续实施有害无益，必须马上"淡出"。面对理论界的这两种观点，报告没有简单地采取"二者取其一"的态度，而是提出"扩大内需是我国经济发展长期的、基本的立足点。坚持扩大国内需求的方针，根据形势需要实施相应的宏观经济政策"。这里，根据形势需要实施相应的宏观调控政策，就避免了不具体分析经济发展的实际情况，仅仅采用某一种宏观经济政策手段的片面性。说这里体现了宏观调控手段运用的完善性，其理由在于，宏观经济现象从来都是复杂的。从扩张投资的积极作用看，一是消费需求有内在稳定性的规律，农村居民的消费短期内难以增长，城市居民消费也难以达到很高增幅，当前实质消费需求的回升仍然有限。所以拉动内需主要靠投资。二是中国失业的大部分属于长期性失业，消费的有限上升解决不了多少失业问题，而必须依靠大规模的投资才能吸收大量的过剩劳动力，也才能为这些劳动力带来消费支出能力。三是一些投资的时间链条很长，投资在很长的时期内都不会受到消费需求的制约，相反，这些投资还能够派生出巨大的消费需求。四是投资增长关系到我国工业化、城市化和产业升级的长远进程，"高储蓄、高投资、高增长"这个多年形成的循环链条一旦中断，将会给我国经济发展造成巨大影响。但是从扩大消费的积极作用看，一是社会发展的根本目的是满足人民的物质和精神需求，只有生活水平不断提高,才能充分调动生产积极性。二是买方市场已成主流,如果消费需求不能提高,经济增长将受到约束,投资的持续增长也会因投资效益差而难以为继。三是我国目前的消费率在国际上和历史上都是很低的,而投资率处于较高水平,二者比例不协调,宏观经济稳定就无保障。四是随着城市化进程的加快和居民收入水平的提高,我国居民消费结构将发生大的变化,如果政策措施得当,消费需求的能量将得到大的释放。所以,采取何种政策,需要根据具体情况分析而定。

第二个难题是失业问题。一方面,中国的失业问题是全面建设小康社会过程中或经济发展中出现的问题,失业的产生是与经济效率的提高和经济社会的现代化同步出现的,随着改革的深化和社会现代化程度的提高,人们对于失业的承受力在提高,并且解决失业问题的路子也会越来越广阔。但是另一方面,中国的失业问题又是沉疴宿疾,据中国统计部门估计,目前的总体失业率在7%—8%,以2001年年底7.3亿就业人口计算,失业规模就是5100万—5800万人。按人口规模算,超过了许多中等国家的总人口。这就构成宏观经济中一个重大的不稳定因素。所以,对于这个失业问题的解决,政策上就不能片面地强调劳动力供给或劳动力需求方面的因素;而必须按照建立和健全劳动力市场流动机制、宏观调控上大力运用人力政策、劳动力供求两个方面不断改善的原则,全方位地解决失业问题。对此,党的十六大报告专门开辟了"千方百计扩大就业,不断改善人民生活"一节论述这个问题。关于劳动力需求的改善方面,报告指出,"各级党委和政府必须把改善创业环境和增加就业岗位作为重要职责。广开就业门路,积极发展劳动密集型产业。对提供新就业岗位和吸纳下岗失业人员再就业的企业给予政策支持"。关于劳动力供给的改善方面,报告提出,要"引导全社会转变就业观念,推行灵活多样的就业形式,鼓励自谋职业和自主创业"。关于政府的人力政策方面,报告提出,要"完善就业培训和服务体系,提高劳动者就业技能。依法加强劳动用工管理,保障劳动者的合法权益"。

总之，对于有中国特色的社会主义市场经济中的宏观经济调控体制建立完善和不断创新的问题，党的十六大报告提出了很好的原则思想，是指导我们今后一段时间里有关方面工作的重要指南。对于这些原则思想，我们需要认真研究，积极贯彻。

（原载《特区理论与实践》2003年第1期）

中国收入分配类型、差距及其政策取向

从宏观上看，一个国家的个人收入分配的状况可以表现为三种类型：一是铁饼形，二是尖帽形，三是橄榄形。

铁饼形收入分配类型的特征是中间的最高收入人群和边沿的最低收入人群没有什么差别。这样的分配类型，其可能的有利之处是人与人之间的收入平等程度高，大家在收入水平上没有多少可攀比的；其不利之处是每个人的经济贡献不能够显示出来，人们在收入水平上铁板一块，不能做到奖勤罚懒、优绩优薪。所以，铁饼形收入分配不能适用于发展中经济和市场经济社会。

尖帽形收入分配类型的特征是社会上很少数人的收入水平远远处于平均水平之上，而有少部分人的收入处于平均水平左右，但是大多数人的收入大大低于平均水平，仅仅是处于贫困线和温饱水平之间。因此，宏观经济分析上使用的人均收入指标在这一分配类型中，无法反映大多数人的收入状况。尖帽形收入分配的优点是能够在短期内打破平均主义的分配局面，鼓励冒尖和竞争，让一部分人先富起来；其缺陷是形成贫富分化，或收入分配两极分化，大多数人陷入生活不能随着经济增长而改善的发展陷阱，社会不稳定，经济无法持续发展。因此，尖帽形收入分配只能适用于市场经济从计划经济刚刚转轨过来的初期阶段。就是说，它只能适用于一个很短的历史时期，当社会上大多数人具备了关于基本人权、公平竞争和公民权利意识的时候，尖帽形收入分配的负面作用就可能会超过其正面作用。

橄榄形收入分配类型在现代经济学中被研究得最多。橄榄形收入分配已经成为现代市场经济中大多数国家所采用的模式。不过需要注意,"橄榄形"常常存在一个误解,即这个"橄榄"被躺着看,认为分配状况是左边和右边都小,只有不左不右的中产阶级的收入大;但是,正确的视角是把它立着看。橄榄形收入分配的特征是腰圆膀大、小头小尾,即最富有的人口较少,社会的大部分成员的收入处于中等水平,构成人数最为众多的中产阶级,而最贫穷的边沿人口也占很少数。所以,与铁饼形收入分配相比,橄榄形分配的优势是有一定收入差距,便于人们之间展开竞争;但与尖帽形收入分配相比,橄榄形的收入分配差距又没有那么大,处于收入底层的人口较少,便于实施社会救济和保障社会稳定。

那么,中国目前的收入分配状况相当于什么类型呢?由于中国经济社会正处于多重转型时期,其中包括从计划经济向市场经济的转型、从农业主体经济向工业化经济的转型、从乡村经济向城市化经济的转型、从封闭型经济向开放型经济的转型、从区域严重不平衡经济向各区域同时进行大开发经济的转型、从二元结构经济向新型现代化经济的转型、从经济活动包揽型政府向公共服务型政府的转型,等等,这些转型所形成的各种因素中有推动各阶层人群的收入都得到提高的因素,但是影响更大和更普遍的效应是促使人们之间的收入差距以合理或不合理的方式扩大。例如,不同经济成分员工的收入差距的扩大,同一工作岗位在不同行业之间收入差距的扩大,城乡之间收入差距的扩大,地区之间收入差距的扩大,新兴和传统产业就业者之间收入差距的扩大,在岗位者与下岗失业者之间收入差距的扩大,等等。另外,经济的多方面转型也意味着原有规范(包括法律、法规、纪律、公德、个人道德等方面的规范)的破坏和个人获取"不义之财"的空间的扩大。由此形成的贪污腐败、行贿受贿、侵吞国有资产、假冒伪劣产品的生产和销售、"三乱"现象、逃税漏税、走私贩私等非法"创收"手段的泛滥,又使得中国的收入分配差距进一步扩大。以上这些因素造成的差距扩大,虽然也有不可避免的部分,属于建立新体制过渡时期不得不付出的代价,但是总体上是不合理和不合法的。因此，虽然经过第一阶段的市场经济建设，中国的人均收入达到了中等收入国家的 800 美元的底线，整个社会从总体上看也初步达到小康水平，但是，中国的收入分配状况远远没有达到既有公平竞争又有稳定保障的橄榄形收入分配状况，而是处于尖帽形收入分配阶段。一系列的数据可以证明这一点。据中国人民银行公布的数据，在中国的全部居民储蓄存款中，最富有的 20% 人口拥有全部存款量的 80%，而其余 80% 的人口才拥有全部存款量的 20%。另据有关学者两年前的估计，中国拥有 100 万元以上财产的居民有 100 万人左右；年收入 10 万元以上的人口占中国总人口的 1%。显然，这里的 100 万—130 万最富有人口构成了中国尖帽形收入分配的帽尖部分。帽身部分无疑就是城市广大的工薪阶层和农村少数的先富农民。这些人口约占总人口的 35% 左右，即 4.5 亿人。据国家统计局最新公布的数据，2002 年中国城镇居民的人均可支配收入为 7703 元，不足"帽尖阶层"10 万元的 8%。在占中国总人口 64% 即 8.3 亿左右的农村低收入水平人口和少数城市贫困人口中，2002 年的农村人均现金收入只有 2476 元，在城市的受贫困救济人口平均水平只有 2400 元左右。这些作为"帽檐阶层"的人们的低收入，仅相当于"帽身阶层"居民平均收入水平的 32% 左右，并且不足"帽尖阶层"收入水平的 3%。在这些低收入人群中，还包括处于最低收入水平的农村贫困人口。以年人均 625 元收入的贫困线标准统计，中国农村的贫困人口为 3000 万人左右；但以 825 元的贫困线标准统计，农村的贫困人口将会增加到 9000 万人。无疑，所有这些 64% 左右的低收入人口构成了中国收入分配中最广大的"帽檐阶层"。于是，由帽尖、帽身和帽檐三个阶层就构成了中国完整的尖帽形收入分配格局。从上面的分析可知，尖帽形收入分配状况的缺陷是容易形成贫富分化，或收入分配两极分化，使大多数人陷入生活不能随着经济增长而同步改善的"发展陷阱"，造成社会不稳定，其结果很可能是经济无法实现可持续的发展。

不仅如此，用发展的眼光来看，中国收入分配中更为严重的问题是，中国尖帽形收入分配分化的格局还在加剧。据统计，100万最富裕人口的财富每年以15%左右的速度增长，而中间阶层的收入以10%左右的速度增长，低收入阶层的收入仅以4%—5%的速度增长，农村和城镇的贫困线上人口因病或失业等原因不仅收入无增长，还出现负增长的返贫现象。所以，中国收入分配上所面临的紧迫问题是，如何纠正收入分配差距不断扩大（以基尼系数衡量的收入差距已经从改革开放初期的0.3左右扩大到最近的0.45），以及尖帽形收入分配格局不断恶化的状况？换言之，在中国经济已经在1/4世纪中实行了改革开放并且取得了平均经济增长速度9%左右的巨大成果的今天，如何实现中国收入分配模式由尖帽形向橄榄形的转变，为中国建立和健全具有中国特色的市场经济奠定坚实的分配制度基础，保证中国经济今后的持续快速稳定增长，就成为目前中国收入分配理论和政策上亟待解决的重大问题。

从政府政策设计的角度来看，为了实现中国收入分配模式的转型，至少需要做到如下几点。

第一，重新设定中国的宏观经济调控目标体系。尽管中国的宏观经济目标体系从改革开放以来为了适应市场经济体制的建立做了大幅度调整，在党的十六大还特意从党的十五大强调的"总量平衡、抑制通胀、结构优化、经济增长"的目标体系转变到更符合市场经济运行要求的"经济增长、增加就业、稳定物价、国际收支平衡"的目标体系；但是，由于中国作为一个内部异质性巨大并且面临多重经济结构转型的大国，就不能放任收入分配问题在经济增长过程中"自然"解决，而必须把收入分配的转型纳入国家的宏观经济调控目标。其实，目前中国的收入分配状况已经明显影响了宏观经济其他目标的实现。如当前比较严重的消费需求不足的问题，在很大程度上就是占人口大多数的低收入阶层的收入远远滞后于经济增长速度的结果。因此，在新确立的中国宏观经济目标体系中，还应该加上"收入分配协调"这一目标。在近期，可以考虑将"收入分配协调"的目标值确定在：把尖帽形收入分配中的上层与中层的收入差距调控在 10 倍的范围以内（而不是现在的 12.5 倍），把中层与下层的收入差距调控在 2 倍的范围内（而不是现在的 3 倍），把下层与上层的收入差距调控在 20 倍的范围以内（而不是现在的 33 倍）。在全国居民收入差距的调控目标中，可以考虑将基尼系数确定在 0.4 的范围以内。

第二，实行"兼顾两头、带动中间"的收入分配政策。随着法律体系和依法治国社会机制的逐步完善，人们收入获得渠道的灰色地带正在快速消失，高收入中的劳动和非劳动收入的合法性和非法性的界限日益清晰。这样，社会对于因为实施企业创新、创业活动或其他正当经济活动而得到的高收入，在进行了依法监管和依法征税以后，就应该大力鼓励和依法保护。特别是对于企业家所获得的正当高收入不能实行歧视性政策，以防止中国企业创新力和企业国际竞争力的进一步减弱，防止经济中国民收入扩大的带动力的削弱。对于贫困线以下的人口和低收入人口，现在可以也需要改变传统的"勒紧裤带搞建设"的积累机制，通过积极的扶持政策让他们得到越来越多的实惠，把对于他们的净税收为正转变为净转移支付为正。特别是在知识、信息、技术、市场进入、信贷、税费等方面给予他们在创业上的扶持，尽快扩大他们的创收能力。对于中间收入阶层，需要引导他们积极面向和逐步熟悉世界市场的竞争，不断更新自己的专业技能和关于现代市场经济社会的知识，提高竞争力，以能够持续地充当经济发展、收入增长和社会稳定的中坚力量。

第三，建立以创业促进就业的新型教育和社会机制。目前，人们收入差距扩大的一个重要原因，是许多人就业的困难。在市场经济条件下，就业机会主要靠市场活动主体去创造，而不能依靠政府来直接提供。但是，现行的中国教育和社会运行机制，偏重于鼓励人们去因循和被动接受现实的工作安排，而不是去寻找和创造工作机会。中国本来是一个从农村到城市都非常缺乏受正规教育人才的国家，高中和大学毕业生在成人中的比例只有美国的 25% 和 9% 左右，但是近年来，却出现了高中毕业生在农村失业（所谓"种植比不上老子，养殖比不上嫂子"）和大学毕业生在城市失业的怪现象。一位西方学者说过，市场经济就是要求每一个人都具备一定的企业家创新能力。从经济的角度看，中国教育的动手能力和素质教育差的缺陷，其实就是创业精神和创业能力差的缺陷。如果中国不打破旧的教育格局而建立新型教育机制，教育和就业之间的联系就建立不起来，教育培养出来的人就很可能适应不了市场经济，也就找不到足够的就业机会。这些人没有工作收入，新的收入分配上的"脑体倒挂"现象可能又会出现了。当然，除了教育因素以外，创业还必须具备一定的社会氛围和政府鼓励条件。所幸的是，不利的情况已经受到各级政府的高度重视并且正在采取措施迅速改善。

第四，建立适度的社会保障体系。调查显示，约 2/3 的贫困人口以及绝大部分的返贫人口，其贫困的原因是疾病得不到及时治疗而长期患病。这就需要建立医疗上的社会保障体系。医疗保障体系不仅要为城市和农村的居民提供基本的看病和治病的设施和人员方面的条件，而且要建立一个全国统一的健康防病知识普及体系。以此可以最大限度地防止贫困人口的产生。除此以外，考虑到国有企业的改革和老年职工普遍缺乏自我养老积累的特殊国情，也必须进一步建立和健全养老上的社会保障体系，以防退休职工陷入贫困状态。还有，因为各种原因而产生的失业人口日益增多，也需要失业方面的社会保障体系在一定的时期内为失业者提供救济和扶持，以便失业者渡过没有工资收入的艰难时期，早日回到就业大军之中。另外，还有因病、残、智障等原因而陷入贫困的人群，也需要社会保障体系的救助。中国的经济发展实践告诉我们，没有新的社会保障体系来承接旧体制下的"企业保障""家庭保障"以及"土地保障"的功能，就不但阻碍经济改革和经济发展的进程，而且会给社会稳定和现代化建设带来极大的隐患。不过，其他市场经济国家的社会保障实践经验表明，统一的社会保障体系的福利水平也不能太高，不仅要与国民经济一定发展阶段的承受能力相适应，而且要在制度上尽可能明确社会保障体系中个人所具有的权利和责任，以防止社会保障资金的滥用和浪费。所以，在收入分配格局上，中国需要建立的是一个适度的社会保障体系。

第五，加大经济社会城市化的步伐，尽早实现中国经济的基本城市化。中国目前的城市化率为32%左右，离80%的目标还有相当大的距离。回过头看，中国在迈向现代化的经济发展道路上，曾经走过一段徘徊的路。人们一度认为，中国的经济现代化可以走城市经济、农村经济和乡镇企业经济的"三元经济"道路，甚至是走城市国有经济、城市民营经济、农村经济和乡镇企业经济的"四元经济"道路，而不是走其他发展中国家一般采用的从农村传统经济部门向城市现代经济部门大规模转移的"二元经济"道路。现在看来，所谓的"三元经济"和"四元经济"的道路，并非真正的中国特色，它们反而延缓了中国经济打破二元结构的落后格局，最终走向经济的一体化和现代化的进程。由于城市化具有为人们提供新型的就业机会以及全面改善人们的收入状况和生活质量的综合效应，城市化成为所有国家走向现代化的必由之路。所以从这个角度看，这一段弯路，也是中国收入分配的尖帽形格局不断恶化而不是逐步好转的重要原因之一。因此，通过取消农业和非农业户口的差别、推动农村劳动力流动、实行农业产业化、土地入股、城镇建设和移民安置等一系列措施，大力推进中国城市化的实施，争取在不太长的时期内实现基本的城市化，是改善中国收入分配状况的又一个重要途径。

参考文献

王诚：《创新和完善中国的宏观经济调控体系》，《特区理论与实践》2003年第1期。

王诚：《收入分配及转型经济中的政府影响》，《改革》1999年第4期。

王诚：《分工性分配论：理论发展和现实演变》，《浙江学刊》1999年第3期。

王诚：《就业和分工的拓展与收入分配的改善》，《经济研究》1998年第12期。

（原载《国家行政学院学报》2003年第4期）

论新型工业化及地方经济发展

——四川省眉山市新型工业化道路的建议

一 新型工业化道路的基本理论

由于新型工业化道路的观点在中国的正式提出是近两年的事，新型工业化思想又是由中国所提出的新观点，没有外国现成的理论可以借鉴，因此，在各级地方政府工作和具体经济工作中，对于新型工业化道路存在不同认识和争论观点的现象，是可以理解的。但是，我们更需要在未来几十年的发展中，尽快形成从中央到地方的全国走新型工业化道路的共识，在经济发展工作中切实将新型工业化落到实处，以提高经济增长和发展的质量，使人民群众在经济发展中真正得到实惠，对于这种"前无古人、旁无借鉴"的新型工业化思想，我们首先有必要在新型工业化的基本理论上做进一步的探讨。

（一）新型工业化的定义

党的十六大提出走新型工业化道路的思想。新型工业化，就是以信息化带动工业化，以工业化促进信息化，走出一条科技含量高、经济效益好、资源消耗低、环境污染少、人力资源优势得到充分发挥的新型工业化路子。2003年召开的党的十六届三中全会又提出了坚持以人为本、树立全面可持续协调的发展观，促进经济、社会和人的全面发展。这样，新型工业化道路，在新的科学发展观的指导下，就不仅仅是如何把落后的农业国转变为先进的工业国的问题，而是如何把工业化和建立中国特色的社会主义市场经济体制结合起来、把工业化与实现中国产业结构转换和升级结合起来、把工业化与根本转变经济增长方式结合起来、把工业化与经济社会环境资源的协调发展结合起来的问题。并且,在新型工业化过程中,要突出人的全面发展。

(二) 新型工业化产生的原因

首先,新型工业化是"新经济"的直接产物。所谓的"新经济"是指由于信息和通信技术的革命性变化所形成的主要依靠信息和知识的空前传播和快速处理来运行的经济。"新经济"的技术创新基础,就是 IT 或 ICT 科技的发展。信息化带来的变化主要表现在 4 个方面。其一,信息化带来了知识的大普及。信息化技术的采用使人们能够以相当低的成本获得自己感兴趣或所需要的知识。因此,在信息化社会中,不仅社会成员之间的知识差距大为缩小,而且使西方传统工业社会中重要知识仅仅为极少数人垄断的局面变得不复存在。其二,信息化促使新信息迅速传播。在传统工业化社会中,包括市场信息在内的各种信息带有很强的局部性和地域性。新的信息和通信技术的采用,打破了人们由于地理位置的差距而形成的信息壁垒。形成世界性的劳动分工、社会整合和资源优化配置的格局。其三,信息化带来新生产技术的加快传播和大规模采用。技术发明和技术创新是企业创新来源的一个十分重要的方面,是企业竞争获胜的重要手段。中国的经验表明,在信息时代,即使是全封闭式的外资独资企业的最新专用技术,只需经过不长的时间(最长经过 3—4 年的时间),也就会通过模仿、研制和人才流动等途径,传播到国内的相关企业。其四,信息化带来市场变化的敏感性。在信息化社会中,以互联网和供需联系终端为主要手段的信息化技术,把消费者的最终需求和市场行情最为紧密地联系到一起,各种新需求的出现也可以迅速反映在市场上。"新经济"的特征在于:(1)由于信息和通信技术的采用和信息化生产管理,大量新产品得以通过低价格、大规模、多品种、高效率、高回报的方式生产出来。(2)由于信息化推进的技术进步缩短，企业的技术创新周期大大加快，过去数年和十数年的创新周期往往缩短为1年左右甚至数月，因此，整个经济的商业周期波动被"微波化"。（3）企业内部由西方传统工业化下的所谓"无所不知的老板"指挥着一群"一无所知的工人"的状况，转变为一个有共同的价值认同、平等的人格关系、不同专业领域合作和相近信息水平的"生产团队"。（4）企业的行为目标从西方传统工业化下的股票持有者（Stockholders）利益或资本利润最大化，转向企业生产的"相关利益方"（Stakeholders）（包括消费者、员工、股东、社区等）利益的协调和最大化。

其次，走新型工业化道路是经济全球化的客观形势的要求。经济全球化现象尽管很复杂，但在客观因素方面是劳动分工扩展和市场交换发展的结果。只要有适当的产权界定，市场经济社会就会把分工的触角伸向世界的每一个角落，同时也使参与分工的人们享受到市场的福利。中国通过加入WTO等一系列国际经济组织和开放市场，也不可逆转和有步骤地加入世界分工体系和市场交换体系。本来，中国作为相对落后的发展中国家，自然像其他许多处于工业化初期的国家一样，采用较为低级的技术和粗放的生产方式，所生产的是消耗高、污染多、质量低的产品；但是，经济全球化使得中国经济的对外依存度不断升高，目前已经达到60%左右，每年生产的产品中30%左右需要销往世界各地，以至中国在国际上逐渐赢得"世界工厂"的称号。既然中国是为世界市场和开放的国内市场生产，我们就得在生产的一系列环节（包括质量、管理、安全、卫生、环境影响、工作条件、政府补贴等）上遵守国际标准，或者是与国际越来越接轨的标准。即使是在非贸易品领域，我们的生产和服务也必须遵守关于知识产权保护、商标权保护、消费者权利保护、人权保护和环境资源保护等国际标准。按照这些现代国际社会的生产和产业标准去做，我们的工业化就不可能再是旧的工业化，而变为新型的工业化了。

再次，新型工业化是现代人本主义思潮作用的结果。无论是西方国家的传统工业化，还是社会主义国家计划经济体制下的传统工业化，在一定程度上都是以阶级斗争理论作为运行的基础。资本主义国家为了资本家的利益压制工人的利益。计划经济体制为了党和国家的利益牺牲农民阶级（主要是小农）的利益。阶级斗争理论认为，每个人属于不同的阶级，为了阶级的整体利益可以忽略甚至牺牲个人和一部分人的利益。无论在西方还是在中国，阶级斗争一度成为传统工业化推进的动力。在资本主义制度下的传统工业化，以牺牲某些阶级（如无产阶级）的利益为代价。在计划经济下的传统工业化，以牺牲某些人群（如农民群众）的利益为代价。因此，传统工业化的一个共同特征，是存在不协调发展或倾斜发展的问题。但是，在现代国际社会中，人本主义替代阶级斗争成为人类文明的共识。西方国家在其制度框架可以允许的范围内，不得不在国内和国际经济活动中强调以人为本的原则。在社会主义现代化建设中，我们也再不能以阶级斗争为动力来推动经济发展，而需要强调以人为本的动力。现代人本主义认为，社会需要关注和尊重每一个人或公民的生存状态、生命价值、内心体验和自由选择意志。人的主观能动性来自每个人的生命潜能。人生的价值在于个人价值自我实现的追求。为了更好地调动每个人的主观能动性和帮助每个人实现其价值，社会要以人人平等的法律地位和法治原则以及现代化的企业管理和社会管理办法来调整企业和社会的各种矛盾。因此，为了实现人本主义，经济发展的过程中就不能以牺牲某些人群的利益为代价来获得另一些人群利益的增长。即使是为了整个社会和民族的发展作出牺牲的个人，社会也需要对其利益进行补偿。因此，在经济发展过程中，必须注重经济和社会、城乡、区域、人与自然、国内和对外经济关系等各方面的利益平衡和协调发展。

最后，新型工业化是作为世界第一人口大国的中国可持续发展的必经之路。从整体上看，中国目前处在工业化的快速起飞和经济较快增长的阶段，一定量的资源耗费和废物量排放是难以避免的，并且还将持续相当长的一段时期。但是，这些年的中国工业化状况显示，中国其实是在走西方市场经济和中国计划经济相混合的传统工业化道路。资源和环境条件已经向中国目前的工业化道路亮起了红灯，这种工业化道路根本上不可持续。从可持续发展的角度看，新型工业化是中国今后发展的唯一出路。在中国，需要将以往那种"资源—产品—废物—污染排放"的旧发展模式，改变为"资源—产品—再生资源—再生产品"的新发展模式。

二 眉山市新型工业化道路的政府规划及其评价

为了实现眉山市的新型工业化，眉山市委市政府提出《关于加快推进新型工业化的意见》。为了整合全市各方面的工作，该意见所涉及的内容是十分全面的，具体参见眉山市委市政府《关于加快推进新型工业化的意见》（2004年送审稿）（以下简称《意见》）。

从进一步完善眉山市新型工业化规划的需要出发，这里提出一些修改意见，以供讨论。

（一）关于眉山实施新型工业化的条件方面

《意见》提出要建立机械电子、医药化工、食品饲料、电力能源、冶金建材和造纸六大支柱产业，并提出培育七大范畴优势，包括冶金建材、硝基化工、铁道制动机、小型制冷机、道路摊铺机、农副产品加工以及牛奶加工。关于支柱产业，我们觉得，还是提"五大支柱产业"更好。六大支柱产业中的"造纸"一业，是在"江山纸业"公司的基础上提出的。目前，造纸业属于重度污染工业。在新型工业化的框架内，造纸业的成本计算不能只算企业生产成本，而且必须计算企业可能造成污染的全部治理成本，或者企业安装和运行标准治污设备的必需成本。这样算下来，企业的发展就很可能没带来多少利润和税收，反而可能是亏损的。如果企业利用当前法制不严的漏洞逃避治理成本，也是不可能持久的，并且还会恶化地方的投资环境。所以，在造纸污染治理装备的成本没有大幅度下降以前，建议眉山市不要将造纸业作为支柱产业。此外，关于区域优势方面，我们觉得眉山的绿色产品和绿色服务资源是有待开发的潜在而巨大的区域比较优势。相比经济较为发达但是人工改造程度很高的东部和中部地区，眉山依托几乎没有任何污染的青山绿水黑地及特色产品而形成的绿色资源，是一个难得的宝库。

（二）关于眉山实施新型工业化的战略和战略目标方面

《意见》提出了三大战略，即"强工稳农、工业强市"战略，"推进新型工业化，实现富民升位"战略和"错位发展、融入成都"战略。我们觉得，"强工稳农"的战略提法中"稳农"一词值得商榷。从二元经济发展理论来看，农业在工业化的过程中并不只是简单地提供劳动力，而且提供城市现代化所需要的质量越来越高、数量越来越多的农副产品。并且，新型工业化必须注重城乡同时和协调发展。能否以"强工促农"代替"强工稳农"？

（三）关于眉山实施新型工业化的手段方面

我们觉得，有的方面值得突出强调一下。如利用信息技术改造传统产业，是实现新型工业化的一个非常重要的途径。因此，诸如眉山的传统产业如何进行信息技术改造？利用哪些信息技术？如何获得这些技术？怎样以最低成本的方式实现好的效果等问题，都需要具体的实施方案。关于招商引资的手段中，需要突出政府的主体地位。虽然企业在市场经营过程中，具有引资用资的某些信息优势和关联业务优势，但是，企业在市场竞争中，也有从本能上排斥那些与本企业业务有竞争但实力更强的投资者之不足。此外，政府在招商引资促进发展过程中具有制定发展规划、掌握宏观全局的信息优势，具有承诺政策环境稳定、基础设施改善的信用优势，具有使用包括税收、贴息、进入、用地等在内的各种激励手段的激励优势，等等，所以，招商引资的主体非政府莫属。当然，必须注意一些地方出现的一种不良倾向，即把招商引资的任务分解到全体公务员，各公务员按照职务的高低承担不同金额的引资指标，完不成者被追究责任。这就混淆了政府部门的职责和政府工作人员的职责，不可能行得通。关于《意见》中提及的"产业集群"发展手段问题，我们认为，虽然这是包括长三角、珠三角、环渤海等区域在当前和今后一段时期经济发展的重要方式，但是，眉山发展产业集群的条件尚未成熟，特别是交通、物流、资金、企业精神、区域合作等关键因素方面的相对优势不具备。

三 关于眉山实施新型工业化的补充建议

（一）政府从"运动员"角色进一步退出，学习当好公正的"裁判员"和积极的公共"服务员"

中国市场经济建立的特点在于，市场经济体系不是在商品经济自然发展的过程中形成的，而是政府面对计划经济的一统天下的局面，逐步搭建市场经济的框架、培养市场经济的主体而形成的。在这个意义上，我们很容易理解邓小平是中国社会主义市场经济的总设计师这句话的含义。但是，由于企业原来基本上是政府的，向市场提供产品的主体就是政府。拿人们熟知的关于"运动员"和"裁判员"的例子来说，中国市场上原本就不分什么运动员和裁判员，因为在球场上本来就没有运动员，是裁判员们在凭着良心打球的。在地方经济中，这样的情况就更为明显。由于在地方的"球场"（市场）上，外来和本地产生的"运动员"更少，如果"裁判员"不上场参赛，一场球就打不下来。这样，地方的经济如何上去，地方政府的成绩又从何而来？因此，地方政府屡屡充当"运动员"的角色，其实是可以理解的。

但是，为了充分发挥市场机制促进经济增长的作用，就必须建立规范、合理、合法的市场经济体制。在真正的市场体制中，角色清晰代替了角色模糊，公平竞争代替了不讲竞争，依法裁决代替了凭良心做事。因此，政府就不仅成为天然的"裁判员"，而且成为公共事务的"服务员"。要使各级政府成为真正的市场"裁判员"和公共"服务员"，一方面，政府要从各种经营和营利性事务中脱身出来，成为市场竞争利益的中立者；另一方面，各级政府需要形成一个"利益共同体"，使同等国家公务员享受到同等的报酬，公务员的利益来源于公平的税收，公务员的奖励依据尽职尽责而不是违规的"创收"能力，政府的"服务报酬"不是服务对象的直接支付回报，而是民众和企业的生活和经营投资环境的改善。同时，地方政府作为全国宏观调控的执行机构，需要有中央政府统筹安排的反馈能力和财力。

从眉山市的情况来看，市政府在使自己成为市场利益的中立者方面已经做了许多工作。政府不仅在 2002 年进行了一次全面的机构改革，市级、区县级、乡镇级的政府机构精简率分别达到10%、25.3%、20.5%，而且，政府的职能设置作出了向市场转型的巨大转变。眉山将过去受政府干预的公有制企业都纳入改制范围，列入改制计划的 526 家企业，2003 年年底达到98%的改制率。在改制中，眉山还成功地实行了依法改制、三项（产权、身份、机制）统改、身份有偿转换的原则。但是，鉴于眉山仍属于经济欠发达和财政薄弱的地区，国企改制所引起的社会安置和企业负债问题，有待于经济进一步发展和中央统筹财力的帮助来解决。

（二）充分利用绿色产业基础，造就绿色产品的系列产业链，让绿色企业做大做强

绿色产品，即从原料来源、加工过程到包装上市等各个环节都没有污染和有害元素加入的产品。在工业化以前的社会中，绿色产品比比皆是。但是，由于传统工业的发展方式和市场诚信机制的缺失，绿色产品已经难以寻觅，而今天，绿色产品可以说是新型工业化的一个代表。

包括眉山在内的四川虽然受"蜀道"所限，没有沿海、沿边、沿线和早期开放城市等方面的优势，但是却有受传统工业化的负面影响较小、宜于发展绿色产品的优势。眉山市地处峨眉山—瓦屋山地震断裂带，是岷江和青衣江的主要流域。眉山市地域整体落差达到 3200 米左右，森林覆盖率约为 30%，又是成都平原和都江堰灌溉

受益区。显然，这是发展绿色产业尤其是绿色食品业和绿色旅游业的天然宝地。

目前，由于政府的努力，眉山依然保持基本不受污染的青山绿水局面。如 2003 年年末，眉山的农村饮水卫生达标率为 99.1%（全国为 50%）。眉山的空气质量达到二级以上标准的天数在全年中为 82.7%。2003 年，眉山 35 个农产品的生产地被确定为全省无公害生产基地，29 个产品获准使用绿色产品专用标识。中国"脐橙之乡""椪柑之乡""枇杷之乡""竹编之乡"的称号已初步打出品牌。

发展绿色产业需要克服一种模糊思想，即认为搞新型工业化就是要上信息产业和其他高科技产业的项目，传统产业等于传统工业化道路。其实，中外企业界在知识经济或"新经济"时代已经达成一种共识，即"只有夕阳的产品，没有夕阳的产业"。或者说，只有落后的产品，没有落后的产业。信息社会没有改变人们的需要和市场需求的多层次性，因此各类产业都有充分的生存理由。一旦某个传统产业的供给变得稀少而需求很大，这个传统产业仍然可能是高盈利的行业。问题在于，产品需要更新。虽然绿色产品的性质与在传统社会中没有什么差别，但是在新型工业化时代生产它们的手段是不一样的。传统产业的产品需要信息化、新科技、深加工、环保产业配套、全国和全球市场营销等现代生产和经营手段的打造。只要传统产品赢得了竞争力，就可以考虑扩大规模，扩大品牌宣传，构造绿色产业系列链。除了具有现实影响的绿色保健酒业、旅游业、水果生产、稻米生产、中药材生产、奶业、竹器生产加工等绿色产业系列链外，眉山还可以考虑发展饮用纯净水、矿泉水、绿色保健膳食系列等具有潜在生产优势的绿色产业链。

由于绿色产业链一般具有高附加值、劳动密集型、可持续开发、可分户订货、资金周转快见效快、各种类型人才都需要的特征，因此，发展绿色产业链有助于解决目前眉山经济发展和运行中所面临的几个突出问题，如农民增收困难、工业发展的国企依赖性强、改革的社会代价难以消化、第三产业的需求不足和发展乏力、储蓄率过高和个人投资渠道狭窄等问题。

（三）进一步引入跨国和跨区域企业及外来投资，发展低污染非绿色工业，加快增加值增长

从新型工业化的观点来看，工业的发展还可以分为两类：一是绿色工业（即以上所说的绿色产业），一是非绿色工业。非绿色工业产品虽然不像绿色工业产品那样具有完全的使用安全和能够直接促进消费者的健康，但仍然是工业化社会所必需的，具有比简单农产品高得多的附加值，也是需要大量生产的。但是，非绿色工业的生产活动有可能造成比较严重的环境污染和社会危害，而成为新型工业化的消灭对象。因此，我们觉得，一定要注意发展无污染或低污染的非绿色工业。其中，当然包括上面所提到的眉山"五大支柱产业"（除去造纸业）和"七大区域优势"行业。如上所述，政府在招商引资过程中需要起到主体作用。

（四）在健全人才考核标准基础上，以更优惠灵活的方式引进短缺人才，以更人性化的方式输出富余人才

新型工业化经济以信息和知识为基础，把握信息和知识的能力体现在人才身上。因此新型工业化社会的竞争是人才的竞争。但是，垃圾信息污染、伪知识泛滥和假人才骗子的现象，也是信息社会中不可忽视的严重问题。如果说"垃圾是放错地方的资源"，那么这句话也表明认清用人单位自己的需要和认真鉴别人才的重要性。中组部最近提出，起用人才不拘学历、学位、职称、职务、经历的观点，也强调了注重人的真才实学而非外在"标签"的重要性。此外，眉山市在引进人才方面也可以借鉴全国各地和国际上引人和用人的成熟做法。

新型工业化社会强调对人的实际需要的关注，强调人性化的社会管理过程。因此，建议眉山不仅在引进人才方面注意个人的工作和生活的需要，而且要关注输出人才的合理诉求。农民工能够在外地找到一份带来报酬的工作，说明他就是人才，是本地富余而外地需要的人才。目前，国家已经意识到，流动劳动力不仅成为输入地的经济建设不可缺少的力量，是创造 GDP 的产业工人队伍的主力军，而且是输出地获得增加收入、信息、技术和新观念的重要渠道。眉山目前的输出劳动力占总劳动力的 23% 左右。如何进一步改善对这部分劳动者的公共服务，可能也是地方政府需要着重研究的问题。

（五）在"诗书之城"和"诗书之乡"的基础上，提高城市建设的文化格调和农村建设的城市性，为建设全面小康社会打好基础

眉山建城历史长达 1400 年，又是两宋进士之乡，唐宋"三苏"故里，历史文化积淀深厚。眉山是名副其实的"诗书之乡"和"诗书之城"。在新型工业化建设过程中，眉山的社会和文化建设也成就喜人。眉山被联合国开发计划署和国家建设部分别确定为"'21世纪城市规划、管理与发展项目'示范城市"和"全国数字化建设示范城市"。眉山还准备复建或新建"五大古迹""六大景观""东坡外滩"等一系列社会文化设施。这些努力都是值得肯定的。

作为以地方经济发展为依托的城市，我们建议眉山在现代化社会建设的过程中，更多注意社会文化建设与经济建设的同步性问题，要量力而行。此外，社会文化建设的资源要"好钢用在刀刃上"，尽量以社会文化的建设引导城市文化格调的提高。同时，要结合城市化的进程注意农村社会文化的城市性建设问题。城市性建设往往比城市化建设更重要。城市化是以城市人口的比重提高来衡量的。城市性则是以更多的农村人口享受到更为健康的劳动、更为卫生的环境、更为方便的生活设施、更有组织的社区管理等生活质量指标来衡量的。城市性可以通过城市化的途径达到，也可以不通过城市化。显然，城市性才是我们建设全面小康社会所需要追求的真正目标。

（原载《财经科学》2005 年第 2 期）

向公共型政府转型与后进区域发展

中国作为一个大国和资源分布异质性很大的经济体，在经济增长和发展过程中必然面临复杂的关于区域经济发展如何协调的问题。由于区域经济发展对于政府或国家的严重依赖性和东方社会经济中政府或国家对于经济运行较强干预的长期传统，政府尤其是地方政府与区域经济发展的关系一直是中国经济发展中十分重要而在理论上研究不足的问题。本文试图在有关方面前期研究的基础上，结合笔者在公共选择领域和核心就业领域的一些探讨，对中国地方政府尤其是后进地方政府对于缩小区域经济发展差距的作用问题，在典型化事实和作用机制方面进行初步的分析和归纳，以期发现其中的关键问题之所在。

一　中国地方政府的分类取向及转型

众所周知，政府的一般特征是通过征税来维持其对于社会秩序的建立和实施的基本功能，即对于经济社会的"治理"。地方政府，就是地方上在中央政府和地方议会机构的授权下，对一个地方实行征税并且治理地方经济社会的机构。在历史上，中国曾经存在两种截然不同的政府观。一种是以计划经济的思想为代表，认为政府可以取代所有社会组织，通过政府机构可以直接组织和管理一切方面的社会经济活动。另一种以青年巴金等人的思想为代表，认为"人之初，性本善"，人们可以通过自愿形成的组织来进行社会经济活动以及其他方面活动的自我管理，所以不需要有政府。在中国历史传统的实践中，基本上奉行儒学的"劳心者治人，劳力者治于人"的原则，认为治国是少数甚至个别社会精英或"天子"的事，老百姓对于政府是不参与、不过问、不负责。于是，在中国民间形成了与臣民文化相并列但具有高度投机性的游民文化。而在治国权力的高度集中机制的影响下，又形成政府中影响深远的专制文化。游民文化和专制文化相互强化，构成中国历史上特有的互不认同的政府与民众之间的关系。改革开放以后，中国政府按照民主化、现代化和高效率的原则进行改革，取得了一定的成效。但是，由于历史因素的影响和各地改革开放进程存在明显差别，目前的各地政府虽然有许多共同特征，但依然表现出各种不同类型的政府特征来。

消费型政府。所谓的消费型政府，是指政府的功能退化为单纯的征税或者获取转移支付和消费支出。一方面，政府利用其强制力进行征税（或保留转移支付）；另一方面，政府利用其强制力进行消费。

这种类型的政府，在中国的许多贫困地区表现得非常明显。由于资源条件和商业环境较差以及就业机会少，政府机构常常成为官员的亲戚和朋友的就业首选，因而出现就业扩大中无分工净收益产生的虚拟就业。于是，一方面，庞大的政府部门和少量的税收收入形成尖锐矛盾。另一方面，有财政支持的工作量少和政府雇员的人手众多也形成尖锐矛盾。但同时，贫困地区的官员还有强烈的攀比心理，认为自己的消费水平不能太低于发达地区的官员。这样，在对待中央和上级政府的常规财政拨款和扶贫拨款方面，经常进行截留和挪用，以提高政府官员的住房、用车、吃喝等消费上的档次。政府的强制力也被明显地滥用。既扩大从农民方面征收各种税费的所谓"执法队伍"，以尽可能将农民的消费转移为政府雇员消费。又对工商企业进行各种类型的所谓"欠债消费"，使得贫困地区民间力量艰难建立的餐饮、住宿、修理、加油、零售等行业企业，因不能收回欠债，资金无法周转而破产。

因此，消费型政府不但没有履行好维持社会经济秩序的职责，反而经常成为市场经济正常运行秩序的破坏者。不过，值得宽慰的是，在中央决定取消农业税的政策影响和中国所有省市区政府已经承诺在 2005 年年底前全部取消农业税的背景下，消费型政府失去了其实施滥征税费的最有力的理由，后进地区的农民税费负担在 2004 年和 2005 年明显下降。不过，消费型政府的现象在后进地区仍然普遍存在。

生产型政府。生产型政府是指政府部门的主要职能是建立企业、指导企业和安排生产活动。政府对于经济增长、增加就业、控制通货膨胀和国际收支平衡等方面的目标，不是通过间接的宏观调控的方式来实现，而是通过直接控制企业生产活动来实现。

尽管中国实行市场经济取向的改革已经近 30 年，国有企业改革局面和政府财政投资方向的调整已经发生很大变化，在中央政府层面上政府对于生产活动的直接控制已经大幅度下降；但是，在地方政府层面上，特别是在后进地区的政府范围内，相当一部分政府的主要精力和日常工作，仍然是直接干预企业的生产经营活动。例如，在中央政府关于减少企业审批事项的政策下，仍然有一些地方政府给企业报批和注册设置变相的关卡。有些贫困地区政府截留中央政府下拨的家庭扶贫资金，用于生产项目投资。有些地方政府按照政府的意愿，强行命令农户或企业停止某种产品的生产，或者推广某种产品的生产。政府利用自己的影响力，迫使银行给某个企业发放某种生产性贷款。政府强制不同的生产企业进行资产兼并或收购。地方政府通过交通、批零、工商、卫生、税务、市容、质检等环节，形成地方垄断销售环境，阻止外地商品的进入。如此等等。

运动型政府。运动型政府是指政府的观念还没有转变到建立和谐社会的新型发展观上来，在政府工作上对于发展民营经济仍然抱有歧视和压制的态度，对于国有企业僵化管理体制的改革迟迟不愿推进。

我国建立社会主义市场经济中的"社会主义"，并不是坚持无产阶级压倒资产阶级的市场经济，而是强调给予各个市场经济活动的主体以合理合法的社会地位，让各种生产要素所有者的积极性充分发挥出来，实现经济社会和谐发展以及共赢共富的市场经济。运动型政府的存在，往往使得地方经济的发展耽误了许多发展机遇。

公共型政府。公共型政府，是指政府通过公正和透明的立法权、行政权和司法权的实施，将主要职能定位在维护公共秩序、规范市场环境和增进公共利益上，不特别偏袒某一利益群体的利益，也不直接加入和干预生产发展和市场盈利的活动。

在严格的意义上，这一类型的地方政府在中国比较少。但是，这种类型的政府是目前国家所提倡，也是中国各级政府改革的大方向。从实践上可以认为，绝大部分地方政府都或快或慢地朝着公共型政府的方向转变。当然，公共型政府体制的建立，在很大程度上依赖于中央政府的努力，因为在中国，主要公共事务的立法、司法和行政决策权，以及主要财力，都集中在中央政府的手上。很明显，这些年中国政治体制的改革，在立法、行政和司法方面，都越来越具有公共型政府的特征。中国的财政支出，也逐步由建设型财政向公共财政转变。作为后进地区的地方政府，需要抓住中央财政向公共财政转型的契机，争取中央财政转移支付的支持，努力向公共型政府的方向迈进一大步。

二 区域发展及其差距的含义和原因

关于区域经济发展上的差距，如果我们用数量指标来衡量，就可以确切知道区域发展差距的大小。例如关于东中西部三大区域经济发展的差距，关于省际的发展差距，或者以东部最发达地区的某个县与西部最不发达地区的某个县来衡量的发展差距，等等。然而，我们研究区域发展的差距问题，就像我们研究居民收入的差距问题一样，并非仅仅是为了从实证上知道数量上差距的大小，而是可能暗含着一个重要的政策含义，即要不要和如何缩小区域之间的发展差距。比如，在分配差距的研究上，一般认为小的经济体如韩国和中国台湾，其差距达到基尼系数 0.3，大的经济体如美国和印度，其差距达到基尼系数 0.4，就进入政府政策预警范围，需要政府采取收入分配政策进行专门的干预。

尽管在区域经济差距的研究上，学界还没有开发出一个类似"基尼系数"的统一指标，但是，我们通常的推理同样是，由于存在着区域经济发展上的差距，因此我们要研究如何缩小它。其实，这种因果关系可能是虚构和有问题的。在政策层面，经济学需要关心的目标并不是区域经济发展差距本身，而是那些在不同区域中生活的人。如果区域差距虽然明显，但是各区域的居民实际生活水平差别不大，那么区域差距就不是政策调节的目标。反之，如果区域差距不大，但普通居民的实际生活存在很明显的差距，那么在政策上就可能需要加以调节。如果我们的区域差距研究只见区域不见人，关于区域经济差距的研究就可能误入歧途。因此，笔者认为，判断一国内不同区域经济差距是否处于临界值或合理范围内的依据，不是区域差距本身的大小，而是在这些不同区域中的居民是否拥有大致相同的生存权、发展权和相应的社会和物质的基础结构。区域差距形成的原因是多种多样的，我们不能浪费资源和时间去试图缩小各个方面的区域差距，而是要解决不同区域中人的生存和发展条件问题。如果我们进一步考察区域经济发展差距形成的各种原因，就会看得更清楚。

其一，按照分工和比较优势原则形成的区域发展差距。如果不同的地方经济在商品生产和市场交换的自由竞争条件下进行发展，那么，各个地区的生产者就会根据自己所拥有的资源禀赋和市场环境去生产最具比较优势的产品，从而形成不同区域间生产者之间的分工格局。在这种情况下，各个地区根据分工格局中自己拥有的资源禀赋和市场条件，按照资源的稀缺强度和市场的需求强度，获得有差别的收益或经济增长。这些差别经过一段时期的积累，就会形成区域之间的发展差距。不同区域之间的信息传递和物流业发展可能会缩小这种区域发展差距，但是主客观资源禀赋和市场条件的不同所造成的区域差距是不可能完全消除的。

其二，按照原始积累原则形成的区域发展差距。按照结构主义发展理论，在二元经济特征很强的发展中国家，传统的农业部门承担着为城市现代部门输送低价格的劳动力和农产品，以促进现代工业部门获得利润和积累资本的功能。因此，在工业化过程中，对于那些属于"制造业大省"或"工业大省"的地区而言，经济发展就表现为突飞猛进；而对于那些属于"农业大省"或"原材料大省"的地区来说，经济发展就可能显得滞后。由此，也会形成区域之间发展上的差距。所以，二元经济结构越明显并且各地区的农业非农业和加工业非加工业分工越明确的国家，其在工业化过程尤其是在工业化过程的早期和中期，区域之间的经济发展差距越大。

其三，按照发展战略原则形成的区域发展差距。以上两个方面所涉及的区域经济发展差距，可以说是商品生产和市场经济发展的"自然"结果。一个国家或政府所确定的长期发展战略，同样可以造成区域经济之间的发展差距。正确的长期发展战略可能在牺牲某些地区的发展利益的同时，创造出大得多的整体国民经济发展收益。但是，错误的发展战略则可能在牺牲了一些地区的发展利益的同时，又牺牲了整体经济的发展利益。从中国的实际情况看，经济发展过程中所实行的长期发展战略主要有：①赶超发展战略。所谓的"赶超发展战略"，是指1949年新中国成立后，政府为了推动重工业的优先发展和国民经济的高速增长而采取的指令性计划经济发展战略。实行赶超战略的参照系是苏联的计划经济发展模式，主要手段是取消生产要素和主要产品的市场定价和市场流通，为重工业的生产投入人为低价的原材料、燃料、资金和劳动力。由于当时重工业的发展集中在北京、上海、天津、沈阳、济南、武汉、南京、西安、重庆等少数中心城市，赶超发展战略的实施就使得这些城市地区的经济增长速度远远大于其他地区的增长速度。②三线建设战略。1965—1975年，中央政府出于中国很可能面临战争威胁的担心，考虑将重工业基地从沿海和东北地区搬迁到远离边境线的中西部（"三线"即抵抗侵略战争的第三道战略防线）。于是，在云贵川陕甘等西部地区进行大规模工业企业建设，后来又扩展到中部地区的河南、湖北、湖南等省份。这些建设项目对于促进中西部地区的初期工业化起了一定的作用，在某种程度上有利于缩小本来存在着的中西部与东部区域之间的差距。但是，由于"三线建设"缺乏系统的基础配套设施和相关产业网络，这些工业企业绝大部分生产成本高昂，严重缺乏经济效益和市场竞争力，因此对于当地区域经济的发展一直没有起到促进经济增长的火车头的作用。③分步骤改革开放战略。1978年中国开始进行经济体制改革和实行对外开放。由于改革开放缺乏经验和对于改革开放措施可能失败的担心，以及一些政府高层决策者在观念上还难以接受市场经济取向的改革和对西方市场经济的开放，因此中国的改革开放战略的实施是通过一步步的试点而逐渐推开的。最初的对外开放政策试点是于1980年前后在深圳、珠海、汕头、厦门4个城市设立经济特区。以后在1988年海南建立经济特区。1990年在上海浦东新区设立实际上的经济特区。在此期间，也陆续开放东南沿海的十几个城市。这样，东南沿海地区最先享受体制和机制创新以及对外开放政策带来的好处。这一战略的实施，成为东部和中西部拉开发展差距的一个主要原因。

三 地方政府在后进区域发展上可能的消极作用

由于中国地方政府体制正处于改革和转型过程中，地方政府的一些工作往往与需要缩小地区差距的目标相反。因此，我们有必要根据近年来的经验，把后进地方政府在缩小地区发展差距上的积极作用和消极作用作一个区分，以鼓励后进地方政府的积极作用，同时减少或防止其消极作用。

（一）以虚拟分工阻碍真正分工的拓展。真正的劳动分工，是在效率取向的指引下，人们对于不同类型的劳动或工作加以划分或者合并的调整，其目的是要获得以节约成本或增加收益的形式反映出来的分工净收益。相反，虚拟分工往往借着深化分工的名义，行"因人设事"之实，虚设许多没有效率的工作，既不能节约成本支出，又不能增加整体工作的收益。在一些后进地方政府的工作中，往往以加强市场监督和整顿市场秩序的名义，设立越来越多的"大盖帽"，向劳动者、经营者和企业主进行"乱收费、乱罚款、乱集资、乱摊派"。很显然，这些虚拟或虚构的分工发展，既浪费了公共财政的资金，又扰乱了市场经济中劳动分工尤其是企业创新性分工的正常扩展。

（二）以财税取向性生产取代市场取向性创新。市场经济的本质是创新经济，创新是市场经济的基本动力和活力之所在。因此，地方政府在行政和经济工作中，就需要着眼于如何鼓励和保护市场经济的正常发展，尤其是要促进和保护创新性的生产活动。创新带有群体上的周期性和个体上的风险性，不可能马上带来企业的收益及其给地方政府创造的税收收益。我们常常看到，后进地方政府为了获得短期财税收益的最大化，往往以各种方式鼓励甚至强制地方企业从事本地没有比较优势的产品的生产。虽然这些产品在当前市场上有较好的销路和收益，可以给地方政府上缴更多的税收，但是，由于企业生产活动的创新动力受到压制，以后企业可能面临严重亏损和银行面临大规模呆坏账。因此，后进地方政府以财税为中心的经济发展方针，很可能会损害地方经济的长期发展。

（三）以国际经贸原则取代国内发展原则。国与国之间的经贸原则是本国利益最大化和国家利益不受损害。相反，一个国家内部必须是一个公共利益的共同体，除了全体国民的整体公共利益，原则上不应当存在国内的不同地区之间国民的独立公共利益。但是，我们看到在地方政府的政策实践中，就有意无意参照国际经贸发展原则。一方面，仿效"国家利益"而特别强调自己的"地方利益"，在经贸活动中似乎地方利益不可侵犯。另一方面，受到历史上"诸侯经济"传统的影响，喜欢把现代政府的法治行政行为，转变为"土皇帝"的专制施政行为。于是，在地方经济中，滥用法律强制力来实行贸易壁垒、信息壁垒、资金流动壁垒和劳动力流动壁垒的现象屡见不鲜。更糟糕的是，这种现象在后进地区比在先进地区更为常见。其结果，是拉大而不是缩小后进地区与先进地区之间的差距。

四 地方政府在后进区域发展上的积极作用

一是，建设良好和高效率的法治社会环境。法治建设是社会基础结构（Social Infrastructure）建设的一个十分重要的方面。在中央政府一级的基本立法和司法体系建立以后，地方政府在制定地方性法规和行政执法过程中，仍然有许多法治建设的工作要做。在中国的地方上，尤其是在后进的地方，农业社会传统留下的人格化交往和交易行为比较普遍，人际关系被认为比法律规定更为重要。但是，法治社会中的经济契约更加容易得到低成本的履行，使所有的市场交易变得更有效率。

二是，建设和谐融洽的社区生活环境。社区建设也是现代市场经济中社会基础结构建设的一个重要方面。在中国的传统文化中，所提倡的社会治理步骤是"修身、齐家、治国、平天下"。其实，在"齐家"和"治国"之间，有一个"建设社区"的重要环节被忽略了。正是因为这一社区建设的环节被忽略，一方面，人们把国家当作一个家庭或家族来治理，容易形成国家管理体制中的家长式治理结构，培养出专制主义的观念。另一方面，社区式的社会关系被宗法关系所取代，人们缺乏在平等社会地位基础上的相互沟通和自我治理的实践。

三是，建设高效率的物质基础结构工程。物质基础结构（Physical Infrastructure）在中国又称为基础设施。基础设施大体上属于一种一次性投入大、投资回收周期长、产品或服务的正外部性很大的公共物品。虽然在世界上，这一类公共物品越来越多地由政府投资转向民间投资（这也许是因为世界上的大型跨国公司越来越多和新建设技术的效率越来越高），但是在中国的后进地区，这些基础设施的建设在可预见的未来可能仍然主要靠政府来提供。后进地方政府需要把过去投入开办商业性企业的资金，逐步转移到基础设施的建设上来。

四是，实施鼓励创新和创业的政策。中国计划经济时期遗留下来的一个不良的思维方式，是认为政府可以替代民间进行思考。认为既然社会精英人才都集中到政府，政府就比民间的老百姓站得高看得远。于是，政府就经常越俎代庖，替市场经济中的投资者和生产者作决策。这一点，在中国的后进地方政府中表现得更为明显。政府往往在调整产品结构中要唱主角，在采用新品种和新技术中也要唱主角。其实，即使政府这样做完全是为了老百姓的利益着想，也不能角色越位。市场经济的一个本质特征，就是承认政府无法掌握经济活动中的各种信息，而能够准确把握和有效利用这些市场信息的人，只有那些在市场中分散活动的各个主体。

五是，通过合法而有效的途径获得中央政府的财政和政策支持。既然中央政府已经决定采用新的发展观，在建立和谐社会的大目标下实行城乡和区域之间的平衡和协调发展，就为后进地方政府提供了一个很好的契机，即尽可能争取中央和上级财政加大对本地区的支持力度。在中国进入工业化的中后时期，需要将过去的"以农补工"和"以资源地补加工地"的政策，转变为"以工补农"和"以加工地补资源地"的政策。这样，普遍具有农业和资源产业比重高特征的后进地区，就可以帮助中央和上级政府清楚了解本地社会基础结构和物质基础结构方面的薄弱性，以及本地财政状况的困难，从而获得中央和上级财政转移支付的最大支持。

参考文献

林毅夫等：《中国的奇迹：发展战略与经济改革》，上海人民出版社1994年版。

刘夏明等：《收敛还是发散？——中国区域经济发展争论的文献综述》，《经济研究》2004年第7期。

[美]奥斯特罗姆等：《制度分析与发展的反思——问题与抉择》，王诚等译，商务印书馆1992年版。

（原载《国家行政学院学报》2006年第3期）

中国经济运行与宏观调控及其理论发展

随着市场化的经济改革和全球化的对外开放日益展开和完善，中国经济社会的现代化程度越来越高，无论社会公众、各类企业，还是各级政府，对于中国经济的整体运行状况和宏观调控政策走向的关注程度及敏感性越来越高。但是，经济学家们所提供的宏观形势分析和宏观调控政策主张仍然存在取向千差万别和水平参差不齐的问题。除了当前客观存在的不同利益群体的"代言人"现象外，主要原因在于中国宏观经济理论发展相对于中国经济社会发展的严重滞后，以及经济学界不善于总结和运用宏观经济理论发展的各方面进展。本文以宏观经济学中关于经济运行和宏观调控的分析及其理论发展为主线，主要涉及经济运行与增长方式理论，宏观调控目标、手段和方式的改革理论，宏观管理和调控的改革和完善理论。希望以此作为契机，推动中国宏观调控理论和政策的科学化和合理化。

一 经济运行与增长方式及其理论

宏观经济运行方面的理论进展主要有关于经济运行中的"冷""热"判断和波动状况分析。

（一）经济运行中的"冷"与"热"

（1）从物价指数判断经济是否过热。关于目前经济形势"冷""热"的各种分析中，我们见到最多的是关于 CPI（消费者物价指数）、PPI（工业品出厂价格指数）、GDP（国内生产总值）缩减指数等关于物价指数水平的指标争论。前几年担心通货紧缩，人们逐渐同意以西方国家 CPI 的 −1% 以下作为出现通货紧缩的衡量标准。这两年担心通货膨胀，人们似乎又有些"转向"，忘记了发达市场经济国家一般以 CPI 的 3% 以上作为出现通货膨胀的衡量标准。据国家权威部门的最新估算和预测，中国今年（2007 年）全年的 CPI 为 3%。所以，中国的物价指数仍然处于 −1%—3% 的适度区间。从总供给和总需求的各种驱动因素来看，出现通货膨胀和通货紧缩的可能性都比较小，宏观调控适宜于在微调范围内进行。

面对中国经济中可能出现通货膨胀的担心，最佳的理论"良药"莫过于回顾一下当初我们对于 CPI 偏低的分析。当时认为，主要原因有：一是经济全球化、产业分工国际化使得各个国家都有机会发挥自己的比较优势，使生产要素能够在全球范围内配置，能够降低生产成本，提高劳动生产率；现在，这种劳动生产率提高的趋势改变没有？显然没有。相反，随着中国人力资本的快速积累和生产更高价值链一端的产品，中国市场消化过高需求和过高成本的能力更强。二是我国劳动力供给非常充裕，而且社会保障制度落实不到位，形成人为的劳动力低成本；现在，随着中国经济在整体上向着"二元经济"转型拐点的趋近，劳动力成本不可避免地需要调升。但是这种调升在很大程度上被劳动生产率的提高所抵消。三是高储蓄率和高外汇储备及大量外商直接投资带来的资金价格相对便宜；很明显，这种趋势在今天看不到改变的迹象。四是地区之间的竞争使得对资源的利用还不合理，对环境的保护还很不到位。这一状况是中国经济当前面临的严峻挑战。但是，如果我们仍然坚持以全球价值链低端的生产为主体，这一挑战可能使中国经济社会崩溃，而不是通货膨胀问题了。如果我们把这一挑战当作机遇，努力实现产业升级和新型工业化，以及增长方式和发展方式转型，那么资源和环境的成本上升就并不一定导致通货膨胀，正如西方发达国家曾经经历的那样。五是近几年大规模的固定资产投资形成了生产能力的集中释放，过大的产能可能形成总供给大于总需求的局面；从目前国内外出现的生产价格促升因素来看，无论是农产品和房屋租价的上涨，还是能源原材料价格的上涨，其影响都是局部和短期的，仍然受到其他总供给因素的有效制约。六是我国固定资产投资与投资品生产行业和投资品价格之间形成了一个相对封闭的自我循环，使得上游产品的价格上涨很难传递到居民消费价格，这是中国需要进行装备更新和重新工业化过程中必然出现的现象，在中国的工业化完成以前，中国的这种价格消化能力是不可忽视的。

（2）从投资变化判断经济是否过热。一种观点认为，日本和韩国在投资率最高的时候都分别在30%和40%以下；而中国自2002年以来都在40%以上，并且逐步上升，2005年达45%，2007年上半年的投资率更达到50.7%。日本的投资消费比最高时是20世纪70年代，达70%；韩国最高时是20世纪80年代，达到过60%，而中国2005年高达77%。因此，中国经济已经出现过热。这里，首先需要澄清的是，投资的变化不属于总量问题，因而与总体经济过热与否、是否需要实施宏观降温的调控政策无关，而属于投资与消费的结构问题，因而与关于经济结构形成的背景，以及结构性宏观调控政策是否需要实施相关。

其实，投资的高增长（投资增长率）和高比重（投资率），在中国经济发展的目前阶段有其必然性。一方面，处于转型过程中的中国经济在社会保障网络建设上尚未完善，城乡居民的许多社会保障和个人发展事务在很大程度上需要依靠自己，同时，企业尤其是特大型企业的利润率随着企业创新等因素的加强不断提高，政府的财税收入连续十余年以超过经济增长率两倍左右的速度增长，从而造成包括居民储蓄、企业储蓄和政府储蓄在内的整体储蓄率居高不下；另一方面，与其他发展中国家相比，中国社会抵抗内外部冲击能力的增强和持续十几年的稳定，物质基础设施的快速改善，法治和政治体制的合理化，市场经济制度的逐步健全，经商文化的繁荣，居民总体收入和总需求的扩大和升级等投资环境和市场预期的改善，在客观上，形成了对于投资活动的巨大吸引力，内外资投资持续高涨。当然，中国客观存在的以政府尤其是地方政府主导的发展模式，也是投资活跃的主观方面因素之一。于是，作为支撑最近几年高达10%至11.5%经济增长率的投资增长率，在2002年以来处于20%以上，2007年上半年达到25.9%，投资率更是高达50.7%。但是，这种高比例，是在中国特有的工业化、市场化、全球化和社会现代化的背景下发生的，有一定的客观必然性。固然需要密切关注其不利方面，并且需要及时实施相应的宏观政策予以调控，但简单比较其他国家历史上的数据，并据此判断中国经济总体上过热与否，则是不恰当的。

（3）经济运行趋向高位微波化。除了投资指标以外，也有学者提出将经济增长率作为判断宏观经济是否过热的标准。经济增长率如果太高，就是过热；如果太低，就是过冷或偏冷。判断经济增长率是否适当的标准，在宏观经济理论上是"潜在增长率"。尽管经济学上已经开发出多种方法来测算潜在增长率，但是哪种方法最权威最正确，理论上并没有一致意见。因此，在西方国家作为判断经济是否过热的"看得见、摸得着"的标准，并且可以作为宏观政策依据的，仍然是物价指数。中国关于"潜在增长率"的研究也是比较尴尬的，十余年前刚有比较权威的研究，认为中国的潜在增长率是7%，将进入"次高增长阶段"，又碰上连续几年的9%左右的增长率；当一些著名经济学家研究出潜在增长率是9%时，中国的实际增长率又上升到10%以上，并且表现出持续性，于是又有学者提出中国的潜在增长率是10%。今年上半年经济增长率上升到11.5%，如果趋势得以持续，是不是关于"潜在增长率"的标准又要作调整？由此反映出宏观经济理论的不成熟。笔者认为最为妥当的参照系可能还是物价指数。此外，有与"潜在增长率"相关的研究提出，在未来5—8年内，中国经济运行的周期波动有可能出现两个新特点：一是在波动的位势上，有可能实现持续多年的适度高位运行，潜在经济增长率将在9%左右；二是在波动的幅度上，有可能实现进一步的平滑化，使经济波动保持在8%—10%的增长区间。一方面，新一轮周期的经济推动力是以房地产和汽车为代表的产业结构升级，而产业结构升级又是由消费结构升级所推动，从而可以保证高位增长。另一方面，以房地产和汽车为代表的产业结构升级这一技术冲击因素，在其传导过程中，会具有放大效应或过度扩张效应，造成强幅波动。但是，通过实施日益成熟和有效的宏观调控，能够实现经济运行的高位平滑化。这一观点是值得考虑的。

（二）增长方式、发展方式及其转变

经济增长方式，分为粗放型和集约型两种。前者是指在一定的产出水平下，需要较多要素投入而实现的经济增长，而后者是指仅需要较少要素投入而实现的经济增长。有研究认为，改革开放28年来，虽然经济增长达到年平均9.7%的高速度，但是粗放增长方式仍然没有根本转变，集中表现为"四高一多"，即在产出增长过程中需要高投入、高能耗、高物耗、高污染、多占地。为了转变经济增长方式，需要走新型工业化道路，缓解能源资源环境的压力，突破技术"瓶颈"制约，加快科技进步和提高自主创新能力。

根据经济增长方式转变的必然性，可以将经济发展分为"工业化决定城市化"以及"城市化独立发展"而拉动工业化和服务业两个过程。有研究认为，第一阶段以"扭曲结构"补贴工业化的这种资源耗费型的粗放型经济增长，虽在突破瓶颈过程中有着巨大的贡献，但无法持续。而第二阶段的城市化加速期，以及国际资本流动造成的"外部冲击"强制矫正"扭曲"的力量，必然导致传统"扭曲结构"保工业化的道路发生转变，伴随这一转变必然发生的发展战略选择就是经济增长方式的转变。

当前的宏观经济学进展中，还涉及经济增长方式和经济发展方式的关系问题。其实，从理论上看，经济增长建立在总量生产函数或投入产出函数的分析基础上，关注的是在一定的生产要素投入水平上，产出实际上增长多少。所以，经济增长的衡量指标是 GDP 或 GNP 一类的总产出指标。中国的经济增长方式之所以需要转变，并不是中国经济的增长形势不好（相反，中国30年平均9.5%以上的

持续增长举世瞩目），而是投入那头的效率太低，即消耗的生产要素太多。经济理论一般认为，经济发展必须建立在经济增长的基础之上，没有增长就没有发展。但是，经济发展比经济增长涉及的范围广泛得多，除了关注 GDP 或 GNP 的增长以外，还关注科学技术的进步，经济结构的合理化，收入分配的合理化，贫困的消除，可持续发展，社会公平的推进，居民的社会保障和幸福状况，经济的全球化、工业化和现代化，等等。总之，关于一个发展中国家转变为发达国家所涉及的所有经济问题，经济发展理论都关注。所以，当前中国经济发展中所面临的严峻挑战如资源枯竭、环境污染、生态恶化、社会冲突、人力资本积累、技术结构升级、国际经济争端等，已经超出了经济增长所应当关注的范围，也是关于 GDP 增长率的分析和生产要素投入效率的分析所难以解释和说清楚的。所以，中国经济所面临的这些严峻挑战或问题，已经不是转变经济增长方式就可以解决的。因此，我们需要扩大视野，关注中国经济的发展方式。也就是说，中国经济虽然取得了经济增长的突出成绩，但在从一个落后的贫穷国家转变为一个富裕的发达国家的过程中，我们的转变方式或经济发展方式出了问题。纠正这些经济发展缺陷的"板子"不应该打在"经济增长"上，而是要落在"经济发展"即中国经济社会在整体上的发展滞后和不平衡上。当然，解决经济发展问题与解决经济增长问题相比要困难和复杂得多。转变经济发展方式，给中国宏观经济理论和政策提出了更大的挑战。

（三）经济增长的道路选择

经济运行的状态与一国经济所选择或采取（主动或被动）的增长路径或道路密切相关。麦迪森（1997）认为，由于早期人类经济依靠自然资源条件和人口实现增长，缺乏物质资本和人力资本的积累，欧洲等地在市场经济出现以前的上千年中，陷于"马尔萨斯陷阱"之中，经济增长率几乎为 0。国内的学者也有研究认为，中国战乱繁多的 20 世纪前半期，年平均 GDP 增长率仅为 0.49%。

当今世界上为什么有的国家顺利成长为发达国家，有的国家在新兴工业化道路上比较顺利，而有的国家仍然迟迟难以发展起来，其根本原因何在？一种观点认为是市场经济，即只要走上市场经济道路，国民经济就会自然而然地进入工业化和长期增长。另一种观点认为，根本原因是资本积累，而不是市场经济，即通过原始积累和追加积累机制的完善，就能够实现长期增长。再一种观点认为是市场经济加上国家力量，只有市场上的"看不见的手"自发激励机制不行，只有国家权力强行积累资本和技术也不行，当两个方面结合起来，就能够实现工业化和长期增长。

关于经济增长中的"东亚模式"，理论上的认识虽然不同，但普遍认为有值得肯定的方面。一是在"全要素生产率"可以测量的技术进步以外的技术进步，极大地促进了经济增长；二是"干中学"的投资方式，以机器设备的更新增加经济增长的技术含量；三是"体制调整"的制度创新方式。随着亚洲金融危机等外部冲击的发生，东亚模式中的国家干预过度、企银联盟、公司治理差、核心创新不足的缺陷正在一步步得到克服。

二　宏观调控目标、手段和方式的探讨

（一）从"单目标"调控到"多目标"调控

西方主流经济学的宏观分析认为，宏观调控目标决定于宏观调控的手段。由于新古典经济学认可的宏观调控手段只有财政政策和货币政策，而财政政策的积极主张者是凯恩斯主义，财政政策的经常使用被认为会对市场机制造成破坏。因此，可以考虑的宏观调控政策就剩下货币政策。按照一种政策工具只能有效调控一个宏观经济目标的原理，以弗里德曼为代表的西方经济学家认为宏观调控最好坚持"单目标"即"稳定物价水平"。然而，大多数西方国家在实际政策操作中，除了物价水平目标以外，还有一般市场经济国家强调的"稳定增长"目标。在一定的历史阶段里，西方国家还有"充分就业"目标，以及"平衡国际收支"目标。值得指出的是，

在最近的十几年里，以美国为代表的西方国家已经不把"平衡国际收支"当作宏观调控政策实施的目标（而是将此目标的实现交给外交部门），反而把"资本市场稳定"作为宏观调控的新目标。

在中国，鉴于宏观调控政策要兼顾稳定与增长、发展与改革、开放与转型等方面的综合效应，因此其宏观目标是多重的。除了西方国家强调的"经济稳定"目标以外，还需要包括中国当前的发展阶段所不可缺少的"促进发展"和"协调平等"目标。即，经济稳定目标，包括就业增长稳定、物价稳定、资本市场稳定和对外收支平衡；发展目标，包括保持适度的经济增长率、短期调控需要考虑长期发展，促进潜在总供给能力提高；平等目标，包括对于社会弱势群体的关照、基于人的生活需要而不是基于要素贡献应得的收入再分配，逐步实现不同区域、阶层和人群的平等人力资本积累机会、入市机会和获得公共服务机会。

（二）从单一调控手段向多重调控手段转变

自中国实行改革开放政策以来，历次的宏观调控手段发生了从行政单一化向经济、法律和行政多元化的转变。宏观调控的行政手段，是指政府运用行政机构的权力，通过强制性指令，直接对企业或个人的经济活动进行调控。如行政控制财政支出和信贷投放，停止财政补贴，关停并转低效企业，等等。宏观调控的经济手段，是指政府运用各种经济杠杆，通过市场机制，间接地对市场主体的经济活动进行调控。宏观调控的法律手段，则是指政府运用各种有关的法律法规、国家有关的政策规定，通过法制力量，对市场主体的经济活动进行调控。由于我国目前经济运行中既有传统计划经济体制遗留的一些特点，也有市场经济体制和不成熟市场经济体制的一些特点，因此，综合运用各种手段进行宏观调控，确保调控取得预期效果，是当前的必然选择，但随着市场经济的成熟和法制建设的推进，宏观调控将更多运用经济和法律手段。

（三）从"又快又好"向"又好又快"的调控方式转变

有研究（刘树成，2007）认为，"又好又快"的宏观经济政策思想是新中国自成立以来，长期探索发展道路和总结各种政策经验和教训的结果。1958年社会主义建设总路线中"多快好省"的中心，是强调"快"，以至于试图在短短两年的时间里赶超英国，造成了国民经济比例严重失调和增长急剧下降的后果。1981年以后逐渐形成的"又快又好"政策思想，是改革开放以后理论界研究和强调"经济效益"的结果，即主张"发展速度比较快、效益比较好"。其间，1987年中央提出了要从"粗放经营为主"向"集约经营为主"的经济增长方式转变的问题。2003年科学发展观的提出，意味着宏观调控需要贯彻"又好又快"的发展思想，即"以人为本，全面、协调、可持续，经济社会与人的全方位发展"。"又好又快"，强调提高经济增长的质量和效益。"又好又快"是一个有机整体，"好"字放在首位，绝不是不要"快"，而是要好中求快，使"快"更能持久。

三 宏观管理和调控的改革和完善理论

（一）政府政绩评价和考核体制的改革

对于政府政绩或发展实绩的考核指标的改进和完善，不仅是中国政府独有的问题，也是全球范围内的各国政府都面临的问题。政府对于GDP的追求并没有错，因为GDP中包含了如科教文卫等大量的社会发展指标，问题是过去政府偏重GDP中的生产增长指标，忽视其中的社会发展指标。此外，在政府政绩考核中，还需要纳入的指标包括：绿色GDP指标、人类发展指标、资源环境约束性指标。另外，地方政府的考核指标还需要"因地制宜"。如某个地区不适合发展工业，重点实行生态保护，就需要调低GDP指标，同时在如何补偿和保障当地居民的发展权益上，也应该制定相应的考核指标。

有学者采用2001年广东实际数据，对所设计的政府考核指标体系中的21个指标进行因子分析，以特征值大于1为标准，分析后得到5个主因子指标。这5个主因子指标累积了原始信息的

86.805%。5 个主因子为：F1、F2、F3、F4 和 F5。其中，人均 GDP、第三产业占 GDP 比重、高新技术产品占工业总产值比重、信息化程度、大专以上学历占总人口的比重、城镇化水平、恩格尔系数、绿色指数、居民消费价格指数、研究与开发费用占 GDP 比重、人均财政教育经费投入量在 F1 上有高的载荷；商品出口依存度、平均每名医生服务人口、城镇登记失业率在 F2 上有高的载荷；人均 GDP 增长率、财政收入增长率、城镇居民人均居住面积、人口自然增长率在 F3 上有高的载荷；平均每个公务员服务从业人员数、平均每万元财政拨款行政支出所服务的 GDP 在 F4 上有高的载荷；环保投资占 GDP 比重在 F5 上有高的载荷（魏雪君，2007）。

以上关于政府政绩评价和考核体制的改革实践及其理论探讨，尽管在指标形成的依据、指标的相互关系、执行指标的可行性等方面存在不成熟的地方，但在方向上都是值得肯定的。

（二）依法调控与相机抉择调控政策

为了有效地制定和实施宏观调控政策，从根本上看，需要协调好党的领导、民主决策和依法治国之间的关系，在宏观经济治理过程中，将三者有机统一起来。对此，有观点认为，为了在宏观调控中实现"依法调控"，需要制定"宏观调控基本法"。其主要内容包括：①明确国家宏观调控的目标、方针、基本方式、职权和职责，使政府该管的必须管起来，而且要管好，不该管的不必且不得插手。②规定宏观调控的程序。③设定宏观调控方式方法。把税收调控、信贷调控、预算调控、投资指南、计划指导、外贸协调、产业导向和环境保护等纳入法制的轨道。④明确界定政府及其主要领导人在宏观调控方面的失职行为及其法律责任。⑤明确在市场失效的情况下政府的经济职能。面对市场失效造成的经济波动与危机，政府必须即刻采取应急措施（王曦，2005）。

有观点认为，似不宜再提"积极的财政政策"和"稳健的货币政策"，而应该根据变化了的情况，实事求是地确定政策的导向，因为财政政策或货币政策，其导向都是分为扩张性的、收缩性的和中性的。由于宏观调控政策的目标是实现经济稳定,可以提"稳健的宏观经济政策"(谢伏瞻,2004)。其实,为了更加科学和准确地实施宏观调控,宏观经济政策中需要使用比较明确和规范的语言,而尽可能减少那些文学色彩浓而含义不清的用词。宏观总量调控政策的特点,是防止经济的波动或大起大落,因此,宏观调控政策总是随着经济的周期波动具有对称性。一个时期实行扩张性或放松性的政策,另一个时期实行收缩性或紧缩性的政策。相反,如果我们把一个时期实行的宏观调控政策称为"积极的政策"或"稳健的政策",那么是否意味着在另一个时期将要实行"消极的政策"或"动荡的政策"?在世界上显然没有这些性质的宏观调控政策。因此,笔者认为,在今后的宏观调控理论和政策中,都需要避免再使用这一类的用语。

(三) 宏观调控微观基础的改革方向

对于中国宏观经济调控的微观基础改革的问题,越来越多的学者将目光投向了中央与地方的关系问题上。一方面,在当前的财税体制下,地方政府一上项目就可以增加税收,因此,会投入最大的热情和动用各种公共资源来促使企业上项目。所以,应该考虑改革不合理的财税体制、规范税收的减免规定、规范地方政府对于公共资源的转移行为。实践证明,如果采取行政审批方式来限制投资项目,只会造成低效率和寻租现象的发生,不能达到预期的宏观调控目的(巴曙松,2004)。另一方面,没有建立完善的政府退出市场机制与行政问责机制。有些地方政府为了本地区的利益,不惜与中央宏观调控政策相悖,出现调控与反调控的矛盾。究其原因,与地方政府职能越位与错位有直接关系,同时与中央政府和地方政府财权、事权划分不合理不无关系。因而,规范地方政府行为,必须建立在中央与地方政府事权与财权的法律性划分基础之上,需要进一步协调中央与地方政府的利益关系,要本着责、权、利相适应的原则,改革现行项目审批制度,下放部分项目审批权限,完善项目审批跟踪、审计制度,健全中央财政转移支付制度,发挥公共财政整合资源优势,以缓解地方政府提供公共产品过剩与不足的突出矛盾。同时，也要利用社会资源弥补政府公共品供给的不足，引入竞争机制，加强政府与非政府间的合作，促进政府部门提高公共服务质量。据世界银行估计，在20世纪90年代，中国约有1/3的固定资产投资被浪费掉了（初雪，2007）。由此可见，如果不真正从"全国一盘棋"的宏观经济思想出发，不下大力气理顺中央和地方政府之间的关系，中国宏观调控的微观基础就依然是脆弱而不坚实的。

参考文献

巴曙松：《市场化调节：宏观调控必须适应的新趋势》，《中国经济时报》2004年4月23日。

陈东琪：《新政府干预论》，首都经贸大学出版社2000年版。

初雪：《影响地方政府政绩考核的决定性因素及对策》，《中国经济时报》2007年1月5日。

樊纲：《经济发展过程中政府作用的定位》，《经济日报》1998年9月28日。

郭庆旺、贾俊雪：《地方政府行为、投资冲动与宏观经济稳定》，《管理世界》2006年第5期。

何伟：《宏观调控中的"水桶"理论》，《中国经济时报》2004年8月2日。

李扬、余维彬：《全球经济失衡与中国宏观经济政策》，《新金融》2006年第4期。

刘国光：《杂谈宏观调控》，《经济学动态》2004年第10期。

刘溶沧、马珺：《中国宏观经济调控目标的定位分析》，《财贸经济》2001年第9期。

刘世锦：《增长模式转型：我们需要转变什么？》，《经济与管理研究》2006年第10期。

刘树成：《我国五次宏观调控比较分析》，《经济学动态》2004年第9期。

刘树成：《论又好又快发展》，《经济研究》2007年第6期。

刘树成等：《实现经济周期波动在适度高位的平滑化》，《经济研究》2005年第11期。

刘煜辉：《破解中国经济的内外失衡》，《21世纪经济报道》2006年5月12日。

麦迪森：《世界经济二百年回顾》，中译本，改革出版社1997年版。

钱凯：《加强及改善中国经济宏观调控的观点综述》，《经济研究参考》2004年第79期。

睢国余、蓝一：《中国经济周期性波动微观基础的转变》，《中国社会科学》2005年第1期。

王曦：《我国宏观调控基本法立法价值分析》，《江西社会科学》2005年第11期。

魏雪君：《广东区域政府政绩综合评价的实证研究》，《集团经济研究》2007年第8期。

谢伏瞻：《从经济增长动因看宏观调控着力点》，《中国经济时报》2004年8月2日。

杨明炜：《宏观调控需注意统筹兼顾》，《中国经济时报》2004年7月26日。

易纲等：《关于中国经济增长与全要素生产率的理论思考》，《经济研究》2003年第8期。

张平：《经济增长波动与动力转变》，《现代经济探讨》2005年第10期。

张平、刘霞辉：《中国经济增长前沿》，社会科学文献出版社2007年版。

张立栋、周天勇：《忽视就业的宏观调控负作用极大》，《中华工商时报》2006年4月29日。

郑京平：《我国的投资率为何居高难下？》，《21世纪经济报道》2006年5月12日。

Lucas, "On the Mechanism of Economic Development", *Journal of Monetary Economics*, 1988, 22.

（原载《开放导报》2007年第5期）

经济稳定:宏观调控的首要和基本职责

一 宏观稳定政策的理论与现实

一般认为,与市场经济活动的研究划分为宏观经济学和微观经济学相对应,市场经济国家的政府经济职责也包括两个方面:一是宏观调控;二是微观规制。无论宏微观方面的政府作用如何,其目的都是建立、维护、弥补市场机制的基础性作用,保证市场经济的稳定和有效运行。发达国家的经济学家一般认为,现代市场经济是由政府干预和市场自发调节相互结合的"混合经济"。然而,由于经济学家中较为普遍存在的对于政府本身行为失控和失范的担忧,传统上总是认为政府能够发挥作用的范围越小越好,以至于,西方经济学中没有与"调控"和"规制"严格相对应的术语。西方媒体习惯于把中国的宏观调控政策称为宏观控制(Control),而把微观规制活动称为政府微观干涉(Interfering)。相应地,西方媒体称西方国家的宏观调控为宏观政策(Policy),而把微观规制称为政府监管(Regulation)。中国的宏观调控部门,干脆依据 Regulation 一词原有的双重含义即宏观经济管理和微观行为限制,将中国的宏观上"调控"和微观上"规制",一律翻译为 Regulation[①][②]。在翻译上,由于

---

① Regulation 的双重含义,见《新帕尔格雷夫经济学大辞典》(第四卷),中译本,经济科学出版社1996年版,第134页。其一,规制一词来源于日语,有规则和制约的含义,比较符合中文的关于政府微观活动的原意。其二,规制一词来源于英语的"法规性制约"(Regulatory Constraint)和 Regulation。

② [日] 植草益:《微观规制经济学》,中译本,中国发展出版社1992年版。

历史、文化、国情、政策所面临任务及观念等方面的差异，术语上的完全一致总是难以做到的。关键问题是，宏观调控一词能否准确反映现实的市场经济所需要的政府一系列宏观活动？

然而，似乎无暇顾及宏观调控理论的完善性，在现实经济中，政府的宏观经济调控正在面临着一系列的严峻挑战。首当其冲的，在西方国家是由美国的次级按揭贷款危机所引发的金融危机和可能相继的实体经济危机；在中国，是随着金融市场的快速发展而出现的资本市场剧烈波动危机和可能相继的创新型产业升级受阻及经济增长中断的危机。根据西方主流宏观经济理论，无论是贷款市场还是资本市场，其波动和平衡的力量都来自市场的供给方和需求方，如果贷款供给过度（如美国），或股票需求不足（如中国），市场上的优胜劣汰力量会发挥自动调节功能，将过度贷款的供给者（银行）淘汰出市场，或者将过度发行股票的企业（上市公司）淘汰出市场，最后经过长期调整，市场又回到稳定的均衡状态。因此，在大多数经济学家看来，金融市场的状况如何，既不是宏观经济调控的目标，也不是政府为了达到调控目标而可以利用的手段[1]。这种观念其实并不新鲜。当年西方国家普遍陷入 20 世纪 30 年代经济大萧条时，许多著名经济学家仍然相信，经过长期的市场自动调整，银行和经济仍然会恢复到繁荣状态。凯恩斯经济理论的"革命性"就在于其质疑：市场经济的国家和人民有必要忍受如此"长期"的痛苦，去等待市场的自我调节而无所作为吗？

但是在西方国家，一方面在产业界，以索罗斯为代表的一些金融家和实业家呼吁政府赶快出手进行宏观调控干预，否则西方经济将会陷入比 20 世纪 30 年代更为严重的经济危机；另一方面，西方国家政府和跨政府国际经济组织（如 IMF）大力准备出台和已经实

---

[1] 例如，英国《金融时报》首席经济评论员马丁·沃尔夫（Martin Wolf）最近反对西方国家"救市"政策的观点。又如，《财经》杂志主编胡舒立在《何必讳言"不救市"？》一文中称，"股市自有沉浮，政府不应救，不能救，亦不必救。这本是市场经济的基本常识，也是市场监管者理当践行的基本准则"，就典型地代表了这类观点。

际出手"救市"的政策源源不断,不但向金融市场注入大批量的政策性金融资金(如德国)、国家财政资金(如美国和欧盟部分国家)(即以税款弥补由无信用借款人造成的银行亏损——或者如沃尔夫所称,节俭者要为挥霍者埋单),而且更为不可思议地将快倒闭的私人商业银行收归国有(如英国的北岩银行)或者以央行担保收购快倒闭的投资银行(如美国的贝尔斯登),美联储甚至还自20世纪30年代以来首次向投行开放了贴现窗口。这些行动的主要考虑,就是担心金融市场再次出现类似30年代的市场自发调节严重失灵,引起房地产市场急剧萎缩和微观主体信心崩溃的危机。

与此相反,在中国的过去一段时期里,针对金融市场的宏观调控政策却基本上按兵不动。资本市场的大起大落,基本上任由"看不见的手"自发地发挥调节作用。以沪市为例,A股市场指数从2006年11月的2000点上升到2007年10月的6100多点,11个月的增长率是205%以上,比实际GDP增长率11.4%左右高约194个百分点;此后,在短短的6个月内,又从6100的最高点下跌到2008年4月的3000点左右,下跌率达-50%,如果实际经济增长变化不大,那么股市下跌与实际经济增长的差距是61个百分点左右。由此可见,资本市场的波动与实际经济的基本面已经发生严重背离。

一方面,在资本市场上,价格过度升高会带来股市泡沫,泡沫性收入的高增长会窒息企业创新的积极性和实业经营的积极性,使得整个宏观经济变得日益"空心化"和过度"虚拟化"。另一方面,股市价格过度低迷会打击直接融资供给者信心和市场消费者信心,同时形成上市公司可能遭境内外投机资本不合理恶意收购的机会,从而干扰各个产业的正常发展和经济的顺利增长。由此可见,包括货币市场和资本市场在内的金融市场的大起大落,对于经济整体的健康稳健发展,是极为不利的。

二 宏观稳定目标与正确"救市"政策

正如发生在中国的其他经济问题一样,目前人们正在含糊不清地争论所谓的要不要"救市"的问题。在当前的争论中，首先，"市"的概念没有厘清。广义上说，"市"就是涉及全局性和普遍性的宏观经济全局的市场，这种市场自我调节的失灵（或称市场失灵）正是政府进行宏观经济调控和干预的依据。具体到目前讨论涉及的市场，"市"是指较为狭义的金融市场，正是历史上的教训和现实中的状况告诉人们，金融市场在现代市场经济体系中如同人的神经系统一样，已经在严重影响实体经济的正常发展，因此金融市场的过大波动就属于市场机制出现自我失调的"市场失灵"。有人以范围的大小来定义"市"，认为美国政府救的并不是股市，而是金融市场甚至整个经济运作。这个"市"的范围，远远大过股市，[①] 这一观点的含混之处是显而易见的，银行业务属于货币市场，股市融资属于资本市场，二者都是金融市场的组成部分，都具有可能以融资信用的崩溃危及国民经济正常运行和稳定增长的危险性。

其次，"救"的概念也含糊不清。如果正确地理解，"救"指的是政府针对市场的自我调节失灵，出台宏观调控和相应的微观规制补救政策措施，防止市场的大起大落及其带来的对于整体经济的危害。当然，在数年前的中国，"救市"与"政策市"几乎等价。即在消费者不了解资本市场和上市公司情况的条件下，政府为了帮助国企从股市上获得资金弥补国有企业的亏损，以一系列的政策营造在上市公司投资会只赚不赔的假象，股市一度虚假繁荣，连"垃圾股"也身价百倍；但当政策效应最终无法掩盖上市公司的亏损和政府政策难以为继的时候，股市又一跌到底，连经营业绩最好的"绩优股"也无人问津。因而许多人担心，"救市"是不是又要回到过去的"政策市"的局面？因此，需要弄清楚的是，政府的"救市"不是以各种措施去"造市"，而是以各种稳定政策，帮助和维护金融市场的正常融资功能，帮助资金市场显示真实的供求力量，同时打

---

① 晓路：《中美"救市"为何不同？》，英国《金融时报》中文网，2008年4月11日。

击和处罚各种借机故意破坏金融市场稳定的违规力量。

中国的资本市场建立时间不足20年，正如幼稚产业需要得到政府政策的一定保护和扶持一样，幼稚的资本市场也需要得到政府相关部门给予的信心培养和正确引导。即使是发展时间长达数百年的西方国家资本市场，依然问题不断，也得到政府部门的密切关注和及时的调控与规制。但是在过去一段时期，中国的调控部门和规制部门，不仅没有注重建立和健全这种现代融资渠道的重要性，而且没有实现宏观调控观念的现代转型，没有在宏观政策出台时注重其对于资本市场稳定性的影响；甚至在金融商务监管机构中，经常出台一些可能造成资本市场更大波动的不良政策及措施。其原因，除了现代政府更大程度上受到舆论监督，担心民众指责其又搞"计划经济"和"操纵股市"外，主要是因为对于现代市场经济中政府的宏观调控职责认识不清，指导思想上仍然囿于传统新古典市场经济理论关于"小政府"的认识。

现代宏观经济理论的突出贡献，就是证明和强调了现代政府的经济职责。政府不仅在微观上要帮助建立和健全市场制度，实行对于微观主体行为的正常规制，提供微观主体不愿和不能供给的公共物品和绩优物品，而且在宏观上，必须采取宏观调控手段增加就业、促进增长、平抑物价、稳定金融、协调收入分配和保持国际收支平衡。当然，现代政府实现这些宏观经济调控目标的方式，绝不是主要依靠自己出面来"办理"相关事务，如办就业、办企业、办金融、办外贸、办投资、定价格、定工资，而是通过宏观调控手段来间接实现宏观经济的各方面稳定增长。因此，宏观调控政策的核心目的和首要职责，就是经济稳定。为了达到经济稳定的宏观效果，政府在宏观经济调控和微观经济规制两方面的职能并不是截然分开的，而是处于一种良性互动状态。特别是在宏观调控过程中，发现某种不稳定的产生是系统性地来自微观主体行为的缺陷时，政府必须及时进行宏观调控和微观规制方面的改造，以防止较大的被动危害的生成。例如，目前美国的次贷危机中，政府发现产生危机的一个重要原因是，商业银行为了追逐利润而不负责任和不计后果地误导消费者，向他们过度推销次级按揭贷款，从而造成贷款滥用。对此，美国政府除了动用财政支出和央行资金弥补银行的坏账以防止经济下滑外，同时出台新的规章改进监管体系，对于银行以错误信息误导消费者的行为加以更严厉的处罚。

经济稳定，是指宏观经济整体上的平稳（Stable）、稳健（Robust）和稳固（Steady）。经济稳定的对立面是"非稳定"（Unstable）或"波动"（Fluctuation），而不是经济发展和变化。经济发展变化的对立面是静止不动（Stationary）。因此，正如宏观经济调控政策无法取代经济发展政策和经济发展战略一样，经济的稳定也无法代替经济的发展。经济长期发展是包括宏微观政策在内的政府政策的根本和最终目标。但是，稳定是经济顺利和快速发展的重要前提条件，如果没有基本稳定，出现大起大落，经济就可能陷入停滞不前，甚至倒退。宏观调控政策的稳定性目标，其着眼点当然是为了解决宏观经济中存在的各种非稳定性的问题。经济稳定总是相对的，而经济非稳定的状态才是绝对的。在商业循环或经济周期理论看来，市场经济产生周期性的波动也可能是由固定资产折旧、投资、消费、创新、政治选举、心理预期等经济运行的内在因素所造成的。因此，作为宏观经济调控的政策方向和职责，并不是完全消除经济不稳定状态，而是以宏观调控政策来保证经济的非稳定状态是处于可控的范围之内。

三 围绕稳定，宏观政策目标不断扩展

由于金融市场上的产品创新、操作创新和流程创新的快速发展，金融创新的速度大大高于实体经济创新的速度，金融体系对于实体经济的渗透、影响和控制的能力与大约80年前的大危机时代相比，已经大大增强了。笔者认为，如果从金融市场商业主体利

用各种可能的信息和手段来获取利润的方式上说，以各式各样金融衍生品的出现为标志的金融市场上的创新行为，已经"过度"。虽然以私人股权投资（Private Equity）和风险投资（Venture Captal）为主的金融创新对于 IT 技术发展和现代产业革命起到了关键的助推作用，但是在金融资本的强力推动下，虚拟经济范围内的金融创新已经与实体经济范围内的实体创新发生严重的不平衡。金融创新"过度"的标志是，金融机构和企业利用其在信息方面的优势，从任何短暂和局部的信息不对称中寻找盈利机会，同时又利用信息不对称以新包装的金融产品把潜在的风险转嫁给他人。所谓的"次级按揭贷款"及其相关的"次级高利率""按揭债务证券化""抵押品期货"等一系列的金融产品及其转手销售过程，就是一个典型的事例。西方国家呼吁改革金融市场的监管体系和监管政策措施，在笔者看来，其实质性目的就是要严格控制和监督此类过度的"金融创新"，所以，如果说在凯恩斯时代金融市场波动对于整体经济的冲击主要通过消费者挤兑和提现以及商业银行的倒闭来表现，然后再间接传导到经济的其他方面，因而只要采取措施防止银行挤兑风潮就足够，那么，今天的金融冲击则直接是全方位的，即股市冲击、房市冲击、银行冲击、消费品市场冲击、产业升级冲击、研发活动冲击、汇率冲击等。

目前面临的问题是，一些西方金融家和经济学家所预言的"30年代大萧条将会重现"是否可能？在笔者看来，尽管金融活动对于实体经济的冲击非常巨大，但是"大萧条重现"的可能性极小。其主要原因就是，西方国家政府已经知道并且已经拿起了"宏观调控政策"这一武器。在这 80 年的"宏观调控"学习过程中，为了实现经济持续稳定发展，西方国家的宏观调控目标，已经从"充分就业"不断扩展，达到目前实际上的 6 个目标。

宏观调控政策的形成，来源于现代宏观经济理论的产生。正是由于 20 世纪 30 年代大危机的爆发和第二次世界大战中政府作用的启示，许多人对于传统宏观经济理念产生了怀疑，这给凯恩斯思想的传播提供了客观的环境条件。由于30年代大危机时，西方国家面临的最大经济不稳定问题是高达25%的失业率，因此宏观调控目标首先是针对失业问题。即政府可以实行扩张性的货币政策和赤字财政政策，来使国民经济达到"充分就业"目标。

1958年，新西兰经济学家菲利普斯依照凯恩斯的宏观经济分析思想，对于英国历史上的失业率与货币工资率的互动变化进行了分析，发现二者在大多数情况下负相关。而后来美国的几位经济学家发现美国和英国的货币工资率与通货膨胀率正相关。这意味着，物价的不稳定与充分就业状况在一定的条件下相互对立。这就是著名的菲利普斯曲线。因此，宏观经济调控政策可以在失业率与通货膨胀率之间作出选择。如果失业率已经降低到一定程度，可以考虑把控制过高通货膨胀作为第二个宏观调控目标。

1962年，美国经济学家奥肯依据凯恩斯的充分就业增长及潜在经济增长率和自然失业率的理论，按照美国的历史数据的计量分析，发现实际失业率与实际经济增长率负相关。如果实际失业率太高，高于自然失业率，那么就意味着实际经济增长率太低，即低于潜在经济增长率。因此，为了降低实际经济中的失业率，宏观调控政策可以把目标放在经济增长率上，通过促进经济增长的政策来实现充分就业。奥肯还认为，具体到美国20世纪60年代的情况，如果实际经济增长率为1%，潜在经济增长率为4.2%，二者相差3.2个百分点，那么，实际失业率就会高出自然失业率1个百分点。换句话说，为了降低这一水平的失业率，需要通过宏观调控政策把1%的实际经济增长率提高到4.2%。于是，在理论上，经济增长目标就作为第三个内容，加入宏观调控政策的目标体系。

第四个宏观调控目标是国际收支平衡。除了20世纪70年代主要由于OPEC的冲击出现两次滞胀危机以外，凯恩斯主义的宏观经济政策的实施给西方国家普遍带来了增长加快、失业率和通货膨胀率双低的积极效应。然而，以美国为代表的西方大国在经济摆脱危机和享受持续繁荣的同时，发现经济中出现了"双赤字"现象，即一方面，由于积极财政政策的实施而造成了市场经济对于财政支出的依赖，由此导致居民部门的零储蓄甚至负储蓄现象和连续的"财政赤字"现象。另一方面，由于国内需求的持续繁荣和劳动力成本上升，经济中的进口品购买力大，而国内产品的出口能力下降，于是，造成连续的"贸易赤字"，并且这种"贸易赤字"并没有像过去那样被本国资本的对外投资所平衡。例如，1981年美国的国外净资产为 GDP 的 12.3%，但是到 1993 年变成 - 8.8%[①]，这就是所谓的"国际收支"不平衡问题。尽管贸易赤字和国际收支不平衡在许多美国经济学家的眼里，并不是很大的经济问题，认为其宏观经济影响只是增加了后代国民的还债负担因而可能减少未来的消费水平，但是，一般仍然认为这是宏观调控政策需要考虑的目标之一[②]。

第五个宏观调控目标是整个经济社会的宏观收入分配。尽管宏观收入分配状况是否为宏观经济调控的目标问题，从经济学产生之日起就一直争论不休，但是直到最近十几年，经济学才在理论上正式承认收入分配目标的重要性。传统市场经济理论认为，市场机制在收入分配调节问题上是有效而非失灵的，政府的宏观经济调控政策不应该涉及收入分配问题。后凯恩斯学派曾经认为，按照凯恩斯的思想，有效需求不足是西方国家宏观经济不稳定的最大原因，而西方社会宏观收入分配中"工人消费其所挣，资本家挣其所消费"的分配机制是有效需求不足的根本原因。因此，如果改善分配机制，让工人也可以分享利润，那么，收入分配政策就可以帮助西方经济实现宏观稳定。虽然西方国家普遍实行了救助老年、儿童、单亲等弱势群体的政策，但利润分享政策在实际上并没有被实施。阿马蒂亚·森（1998年获得诺贝尔经济学奖）关于人类经济福利的研究则认为，经济学和政府政策的目标不应该仅仅关注物质财富的增长，

---

① [美]曼昆：《宏观经济学》，中译本，中国人民大学出版社 2000 年版，第 184—185 页。

② 在笔者看来，历史和现实状况越来越清楚地告诉人们，国际收支平衡与否的问题在性质上属于国际上的长期和结构性问题，似乎难以通过一国的宏观调控政策解决，而主要应当依靠国际经济社会的互动协调和世界经济结构的合理调整来解决。

不应仅仅关注个人的市场生存问题，而应当随着社会的进步，把关注焦点放在人类的经济福利和生活幸福上来。为了使人类的福利随着经济增长而改善，需要通过积极的政府政策帮助全社会积累人力资本和改进生活质量。虽然政府不能代替家庭作出所有相关决策，但却需要通过以建立完善社会保障体系为中心的收入再分配政策和公共服务政策，改善全社会的经济福利，最终实现社会冲突减少和社会经济稳定的宏观状态。

第六个宏观调控目标是金融市场稳定。金融市场稳定问题的认识的确是最近一些年才得到逐步加深的。其实，关于股市波动对于实体经济投资的联系，早在1981年获得诺贝尔经济学奖的托宾，就以其著名的"托宾Q"理论，指出了企业投资一方面决定于投资品市场的价格水平，另一方面决定于投资品的股票市值的高低。这就意味着，股市的波动会引起投资需求的波动。此外，股市产生的财富效应也被认为会引起消费需求的波动。然而，直到最近一些年，人们才看到股市对于实体经济的不利影响，主要是通过收入分配渠道造成的。一方面，股市异常波动的背后往往并不是正常的市场力量在起作用，而是个别或少数违规者利用股市机制的漏洞侵占大多数人（包括投资者、企业员工和其他企业）的利益。另一方面，大量的退休人员需要利用证券市场来理财，股市的不稳定会通过个人账户退休资金的缩水，或者通过投资于证券市场的社会保障基金的缩水，侵蚀这些退休人员的基本利益，造成收入分配状况的恶化和由此导致的政府财政的过重负担。因此，即使是10年前还因为遵循"华盛顿共识"而坚持政府对于金融市场危机采取"不干预"政策的IMF，现在也积极呼吁各国政府采取联合干预措施来解决次贷危机。

（原载《国家行政学院学报》2008年第3期）

世界经济体制性失效及对中国经济的诊断

随着中国经济及其他新兴经济体的经济活动融入全球化市场，世界市场经济体系已经近20年没有发生过去那种习以为常的周期性通货膨胀了。这些新兴经济体以其特别廉价因而具有强烈阶段性（即不可持续性）的各种有形和无形的投入，包括劳动力、生态环境、自然资源、土地使用，以及税收优惠、零利润出口创汇等政策，造成巨大的隐性成本或长期发展的代价，以极低的价格为世界市场提供制造品和服务，消化了大量的价格上涨因素，创造了被称为"价格魔术"的世界低通胀时代。然而，从近几年开始，着眼于长期性可持续发展，这些新兴经济体逐步进行增长方式和发展方式的大力调整，即开始以正常手段保护处于市场弱势的非熟练劳动力，允许社会中间收入阶层或中产阶级的成长，在政策上征收环境污染税，调高自然资源定价，削减土地的无偿或低价使用，降低税收优惠和退税幅度，停止出口创汇鼓励政策，等等。看上去，这些让发展中国家的产品成本逐步恢复到正常水平的措施，加上发达国家的提高关税等贸易保护主义措施，使得世界物价水平开始上升。但是，这种物价上升因素所起作用是比较缓慢的，并且受到全球化的竞争激化格局、科技和管理水平的上升以及劳动生产率提高等多方面因素的制约。

因此，一方面，世界市场经济体系的正常通货膨胀周期机制正在逐步恢复。这方面可能有土地、能源的恢复性市场定价，以及制造业和服务业的工资、税收、利润上升等因素在起作用。但另一方面，世界性的通货膨胀正在由美国次贷危机引发的经济减速中反常地蔓延和加速。这种通胀就不是由新兴经济体的发展方式调整所引起，而是由市场上的供给和需求刚性所造成的。在供给方面，受制于自然储量、生产条件下降、石油研发投资不足和技术滞后、油田国有化负面影响以及国际组织的限产控制，形成石油和粮食的"供给刚性"，即生产量难以较快扩大的刚性（例如，2007年世界石油产量增幅仅为1%）。在需求方面，受制于作为消费主体的低收入国家和低收入阶层的生存消费刚性的粮食需求，加上受制于发达国家生产和生活方式习惯以及新兴经济体发展经济需要的刚性石油需求，形成这些产品的"需求刚性"，即需求量扩大呈现难以减速的刚性。从理论上说，如果市场体制有效，那么在实体经济中构成真实需求和真实供给的行为均衡，通过有效的市场机制传导，就可以通过价格和数量调节达到总量均衡。即物价的上升可以通过刺激供给和抑制需求，使涨价因素自然消失。这时，即使出现物价的局部和短期上涨，也是有限的，不可能产生世界范围内的物价水平普遍而持续上涨的通货膨胀。

但是，据IMF预测，2007年和2008年，全部新兴经济体的通货膨胀率将可能达到9.1%和7.4%，发达国家的通货膨胀率也会上升到3.4%和2.3%，其中，欧元区将可能达到4%，为欧元区成立以来最高水平的通胀率。中国面对的物价形势是，世界银行预测中国2008年的全年CPI为7%。包括东亚在内的全球经济都面临普遍的物价上涨。但是，当前的西方国家市场上又出现期货价格突然暴跌的现象，这些物价的涨落，其体制性原因何在？世界市场体系是否已经出现实体经济与虚拟经济的脱节？或者如西方学者所质疑的：一个排除金融市场的现存的经济理论模型是否仍适用于我们当下生存的21世纪？本文试图从世界市场经济体制性失效的角度对此问题加以探讨。

一 经济过热的测度及通货膨胀

众所周知，前一阶段我国宏观调控政策的主要目标是"双防"。但是，目前宏观调控目标改变为"一保一控"（保增长、控通胀）。这一宏观调控目标变化的主要依据是增长速度过快（到2007年为止最近5年的GDP增长率在10%—12%），以CPI为主的物价指数的上升，以及最近物价出现下降势头（截至2008年8月，最近8个月的CPI为7.1%、8.7%、8.3%、8.5%、7.7%、7.1%、6.3%、4.9%）。但最近4个月的PPI则上升到8.2%、8.8%、10%和10.1%。

经济过热或过冷，当然是一种形象的说法，其基本含义是经济中生产能力的使用过度或者不足。如果说，在计划经济体制条件下，生产能力可能因为政治运动的动员而出现使用过度，或者因为政治激励的失效而出现使用不足，那么，在市场经济较为完善的条件下，由于大多数人的理性行为和正常激励的作用，使得实体经济范围内的生产能力过度或不足使用的情况，在理论上是难以普遍存在的。然而，在虚拟经济或货币经济的影响越来越大的现实情况下，实体经济和虚拟经济的运行机制常常出现脱节，市场经济中经常出现投资需求过度的"过热"或者有效需求不足的"过冷"，表现在生产能力的利用上就是生产要素的"过度运用"（over-employed）或者是生产要素运用不足。

因此，经济的过热或过冷虽然被作为一种宏观经济现象来描述，但是其实际情况只有在微观层面才能真正了解到。为了实际测量和掌握经济是否过热或过冷，包括美国在内的一些西方国家的统计部门，通常对企业的生产能力进行3个方面调查。一是企业当期的实际产出量；二是企业在完全开工的情况下可能达到的产出量；三是企业在面临如战争动员等特殊情况下的可能产出量。显然，如果第一种产量与第三种产量普遍比较接近或相等，就是出现了经济过热；如果第一种产量低于第二种产量，且差距普遍过大，就是出现了经济过冷。

然而，在宏观经济理论上，对于经济冷热的判断总是想从宏观角度直接给出，因而在宏观上普遍使用"潜在经济增长率"的判定方法。"潜在经济增长率"，是假定在国民经济的自然或正常状态下，经济的生产能力适度使用，既不"过热"，也不"过冷"。但问题在于，如何测量"潜在经济增长率"和怎么判定正确的"潜在经济增长率"，仍然是经济学家争执不休的理论难题。下面，笔者对"潜在经济增长率"的几种主要计算方法进行分析。

(1) 总量趋势估计法。其最为简略的形式是以一定阶段的历史平均值表现的经济增长率。比如，人们一般认为，中国的潜在经济增长率在改革开放前后变化很大，而且趋势是逐步提高。1953—1978 年、1979—1990 年、1991—2007 年，这 3 个时段的年均经济增长率分别为 6.1%、9.0% 和 10.3%。如果以实际经济增长率超过潜在经济增长率两个百分点以上定义为经济过热，那么，1978 年、1984 年、1987 年和 1992 年 4 个波峰年的经济增长率分别为 11.7%、15.2%、11.6% 和 14.2%，分别高于潜在经济增长率 5.6 个百分点、6.2 个百分点、2.6 个百分点和 3.9 个百分点，都属于"经济过热"年。但是，这样计算的潜在经济增长率过于简单。于是，为了从历史因素中筛选出反映潜在经济增长率的真实因素，经济学家通过建立三种不同的趋势模型来测算潜在经济增长率。一种是结构式模型法，即把当前潜在经济增长率与历史实际经济增长率、政府支出、宏观形势变化联系起来。结构式模型法在运用中，其优点是在引入历史平均值以外，还把宏观经济冲击因素和政府政策作用考虑进来，其弱点是在各种相互竞争的结构式模型设定中，人们难以找到一个最优的结构式模型。另一种是线性统计模型法，包括 HP 滤波或称高通行滤波模型，BK 和 CF 滤波也称带宽通行滤波模型。这类模型的优点是可以结合最新的变化及时估计出潜在经济增长率的水平，其弱点是难以体现潜在经济增长率与其他宏观经济变量如通货膨胀率之间的相关性，因而在应用上受到较大限制。还有一种是综合式模型法，包括卡尔曼（Kalman）滤波模型和 HPMV 滤波模型。其优点是尽可能地总结其他计量模型的功能，也得到多个国家和国际组织的认可和运用，但是它们仍然存在分析的平稳性、对称性、可操作性不够理想的弱点。

(2) 生产函数估计法。通过要素投入和产出增长及其余额（全要素生产率）来估计生产函数的潜在趋势，从而得出潜在经济增长率。该方法的优点是将潜在经济增长率的估计建立在主流经济学增长分析的基础上，具有较为充分的理论依据。但其缺点同样也来自主流经济学，即对于要素贡献弹性和函数的稳定性要求高，对于历史数据的高质量和大规模也严重依赖。

（3）动态随机一般均衡模型估计法。该方法的优点是，综合关于货币过多造成通胀和价格黏性造成通缩的观点，相比新古典经济学考虑了更为现实和复杂的经济因素，使得潜在经济增长率的估计更为可靠。但其缺点是，不得不保持一般均衡理论排除货币因素的理论基础，其分析结果也严重依赖于模型的假设条件和具体形式，需要很大的改进。

在以上分析方法中，通货膨胀率本身也是用来测量经济是否"过热"的一个工具。健康的通货膨胀率应该是在3%—5%。最近几年，出现了一种"核心通货膨胀"理论，认为人们应该关心的不是整个通胀率，而应当是核心通胀率。所谓核心通胀率，是指扣除粮食和石油等波动性大的因素或经过短期价格波动的"滤波"调整之后的通胀指数。目前各国使用的各种综合物价指数，则属于非核心通胀率。核心通胀与非核心通胀的区分以及核心通胀具有存在意义的理论基础，是受到新古典经济学影响的新式凯恩斯主义（New Keynesianism，不同于Neo-Keynesianism）。新式凯恩斯主义学说的核心就是动态随机一般均衡模型，该模型不仅坚持传统的实体经济与虚拟经济的二分法，以假定市场体系具有充分的交易效率为基础，而且还使自己实际上成为当前西方各主要国家央行政策的主要分析工具。在这个模型中，货币、信贷、金融市场对于实体经济不直接发挥作用，并且从长远来看，金融市场对于实体经济不会产生任何经济后果。[1] 这一核心通货膨胀指标及其理论，虽然通过简化通货膨胀的影响因素分析，进而简化了中央银行的操作——只需要关注物价水平，可以不顾那些结构性的所谓"非核心"因素。但是从实际结果来看，核心通货膨胀理论及其政策却使西方国家政府和央行放松了对于金融市场的监管，也造成了金融市场上由于金融工具的

---

[1] Wolfgang Munchau：《经济衰退并非最坏结果》，《金融时报》2008年7月15日。

"过度创新"而形成的风险泛滥,以至于造成目前如格林斯潘所称的"百年未遇"的世界实体经济面临的严重冲击。

那么,如何判断中国经济的"冷热"问题呢?在经济全球化和日益一体化的趋势中,中国经济增长和发展的状况,可能难以孤立地作出判断。如果考虑到中国的经济利益,我们需要特别防止所谓的"别人生病,我们吃药"的现象,即世界经济问题的原因出在别国经济,却对中国施加政治压力,要中国出台不利于中国经济发展的宏观经济政策和其他经济政策。当然,从世界和谐的角度看,中国可以提供力所能及的帮助,为世界经济扭曲格局的调整做出自己的贡献。但是,中国经济的实力仍然不强,人均 GDP 排在世界百名之后。中国首先必须认真考虑自己面临的严峻挑战。中国当前所面临的外部经济环境变化,将对中国经济的需求和供给造成较大的负面冲击。如果中国国内的经济结构没有或来不及作出适当的调整,无论是供给方冲击还是需求方冲击,中国经济都将面临一定通货膨胀水平下更低的潜在经济增长率的后果。

所以,正如有分析指出的那样,从劳动、资本积累和资源使用效率三方面考虑,中国的潜在经济增长率正处于十字路口。从劳动和资本积累角度看,其较前一阶段会有轻微程度的向下调整。但是从日本、韩国等国家和地区高速增长时期的经验看,目前中国劳动和资本增长率还不会对潜在的经济高增长率形成障碍。关键的问题在于资源使用效率。由于历史上一系列价格管制所造成的激励和信号扭曲,以及服务业众多关键部门的行政垄断,中国产业间资源配置效率和垄断产业内的资源使用效率都面临严峻挑战。如果能够对汇率、能源和土地等资源的扭曲的价格进行纠正,对 FDI 优惠政策进行调整,并且积极推进国有行政垄断部门的市场化改革,中国的资源使用效率上升还有较大空间,中国潜在经济增长率可能继续在较长时期内保持在较高水平。[1] 因此,从中国

---

[1] 张斌:《中国经济减速:周期调整还是趋势下滑?》,*RCIF Working Paper*,No. 0813,2008 年 6 月 19 日。

经济的增长潜力来看,我们目前的实际经济增长率并没有"超过"潜在经济增长率很多。因此笔者认为,对于中国经济"过热"的断语必须慎之又慎。

二 通货膨胀表象与经济"实热""虚热"

对于粮食和石油价格上升的原因,发达国家和发展中国家出现了相互指责对方的现象。美国总统小布什和德国总理默克尔表示,发展中国家的不断繁荣,促使人们"需求更多的营养、更好的食物",因此导致了"需求的上升以及价格的上扬"。印度等许多发展中国家作出了针锋相对的强烈反应,它们指责美国人消费的东西要比印度人和其他发展中国家的人多得多。

针对发达国家认为发展中国家的不断繁荣是粮食价格上涨的重要原因的观点,在最近一次 G8 峰会上,胡锦涛主席发言指出,发展中国家是全球粮价上涨的最大受害者。虽然粮食价格的上涨给西方人的生活开支造成了压力,但在非洲和亚洲很多地区却意味着饥荒的危险。[①]

然而,作为经济分析者,我们首先不是要把自己划分在哪一边,而是要弄清楚造成这次油价和粮价上涨的客观原因。

在实体经济因素方面。通货膨胀是否属于实体经济因素造成的"实热"?一般认为,一些客观因素如全球气候变化、农业生产和运输成本上升、食品库存困难、土地从生产食品转向生产能源替代品("食品换石油")等,都造成了粮食生产增长的困难。俄罗斯的研究报告认为,1997—2007 年,中国的能源消费几乎翻番,而印度能源消费增长了 1.5 倍。在供给方面,有研究认为,石油价格上涨是石油产业长期投资不足所造成的。过去 40 年没有重大的石油勘探发现,油价也无法吸引人们进行勘探,而全世界对石油的需求还在增

---

① 《你们不能像我们这样生活!》,英国《金融时报》2008 年 6 月 26 日。

加，油价必须上涨才能达到供需平衡。①

但是，尽管有以上因素影响石油和粮食的供求，但有关总量数据则表明，目前全世界每天的石油需求大约是 8600 万桶，而石油的生产供应是每天大约 8700 万桶，供大于求 100 万桶。在粮食方面，玉米、稻米、大豆、小麦四大农产品目前的国际仓储量是每天可供应 1.46 亿吨，而每天消费量为 1.32 亿吨，储存供应量明显大于消费量，也是供大于求。② 从实体经济的需求和供给力量看，如果在市场机制的有效调节下，石油和粮食价格不仅不应当上升，而且必须下降。由此可见，当前的油价和粮价飞涨及其推动的世界性通货膨胀，已经不能从市场经济的实际供求关系中找原因，而必须从已经无法适应于实体经济而"自我膨胀"的虚拟经济中去寻找原因。但是，人们想当然地认为运行了数百年的世界市场经济体制肯定是有效的，不可能成为近期出现的通胀和通缩的原因。

2008 年 6 月前后，包括英国《经济学家》杂志在内的各国媒体广泛报道，目前进入石油期货投机的资金为 2600 亿美元左右，比 5 年前的 2003 年增长约 20 倍。美国众议院能源交易委员会也指出，纽约商品交易所原油期货交易量的 71% 为"投机交易者"所持有。据公开的分析报告，目前对于粮食、石油、矿石等大宗商品交易的"投机交易者"，主要是高盛、摩根士坦利、摩根大通、雷曼兄弟、美林、花旗银行这些大型投行或"金融大鳄"，加上约 800 只资源类投资基金或对冲基金以及大规模的退休基金和保险基金。它们构成了当今世界金融市场上可能与实体经济交易需要脱节的世界市场经济中的"异己力量"。

美国大宗商品市场主要监管机构——商品期货交易委员会（Commodity Futures Trading Commission，CFTC）2008 年 9 月中旬宣布，将

---

① 谢登科等：《股市完全可实现稳定健康发展》，新华网，2008 年 7 月 2 日。
② 郎咸平：《中国面临前所未有的金融与产业战争》，http://finance.jrj.com.cn/news，2008 年 6 月 26 日。

对华尔街银行的交易"加强控制",并迫使它们公布交易头寸。且将关注掉期交易(Swap)。掉期交易市场大多不受监管,一些美国国会议员将其称为投机者的漏洞,并将油价高企归咎于此。此外,掉期交易商不受适用于大宗商品市场其他投机者的投机头寸限制。因此,监管机构越来越关注金融投资者的大宗商品投资活动。①

然而,无论出于何种原因,在理论界和舆论界,人们听到更多的是肯定市场经济体制充分有效,或者否定市场经济存在体制性失效的声音。

在否定世界市场经济体制存在失效的观点当中,有一种观点认为,目前巨额投机资金进入石油、粮食、矿石等大宗商品市场的投机活动,是在期货市场上,而期货市场被认为是能够"自我监管"而不需要政府规制介入的有效市场。这种观点还认为,期货市场的交易对象是期货合同,不是大宗商品本身。因此期货市场价格的上涨,并不一定导致商品价格本身的上涨。一种相似的观点认为,石油市场的市场机制失效,完全是以阿拉伯国家为主的石油供给方(OPEC)垄断的结果。它们面对"投机者哄抬石油价格"指责的回答是,投机者不断增加的期货交易量,代表着实体经济的石油需求,任何一份石油远期买单必然对应着一份石油远期卖单。② 也就是说,投机者所起的作用仅仅是"二传手",对于油价的上涨没有最终责任。

其实,这种为期货投机者开脱责任的观点看似复杂,却并不能站住脚。在没有或很少投机者介入的早期期货市场中,生产者通过卖出期货来稳定企业资金流和调整生产量;购买者(通常不是最终需求者)通过买入期货承担市场风险和获得风险收益。合同到期时,通常按照到期价格以期货实物进行交割。这时,期货购买者只能按照市场风险的平均溢价来获得平均报酬,而不能靠操纵市场来获得垄断性收益。现在,巨额投机资金之所以能够在期货市场获得高额

---

① 《美国出台新举措遏制大宗商品投机》,英国《金融时报》2008年9月12日。
② 《高油价将永远改变世界》,英国《金融时报》2008年7月2日。

收益,一方面,由于期货市场上投机因素大为增强,市场交易的主要对象已经不是期货实物,而是期货合同,而期货合同往往在到期之前就"平仓",很少进行期货的实际交割;换言之,期货市场的操纵已经可以脱离期货实物,使期货合同自我升值。另一方面,尽管石油或粮食等期货卖单最终来自实际产品产量,而期货买单最终归于实际需求,但是在预期石油或粮食供给呈现明显刚性限制而石油或粮食需求呈现巨额增长的情况下,投机者大量地买入期货和哄抬期货价格,总会有人(目前预期的就是以 G5 国家为代表的新兴市场经济国家)"接盘"而使投机者获得暴利。因此,巨额投机资金的获利,是建立在期货市场体制和机制的失灵,以及该市场又缺乏相应的有效监管或规制的基础之上的。

大宗商品的期货价格对现货价格的影响机制,除了期货价格能够引导现货的生产和供给行为以外,在如石油一类在生产上具有明显垄断性特征的大宗商品世界市场上,投机资金行为与大型石油生产公司的行为之间,还存在某种或明或暗的利益联动和默契。从实体经济与虚拟经济的关系来看,期货交易的最终基础必须是现货交易。但是,为了达到投机资金和石油公司双方的利益最大化,作为石油期货合同供给方的石油公司,往往并不是在期货合同到期时马上交割,而是购买更高价格的期货合同进行平仓,从而人为地造成石油供给减少,推动石油的期货价格和现货价格走高。

还有一种观点认为,目前巨额资金进入大宗商品交易,并不是投机资金的炒作,而是世界投资者行为的一种稳定和长期的改变,即投资者对于自己的资产组合(Portfolio)的调整,把大宗商品或其期货在投资组合中的比例提高了。[1] 短期来看,原油价格可能在投机交易的推动下大幅上升,但长期来看,价格总要回归到由供需主导。这种观点是典型的混淆短期性和长期性问题,以长期性药物来治疗短期性疾病的模糊观点。

---

[1] 《投机行为并非大宗商品涨价主因》,英国《金融时报》2008 年 6 月 26 日。

金融市场操纵实体经济信号的现象，还反映在美元汇率与石油价格的关系上。本来美元的供求关系与石油的供求关系没有太大关联，20世纪90年代，美元与油价的相关性仅仅是-12%。但是，这种相关性在目前阶段已经上升到了-98%，也就是说，只要美元跌一点，那么油价就肯定会涨一点。尽管石油价格的上涨对于美国经济也有负面影响，美国政府也一再对外声称要保持美元的强势地位，但是相比美元贬值带来的巨大利益而言，美国可能仍然倾向于美元贬值的长期政策。相对于中国，2001年中国官方外汇储备达2000亿美元，国际石油价格在每桶25美元左右，中国可以购买80亿桶石油；2008年7月，中国官方外汇储备达到1.8万亿美元，以石油价格140美元计算，中国可以购买约129亿桶。换言之，虽然中国外汇储备增长了8倍，但以石油交易量计算的真实购买力只是比原来增长了0.6倍。这就形成中国的外汇储备和所拥有的巨额美元债券贬值的风险。相反，美国方面减轻了贸易赤字和还债负担的风险。

有人怀疑投机资本对于市场尤其是资本市场的破坏作用。他们认为，投机行为不可能做到既有利可图，又破坏稳定性。有利可图的投机行为要求对于价格是低买高卖，其客观后果是稳定价格水平，与宏观调控政策所要达到的目标相同。破坏稳定性的投机行为做法则相反：在谷底卖空股票，从而造成股票继续下跌，并押注于充满泡沫的股票，使泡沫变得更丰富。换句话说，破坏稳定性的投机行为意味着低卖高买。所以，除非投机者判断失误，否则不可能造成价格的更大波动。① 其实，这种观点除了具有为投机资本辩护的明显倾向外，还有意无意地忽略了投机资本本身对于市场造成的额外冲击效应。通过一定规模投机资本制造的"虚拟的"需求和供给，投机者既可以制造谷底之下的"人造谷底"，又可以制造泡沫"峰顶"之上的"人造繁荣"，从而可以到"谷底"以下去"接盘"，又可以

---

① 《世界为什么需要投机者?》，英国《金融时报》2008年7月22日。

到"峰顶"以上去"抛盘"。其结果,市场价格出现额外的巨大波动,同时投机资本获得巨额的投机利润。

还有人认为,投机资本就是钱的本性,把钱划分为投机资本或"热钱"与实业资本或"冷钱"是不对的。钱就是钱,有钱就会投机,无所谓"冷热"。哪里的经济环境好,大家就想到哪里去,以便让钱升值;经济环境不好,大家都想走或另寻高就。对于此种观点,我们需要从两方面看。一方面,市场经济作为经济体是由实体面和虚拟面构成的,经济的实体面是经济的基本面,而虚拟经济作为促进实体经济发展服务的核心功能,属于经济的非基本面。我们虽然不能仅仅从道德的角度去谴责如"量子基金"一类的典型投机资本,同时仅仅赞扬从事实业和科技创新的产业资本,而必须从市场经济的基本体制上找到形成两类资本"生态环境"的制度和机制原因。但是,从经济学理论上对于"实业资本"和"投机资本"加以区分,分析二者不同的运行背景和运行条件以及二者可能带来的不同利弊,仍然是非常必要的。另一方面,如果实体经济虚弱,虚拟经济中的"病毒"就会对实体经济进行冲击;再假如实体经济还缺乏抵抗虚拟经济病毒攻击的基本的免疫力,那么实体经济在冲击面前,往往是崩溃和倒退。因此,当主流经济学家指出在"赚钱"或"获得利润"的动机上,实体经济中的生产者与虚拟经济中的投机者没有什么区别,甚至"生产者就是投机者"时,这其实是混淆了实体经济和虚拟经济,或者说,混淆了生产活动和投机活动。如果实体经济没有得到制度环境和运行机制的充分支持而正常发展,虚拟经济反而获得不适当或畸形的发展条件,那么虚拟经济会把大量的经济行为主体从生产领域拉到投机领域。

三 当前通货膨胀治理中的"正治"与"辅治"

中国的宏观经济调控政策似乎正在"走钢丝":一边是经济增长放缓,另一边是通胀上升。在西方学者看来,中国国内两种力量正在展开较量：代表金融部门的央行行长表示将采取"有力"的反通胀政策，而代表实体经济部门的出口企业则抱怨许多工厂倒闭。

国际货币基金组织2008年7月表示，粮食和石油价格上涨可能"严重削弱"多达75个发展中国家的经济。其中，亚洲的发展中国家、前苏联国家、撒哈拉以南非洲国家以及中美洲国家所受的冲击最大。联合国的世界粮农组织指出，近年来的粮价上涨已导致海地、埃及和孟加拉国等国出现民众暴动。

虽然目前通货膨胀上涨的大致原因在全球是相同的，即高涨的能源和食品价格，但中国在个别方面有自己的特殊性。第一，与许多亚洲国家和地区一样，中国的基础营养或食品支出在国内支出中占据了相当大的比例，因而一般物价水平更容易受到食品价格上涨的影响。第二，中国国内刚刚经历了一系列严重影响国民经济短期供给能力的自然灾害。第三，中国出口商品以纺织、机械制造和电子产品等制造业贸易品为主，中国经济将面临由此带来的贸易条件恶化。

治理通货膨胀的目的是保护本币的稳定，防止因为币值的巨大波动而引起市场上的信用关系紊乱，以及消费、投资、贸易行为的异常。治理通货膨胀特别是成本推动型通货膨胀需要付出一定的代价，如经济结构调整和经济增速有所减慢。但是，治理通货膨胀不能损害经济的基本面，即不能损害国民经济基本的生产能力。到目前为止，建立在技术和管理水平进步基础上的我国制造业和服务业生产能力，在总体上仍然发挥着抑制通货膨胀的作用。比如2008年1—5月，在其他方面的产品价格仍然以30%—40%的速度上涨时，衣着、交通和通信、娱乐教育文化用品及服务的价格反而分别下降了1.5%、1.5%和0.8%。如果我们不注意宏观经济的总体状况，不恰当地实行紧缩性宏观调控政策，就可能通过信贷条件的收缩效应和财税支持的降低效应，恶化企业的正常投资和创新环境，从而损害生产能力的基本面。

在世界范围内，应当采取更大规模的集体行动，来对抗全球能源、食品和水资源的风险；应当鼓励增产石油和增加在石油领域的投资；应当解除导致全球价格进一步高企的出口禁令。联合国粮农组织总干事雅克·迪乌夫估计，要帮助解决全球粮食危机，富国必须将农业援助增加10倍，至每年300亿美元。应当建立一个类似于世界卫生组织的具有全面协调世界能源生产和消费的"全球能源组织"，通过各国政府间的协调，解决那些不能完全由市场力量解决的问题，如新能源技术的开发，核能及可再生能源的利用，减少污染和温室气体排放的新方法。应当将目前分散而不完整的能源数据纳入统一口径，制定全球性危急情况下的能源供应机制，帮助各国管理其能源服务，甚至在发生战争或自然灾害后暂时代为管理，以及协调和资助各类能源研发活动，等等。

为了防止通胀预期及其行为反应方式的形成，需要将银行利率、货币工资与物价指数挂钩，还需要发行通胀指数挂钩债券。目前，亚洲国家中只有日本和韩国发行过通胀挂钩债券，尽管这种债券在拉美、美国及英国都已十分普遍。因此，亚洲这种债券的匮乏可能会加剧通胀，因为，如果价格看起来可能失控，投资者容易仓促买进大宗商品的期货或基金。

尽管为了经济的平稳快速发展，中国需要消费一定量的资源和能源。但是中国需要适当缩减高耗能产业，特别是那些目的在于扩大出口而国内其他产业对其依赖性不大的高耗能产业。这些需要适当压缩的高耗能产业包括电解铝、铁合金、电石、烧碱、低效水泥和钢铁等。

近一个月，世界通货膨胀局面似乎发生大逆转。2008年9月16日，国内商品期货暴跌，10个主要品种全线跌停。反映国际市场全球商品价格波动的CRB指数继续走弱，下跌至348.26点，当日下挫3.26%。事实上，CRB指数从2008年7月的最高点473.97点一路下滑，已累计下跌125.71点，跌幅高达26.5%。

世界前5名投行的危机——贝尔斯登、雷曼兄弟、美林由于受次贷危机拖累而相继倒闭，以及高盛和摩根士坦利被迫由商业银行控股而转型为传统银行公司，引发了人们的极度恐慌，除了在股票市场大量抛售美股外，恐惧也蔓延到商品期货市场。从短期来看，投行所持有的期货仓单必须立刻清仓离场，这会为期货市场带来较大的抛售压力；从长期来看，金融业的震荡将严重打击美国经济，这会导致美国对大宗商品的需求减少，因此CRB指数的继续走低也是完全可能的。

同期的石油价格已下挫逾三成，作为CRB指数中的核心商品，石油还能引领其他品种的下跌。纽约商业期货交易所10月轻质原油期货9月16日自7个月以来首次跌破了100美元，报收于95.71美元。伦敦金属交易所的3月铜期货也大跌了192美元，回到7000美元以下，报收于6930美元。在国内方面，上海、大连、郑州等地期货交易所的铜、大豆、玉米和白糖等期货产品也全部暴跌。但是，9月22日石油期货又单日上升约40%，达到120美元。

在世界市场经济存在体制性失效的背景下，石油和粮食等资源性价格会因为投机性的活动而迅速上涨和迅速跌落。因此，当前应当着手的不是供求双方相互指责，也不仅仅是调节实体经济的供求，而是为如何克服世界市场经济的体制性失效，克服美国等发达国家为了自身的眼前利益而利用这种体制性失效，放任美元市场、借贷市场、证券市场、期货市场等虚拟经济部门中垄断力量的盲目扩张和操纵市场造成的困难，从而为建立一个更为完善的世界市场经济体制而努力。这方面的努力，才是解决当前世界经济中资源和资产价格通胀和通缩异常波动的"正治"和"正道"。

（原载《经济理论与经济管理》2008年第10期）

中国的经济改革与宏观调控的边界

中国的经济改革把计划经济逐步转变为市场经济。市场经济中出现的"市场失效"和周期性波动产生了政府干预的必要性。随着市场经济实行的时间越长,人们发现市场经济中产生的问题越多。特别是改革开放 30 周年前后一系列关于市场经济的反思,许多人发现中国的经济高增长伴随着经济结构不合理,经济财富的增多伴随着社会矛盾的大量积累,收入的增长伴随着收入分配和资源环境生态的恶化,如此等等。面对这些问题,许多疑问相应而生:以市场经济为取向的改革是否还要进行下去? 政府的宏观调控是否需要承担更重的职责? 我们是否已经建成完全的市场经济? 适宜于中国社会的市场经济体制究竟是什么样的? 宏观调控的边界在什么地方? 对于这些疑问的思考,自然离不开既有的经济学理论,但是我们更需要从历史和现实出发,寻找市场经济的内在规律性,丰富和发展我们的经济理论。

一 中国历史:通过改革干预而非市场发育建立起来的市场经济体制

中国市场经济体制建立的历史,与绝大多数其他市场经济体情况不同,不是沿着"自给自足—以物易物—小农经济—简单商品经济—三次产业分工—劳动力商品化(资本主义经济)—市场经济"的"自然"脉络或"斯密—杨格"定理的逻辑发展形成的,而是沿着"自给自足—以物易物—小农经济—简单商品经济—计划经济—三次产业分工—改革开放政策—劳动力商品化(中国特色市场化)—

市场经济（中国特色社会主义经济）"的道路发展起来的。所以，与其他市场经济体不同，中国的市场经济与体制改革密切相关。中国市场经济道路有两个突出的特点，首先是以计划经济或"命令经济"的手段，打断小农经济和简单商品经济的自然发展进程，试图以集中的行政命令代替分散的市场信号和市场激励作用，来组织全社会的生产活动，结果是把国民经济带到崩溃的边缘。其次是仍然以行政命令的手段，认可和推广民间的体制改革经验，实行分散化的"放权让利"和"地方政府间竞争"（张五常，2009），按照中央领导人作为"总设计师"设计出的改革开放步骤和市场经济总体蓝图，建立市场经济体制。改革开放30余年的经济高速发展，创造了大量的社会财富，成为发展中国家克服贫困的典范。然而，正因为中国的市场经济体制是通过人为的行政手段创建，而不是通过市场自身的演化发育成熟而形成的，当改革从体制外转向体制内，从浅水区转向深水区，从行政命令对象改革转向行政命令系统本身改革的时候，中国以建立现代化市场经济体制为取向的改革就遇到了空前的困难。其中一个重要的表现是，在市场经济中遇到的问题在一定程度上由宏观调控来解决，使得宏观调控的范围太广和边界太大，政府的宏观调控在一定程度上阻止了改革的深化，宏观调控自身也难以得到正确的定位。

二 市场经济生存的基本原则：公平竞争、自由选择、分散决策

中国市场经济改革的主要目标是提高经济运行的效率。按照比较经济体制理论，经济体制的效率主要体现在三方面，即信息效率、决策效率和激励效率。中国传统体制之所以面临崩溃，就是因为信息、决策效率和激励效率极其低下，行政命令成为瞎指挥、慢决策、无动力的同义语，各种资源浪费和资源闲置情况十分严重，贫困和短缺成为经济中的普遍现象。

现代市场经济理论认为，人们在经济活动尤其是市场交易活动中，大致上所秉持的是从自己的经济利益出发并且利用各种信息保护自己利益的理性原则。相反，行政命令式计划经济的理论和实践是完全否定个人理性原则的。计划经济如果有效，其假定前提就必须是中央决策者时刻掌握经济中的生产者、消费者、劳动者以及各种资源变化的信息，行政审批和行政决定在其程序上几乎不耗费时间，各种经济活动主体没有独立的利益和对于该利益的关注。显然，这3个假定前提均为远离现实的虚构，计划经济或命令经济也只能注定是一种失败的实践。

因此，与计划经济的原则相反，市场经济建立在相信和承认每个人的理性动机的基础之上。现代市场经济体制建立的基本原则不是经济活动主体的等级服从，而是公平竞争；不是经济活动领导者的包办代替，而是所有经济活动主体的自由选择；不是经济活动遇事集中统一决策，而是经济活动主体分散决策。在这些基本原则基础上，市场活动主体为了改善自身的福利状况，就按照市场信号和市场激励来行动，因此市场经济相比计划经济的运行而言，在信息、决策和激励上的较高效率就成为常态。

当然，市场活动主体没有理论中的"经济人"那么有教养和绅士风度，现实中可能出现市场上的偷盗、欺诈、蒙骗、欺行霸市等不公平交易的现象。现实中的经济活动主体也没有"理性预期"理论中假定的具有那么充分的市场信息，市场中信息的不对称性降低了经济运行的效率，也使得一些利用不对称信息来牟利的人不当得利。市场经济中还普遍存在着现代市场经济理论通常承认的市场垄断、环境污染、公共品和绩优品供给严重不足等市场失效问题。市场经济中的商业周期和经济危机也会出现波动幅度过大和持续时间太长，使得现代社会难以承受的问题。随着市场商品和服务的多样化，以及人们富裕程度的提高和理性程度的降低，现实中又有可能出现消费者为了追求刺激和扭曲的需求而产生吸毒、赌博、网瘾等严重危害身心健康的行为。此外，随着现代经济的虚拟化程度的过度提高以及金融衍生品等所谓"金融创新"产品的片面发展,市场经济体系的自我规制、自我结清和自我均衡功能越来越差,需要外部力量的介入以帮助市场经济体系矫正其缺陷。所有这些,使得现代市场经济需要依赖政府(广义的)以法制体系建立和法规实施为主体的微观规制,以及以财政政策和货币政策为主体的宏观调控。而政府通过宏观调控和微观规制的介入,使得市场经济中的公平竞争、自由选择、分散决策原则从某种角度来看得到了更好的保障,但是,如果从另一种角度来看,这些原则似乎受到了很大的限制。其实,之所以产生这两种看似矛盾的观点,是因为人们没有认识到宏观调控和微观规制这两种政府行为的功能是不相同的,其行为方向也不同,宏观调控的行为方向常变,而微观规制的行为方向不变。政府的宏观调控和微观规制功能虽然有联系,但是二者应该有明确的分工和相对独立的操作机构,不能混淆。[1] 下面将进行详细分析。

三 宏观调控政策实施的重要前提:微观规制

目前仍然存在一个较为普遍的误解,即认为政府发挥作用的领域就是"宏观调控",或者说,"宏观调控"等于市场经济中的政府作用。其实,正如市场经济中的"政府"绝不仅仅是行政执法意义上的狭义政府,而是包括立法、行政、司法等在内的广义政府,政府介入市场经济的作用,也绝不仅仅是宏观调控,还包括微观规制。

宏观调控或称宏观经济政策,是狭义政府或行政执法当局主要发挥的功能。在市场经济国家中主要是由议会制定宏观调控的原则

---

[1] 在此,笔者完全从自己的独立研究和理解的角度来认识市场经济中的"微观规制","规制"二字取义于"对行为方式的规范和制约"。"微观规制"近似于斯蒂格利茨的"政府通过法规制度 [的改变和调整] 发挥其影响力"。所以,本文"规制"概念不打算与大部分西方学者理解的政府对于私人企业的生产什么、生产多少、怎样生产、由谁生产、产品如何定价等微观经济活动的行政干预即 Regulation、Deregulation 或 Reregulation 等概念相对应,也不打算与首创汉字形式"规制"一词的日本学者所理解的政府对于民间企业的权利限制和保护协助的随机性行政干预相对应。

和大方向，由行政当局具体制定政策，由中央银行和财政部等部门具体实施。宏观调控的特点是总体性、短期性、反周期性、抗危机性、稳定取向性、影响间接性。宏观经济政策的出台总是针对一定的市场总体运行的景气环境的。因此，当经济处于下滑、过冷或不景气状态时，出台的往往是扩张性宏观经济政策，在中国也称为刺激性或"积极的"宏观经济政策；当经济处于过热或过度景气状态时，通常出台紧缩性宏观经济政策，在中国也称为"稳健的"宏观经济政策；当经济处于既不过冷也不过热的中间状态时，通常出台的是中性的宏观经济政策。当然，宏观经济政策中的财政政策、货币政策等各项政策的方向未必是完全相同的，它们是否一致取决于短期内宏观经济的通货膨胀、资产价格、就业状况、经济增长和国际收支等具体情况。

由此可见，宏观经济政策的方向是经常变化的。有时是今年与去年相比不一样，有时是上半年与下半年相比不一样。在突然发生金融危机或经济危机的年份，宏观经济政策的变化通常更加剧烈。其目的，就是应对市场经济中的不确定性，熨平商业周期的过大波动，将经济从总体上稳定在一个可以承受的波动幅度之内。正是由于宏观经济政策的方向常变的特点，有的宏观经济理论提出"相机抉择""逆经济风向行事"的宏观调控原则。

宏观经济政策对于微观主体的影响应当是直接的还是间接的？或者说，是以直接行政命令手段为主还是以间接的市场杠杆变化为主？这一问题在中国的经济实践中具有重要的认识论意义。过去的计划经济体制通过行政命令把宏观经济政策直接作用于经济活动主体，这一做法曾经一度被看作更有效率的调控方式。后来，学界和政界比较一致的意见是，宏观经济政策不能绕开市场，应当通过市场的价格杠杆和激励杠杆来影响微观经济主体的行为。因而，在1987年召开的党的十三大上，正式通过的文件提出"政府调节市场，市场引导企业"的间接宏观调控原则。

此外，宏观经济政策还有一个特点，即在具体政策的制定方式上，其属于具有较强时效性的"精英决策"，而不是尽可能达成广泛共识的"民主决策"。

微观规制就不一样，在本质上，它是对于市场经济规则及其秩序的建立和维护，是对市场上的微观主体行为确立一种制度性的规范和制约。

第一，微观规制为宏观调控提供基础。由于宏观调控是市场经济中一个必需但却是辅助市场经济正常运行的功能，宏观调控的原则和大方向必须在市场经济法律体系这个大框架中确定。如果没有微观规制为市场经济确立规则和秩序，宏观调控就无法确立自身的定位，进而宏观调控的功能就不能正确发挥。无论是财政政策还是货币政策，离开了一定的微观规制所确立的制度环境和微观主体的行为规范及其主要行为反应方式，这些宏观政策的效果就会为零、为负或者高度不确定。正如英国《金融时报》在涉及这一点时曾报道，"罗斯福新政最核心的地方，是通过立法重建市场规则，通过社会保障体系为社会提供底线保障，以这些方式对经济进行规制和调整"，然后，在这些新实施的规则和规制的基础上，罗斯福新政才能顺利实施有效的宏观调控（林涵，2010）。

第二，微观规制的实施主体是广义政府，而不仅仅是行政当局。广义政府中的立法部门通过立法来建立市场经济的法律体系，行政执法当局通过行政法规等来具体实施市场经济的法律体系，司法部门通过检察和判案来监督和维护市场经济规则的有效运行，从而有效维护市场经济的正常秩序。所以，一种认为市场经济下的中央政府应该坚持间接调控和总量调控，通过信贷和财政的杠杆来发挥作用，而绝对不应当把手伸到微观经济领域的观点，虽然从狭义政府的宏观调控职能上看是对的，但是作为广义政府的微观规制职能来看则不正确。这是因为，广义政府的微观规制把干预涉及每一个微观个体，微观个体只有在政府规制的范围内才能享有自由竞争、自由选择和自主决策的权利，而同时广义政府的微观规制本身不能随意更改，微观规制活动必须严格遵循立法、执法、司法的规定程序来完成。

第三，微观规制的实施方向是不变的，不像宏观调控那样方向常变。这是因为，宏观调控的目标是应对市场经济中的景气波动，而微观规制的目标是建立竞争、高效、公平、自由、健康的市场经济秩序。市场经济秩序的建立只有越完善越好，没有（比如说）每年完善程度的需要不一样。在这个方面，那种把政府微观规制定义为政府仅仅通过行政权力来随机干预个人和企业的正常活动的观点，就产生了把"微观规制"类比于"宏观调控"的想法，即微观规制也存在所谓的"收紧规制""放松规制""不去规制""再实行规制"等周期性规制波动的糊涂观念。

第四，如果说宏观调控或宏观经济政策的特点是总体性、短期性、反周期性、抗危机性、稳定取向性、间接性，而微观规制的特点是个体针对性、长期性、无周期性、更具基础性、制度规则性和影响直接性，不难理解二者所具有的迥然不同的性质。

第五，在微观规制政策和制度的制定方式上，其属于公众和公众代表参与性较强及社会共识性较大的"民主决策"，而不是公众参与性很弱的"精英决策"。

四 忽视微观规制的宏观调控——以宏观调控替代市场

市场经济下的宏观调控与计划经济下的行政命令之间最大区别是，在市场经济中，宏观调控作为"辅助"工具，而微观的市场机制及微观行为者本身才是"主体"；而在计划经济中，真正的主体是行政命令，而微观行为者则成为服从命令的辅助物或附属物。所谓的计划经济是个人和生产者围绕行政部门的偏好和命令而进行经济活动。于是，在标准的计划经济体制下，一个经济体的5大基本问题都是靠行政命令来解决的，即生产什么的目标问题，生产多少的定量问题，怎样生产的技术和管理问题，何地生产的空间布局问题，为谁生产的分配问题，任何个人和生产者都没有决定权，一切必须听从上级的行政命令。在中国的计划经济历史中，尽管也存在所谓

"资本主义尾巴"性质的自留地、集市贸易、手工作坊、个体商贩、货币交换等市场经济现象，但是国民经济主体的运行是在以"红头文件"为代表的行政命令指挥下完成的。

中国的改革开放虽然开始于1978年，但是在中国确立市场经济体制的改革目标是在1992年，在这段时期的反复和摇摆已经耽误了近15年时间。从那时起一直到现在的近20年中，学界和政界在市场经济体制这一改革目标上，并不是那么坚定不移的，在一定的时期和一定的范围内，总是存在着对于市场经济体制的怀疑和反复，甚至是对计划经济体制的某种程度的怀念。加上人们对市场经济体制中政府的宏观调控与微观规制功能及其区别一直没有清楚认识，对于计划经济体制下的政府作用与市场经济体制下的政府作用二者的本质差异缺乏认识，对于全面协调可持续的经济发展与在市场经济体制基础上的高效发展之间的关系认识模糊。因此，即使政府或宏观决策者在利益取向上与中国民众一致并且有力量克服对立的利益集团的干扰而有效施政，人们也常常把市场体制机制可以正常发挥的作用搁在一边，把需要微观规制来解决的问题看作"市场失效"，而把"宏观调控"当作解决所面临的各种问题的灵丹妙药。

在市场经济体制中，作为基本经济问题之一的"生产什么"自然包括产业结构问题。"生产什么"是通过市场需求和价格信号，以及市场利润激励的作用，众多企业独立参与竞争及作出经营决策而解决的。产业结构不合理问题如低技术产业比重过大、服务业比重太低、自主创新产业比重太低等问题，总体上也需要通过企业根据市场的需求和价格以及各种要素投入的成本比较，在生产经营和投资决策上逐步加以解决。即使考虑到起辅助作用的政府产业政策，其所产生的影响也只能通过政府公布产业发展目录及实施鼓励或限制性的财税信贷政策来间接实现。但是，人们遗憾地看到，"调整产业结构"几乎成为政府和社会公认的必须由宏观调控承担的重任之一，政府主要通过财政的资金、信贷扩张的资金、融资平台的资金以及对各地投资项目的审批，来实行所谓的符合市场经济原则的

"产业结构调整"。其实在理论上，宏观调控不是调整产业结构的手段和工具。在中国当前的现实中，产业结构的不合理在很大程度上是与市场机制的不健全和正常运行受阻有关。

如低技术产业比重过大的问题，在改革开放早期的确主要与中国以大量低技术的劳动力资源为特征的资源禀赋状况相关。但是，在经过连续 30 年以近 10% 的增长率实现经济增长以后，劳动力的收入比重并没有随着经济增长的幅度而相应上升，反而持续下降；在经济高速增长的主要沿海区域，劳动力的实际工资还出现了连续十几年的下降。在劳动者的收入没有明显提高而公共财政在基础教育和公共卫生保健方面的投入明显不足的情况下，劳动力的人力资本积累速度非常缓慢。大量的沿海地区企业依然通过低技术低成本的外包加工生产，而非通过规模大小不同的技术创新性生产来赚取利润。劳动力市场上工资正常增长机制和投资市场上人力资本投资机制发挥作用常常受到阻碍，许多研究表明，其原因是企业之间提高工资的竞争因各级政府帮助企业主压制工资增长和工人的工资谈判而严重削弱，以及各级政府加给企业和个人的税费负担过重。

再比如在三次产业结构中服务业比重过低的问题，也是与高端或现代服务业的竞争受到政府行政垄断的保护及进入门槛过高而无法发展，而低端或传统服务业又由于企业扎堆的过度竞争及政府"三乱"等过重税负而难以发展的情况密切相关。

再如关于自主创新产业比重太低的问题，当前仍然是市场上企业家精神的普及、鼓励和保护不足，企业创业的行政审批门槛和税费门槛太高，企业家行政化提拔的机制太强，以及技术研发和管理创新的成果应用机制不够健全等因素造成的。这些因素的存在，使得中国的市场经济作为"创新经济"的本质特征远远没有得到充分体现和发挥。企业家尚未能够做到通过发现市场中潜在的需求和盈利机会而建立新的生产要素组合，或者对要素组合加以自由调整，以实现潜在需求的满足和新利润的创造。

作为另一个基本经济问题的"生产多少"问题，无论是大多数经济理论还是大部分经济历史都证明市场机制对此有很好的调节能力。除了发生经济危机或金融危机的特殊时期以外，市场经济都能够通过"看不见的手"即价格和利润杠杆让过度的生产量降低，让不足的生产量扩大，使得各种产品和服务的需求量及供给量实现基本均衡。中国当前面临的所谓"产能过剩"问题，自然属于"生产多少"问题之一，因为产能的形成是为产品生产服务的。如果产品生产量在市场机制的正常调节下基本不会过剩，那么作为市场派生需求的"产能"即生产能力，也不会存在普遍和大量的"过剩"问题。由此可见，所谓"产能过剩"问题仍然属于中国当前阶段中市场机制的作用不能充分发挥的表现。

比如就钢铁业的产能过剩问题而言，钢铁产品的价格是按照市场定价的水平来销售的，但是钢铁产品的生产投入如矿产资源、能源、信贷资金、劳动力等的价格就受到政府的控制，特别是正常的自然资源税、环境税、能源税、统一的社会保障税尚未开征。这样，钢铁企业就会形成过高的利润和对未来利润的高预期，加上各级政府在 GDP 政绩观的推动下以行政手段鼓励和人为制造钢铁企业的上马和扩张。于是，"产能过剩"就成为钢铁业中的普遍现象。

对于"产能过剩"问题，中央政府的宏观调控政策，虽然可以通过发布产业规划目录的合理手段进行调节，也可以通过财税和信贷贴息或罚息等间接的政策加以引导和调节，但是，宏观调控不能通过行政命令的办法去削减各个企业的产能，更不能为了压缩产能而直接关闭企业（只要该企业是依法成立的）。所以，医治"产能过剩"的毛病仍然主要靠市场机制，而利用宏观调控手段的解决办法充其量是治标不治本，并且会带来市场机制更加不健全的后果和形成以行政命令替代市场机制的不良倾向。

关于区域经济发展的问题，是每一个市场经济大国所必须面对的重要问题，作为发展中国家的中国如何通过各区域经济的协调发展来促进国民经济的全面高速增长，更是中国经济正在面临并将长期面临的严峻考验。在区域经济发展与市场机制作用的相互关系问题上，存在两种彼此对立的观点。一种观点认为，"区域之间无市场"，即在承认全国范围内需要实行市场经济体制，却认为市场机制无法调节和激励区域经济的发展。其理由是，区域之间发达程度的差别主要是地理条件决定的，有利和不利的地理条件在短期和长期内都无法根本改变，因此，区域之间开展竞争的结果只会使发达地区更发达，而落后地区更加落后。所以，区域之间的经济发展差别问题及其矛盾，必须由政府出面通过政府行政力量来解决。如果试图通过市场机制来解决区域问题，只会使问题越来越严重。另一种观点则认为，"区域之间如邻国"，即区域之间的竞争就像经济全球化下国家之间的竞争，为了抓住发展机会，就必须充分利用市场和市场机制，培养本地区或区域的市场竞争力，同时地方政府实行区域性"内外有别"的经济政策，一切以有利于本区域的发展为宗旨。可以说，虽然这两种观点都反映了某方面的现实情况，因而具有某种程度的合理性，但是，在现代市场经济的社会中，这两种观点都行不通，即使暂时似乎有效也一定走不远。

这是因为，正如现代市场经济社会对于社会中的每一个人或群体都不能采取歧视政策，社会对于各个区域的发展机会也必须是一视同仁的。当然，发展机会相同并不意味着发展结果相同，这正如每一个社会成员的发展情况那样，没有人会指望每一个社会成员都获得相同的收入和进行相同的消费。不同的区域正像不同的个人那样，先天的自然条件不同、后天的文化传统不同、客观的发展历史不同、主观的选择意愿不同、希望付出的努力不同等因素，都影响着发展的结果。我们没有必要也不可能将任何时期任何空间的区域经济发展平均化。在此方面，市场机制有着相当广阔的作用空间，各地区或区域可以利用本地的比较优势和特有资源，开展相应产业的低成本竞争、差异化竞争和特异性竞争。通过市场竞争和企业创新来创造财富，从而提高本地居民的生活水平和质量。这方面的教训是，较为落后地区把收入增加的希望完全寄托在中央政府财政转移支付和投资优惠条件的宏观调控政策上，不愿意加入市场竞争和承担市场风险,其结果是该地区在体制、观念和财富水平上与其他地区之间的差距越来越大。当然,作为统一的国家,政府需要为不同的区域提供基本相同的发展机会,即在硬件上基本相同的公共基础设施,以及在软件上相同的法律、教育、文化、信息传播等公共服务。不过需要注意的是,提供这些软硬件的公共产品以使区域经济发展得到一个基本平等的发展环境的任务,主要不是由宏观调控职能来完成的,而是由广义政府的微观规制职能来实现的。总之,面对市场经济这个我们看似熟悉但其实仍然非常不了解的新体制,中国人还有很重大的认识任务。不仅对于市场经济的本质特征和主要功能的认识不能囿于主流的新古典经济学,需要我们重新加以分析和认识;而且对于市场经济的功能发挥及正常运行所需要的基本条件,我们仍然需要进行深入探索。否则,我们建立的可能就不是能够给中国人带来福利的经济体制。尽管宏观调控或宏观经济政策被认为是市场经济中不可缺少的一个组成部分,但是宏观调控的真正功能是什么?宏观调控的边界何在?宏观调控与微观规制的关系如何?广义政府作用在市场经济中的关键性地位何在?本文对于这些问题进行了初步的探索,希望起到抛砖引玉的效应。

参考文献

胡晓红:《吴敬琏说"宏观调控"》,《新周刊》2010年第3期。

林涵:《访陈志武:"权利结构"是症结》,英国《金融时报》中文网,2010年2月25日。

[美] 斯蒂格利茨:《政府为什么干预经济》,中译本,中国物资出版社1998年版。

孙中山:《五权宪法》,《孙中山选集》(下),人民出版社1956年版。

王俊豪:《政府管制经济学导论》,商务印书馆2003年版。

《新帕尔格雷夫经济学大辞典》,中译本,经济科学出版社1996年版。

张五常:《中国的经济制度》,中信出版社2009年版。

[日] 植草益:《微观规制经济学》,中译本,中国发展出版社1992年版。

(原载《国家行政学院学报》2010年第5期)

就业——社会保障

中国就业转型:从隐蔽失业、就业不足到效率型就业

为了消除经济转型的中后期阶段宏观经济稳定增长的隐患,我们的经济政策不能将眼光仅仅停留在名义或公开的失业率变动上,而必须注重整体失业率的存在和变动。在现阶段,中国的整体失业率的绝大部分是由隐蔽失业率构成的。劳动力供给量减去名义就业量为名义或公开的失业量,而名义就业量减去有效就业量为隐蔽的失业量。显然,作为政府政策目标的就业稳定,就不仅在于保持一个低而稳定的公开失业率,而且要创造和保持一个尽可能低水平的隐蔽失业率。本文的目的在于,分析我国当前隐蔽失业的规模及其潜在危害,找出转型期隐蔽失业存在的特殊原因,分析从隐蔽失业到公开失业的中间状态即就业不足在中国的特殊含义,以及探讨解决以隐蔽失业为主的失业难题的出路。

一 隐蔽失业:当前中国经济的巨大隐患

在西方市场经济理论中,经济增长和就业问题的分析是以产品市场和要素市场充分发挥支配作用为前提的,因此,如果经济增长受阻,人们就可以到产品市场的供给或需求的过多或过少上找原因,或者到劳动力等要素市场的供求上找原因。就劳动力市场而言,新古典理论认为劳动力价格的下调刚性导致劳动力供过于求,于是产生失业;凯恩斯理论以劳动力价格下降会造成产品价格下降为由而否定了工资刚性失业说,而以产品市场需求不足导致劳动力市场需

求小于供给来解释失业①。显然，以上理论模型的共同特点是，价格信号是公开的，数量调节对于价格信号是敏感的，市场主体行为是效益取向的。由此造成的结果是，失业总是公开于市场上，而不是隐藏在企业或生产单位内部。

由于上述原因，用通行的现代理论标准来衡量和评价中国的失业问题，往往可能得到令人过于乐观的结果。在世界银行1995年《世界发展报告》中，专家们将同样处于从计划体制向市场体制转型期的几个国家进行了比较，得到了中国经济从20世纪80年代中期到90年代中期，不但经济增长状况良好，而且失业率也在3%以下的理想水平的结论。

笔者认为，对此不能盲目乐观，而是有必要分清名义就业和有效率就业的概念。从理论上说，有效率就业（或简称有效就业）量是指一国经济在市场效率原则上运行时与一定资本量相配合的就业量，因此有效就业在微观经济中的反映是，每一个就业者创造的边际产品不低于该就业者获得的报酬。从一般经验观察可知，中国目前的就业量在很大程度上不是按照市场效率原则形成的，大量企业或生产单位的生产效率增长低于劳动报酬的增长水平。这样，中国的就业量就远不是可以按照市场标准来衡量的有效就业量，因而依据公开失业率来对各个转型国家失业状况作出的比较和判断就未必是恰当的。

在农村领域，由刘易斯提出并由舒尔茨、费景汉、拉尼斯等人发展的二元经济理论最早提出了农村中存在剩余劳动力的观点②③④。我们要注意到，刘易斯等人在其理论中运用剩余劳动力概念来分析二元经济现象时，有一个十分重要的暗含前提，即市场机制已经开始充分发挥作用。正是由于二元经济已经在市场竞争基础上运行，所以现代部门中不可能存在剩余劳动力，这样才构成了农业中剩余

---

① 参见弗里曼《劳动经济学》，中译本，商务印书馆1987年版。
② 参见刘易斯《二元经济论》，中译本，北京经济学院出版社1989年版。
③ 参见舒尔茨《改造传统农业》，中译本，商务印书馆1987年版。
④ 参见费景汉、拉尼斯《劳力剩余经济的发展》，中译本，华夏出版社1989年版。

劳动力转移的一个重要条件；也正是由于市场机制的支配性作用，农业中因传统落后生产方式留下来的大量剩余劳动力才得以不受阻碍地流动，加入现代经济部门，这样就构成剩余劳动力转移的另一个重要条件。正是在市场机制造成的这两个条件的保证下，农村剩余劳动力得以在相对较短的时期内被现代部门吸收掉。然而，处于转型期的中国经济尽管在产业结构上相似于二元经济，但二元经济运行所需的以上两个重要条件却没有具备。因此，二元经济理论中的剩余劳动力范畴不适合分析中国农村的失业问题。中国农村中存在的失业现象是与中国特殊体制相关的一种特殊的隐蔽失业。首先，高度集中的计划体制将工业化早期的传统农业劳动力流程中断。其次，在城乡劳动力的合理流动过程被强行中断以后，农业日益被政府视为可以容纳无限劳动力就业的部门，当城市因为各种原因出现过多劳动力的时候，政府就将过多城市人口下放到农村，使农村的隐蔽失业更为严重。

对于城市领域，虽然二元经济论者（以托达罗为代表）也提出在农村剩余劳动力消失之前城市中已可能出现大量失业的现象，但是，这种城市失业现象在他们看来主要产生于现代市场经济中普遍存在的大工会和大公司的讨价还价制度、政府文官的较大工资级别制度以及外资企业的高工资制度。这些制度因素造成城市中现代部门的工资过高，一方面使工业领域的劳动力需求相对减少，另一方面却提高了农村劳动力相对于转移成本而获得较高收入的预期。结果，农村劳动力过度转移而城市吸纳能力过早饱和，于是导致城市中的高失业率[①]。不难看出，上述理论提到的三个市场制度因素或者在中国不存在，或者不构成过多农村劳动力流入城市的主要原因。中国城市的大量隐蔽失业自有如下一些特殊原因。

从劳动力的需求方面来看，在计划经济体制下国有企业和集体企业系统在改革前对劳动力的需要基本上听命于国家计划的统一安

---

① 托达罗：《第三世界的经济发展》，中译本，中国人民大学出版社1988年版。

排和调配，企业调入和调出人员由上级主管部门指挥。在改革开放以后，劳动力需求作为企业产品的引致需求机制开始形成，企业领导人希望按照产品市场的实际规模来决定职工队伍的大小。进入90年代以后，随着非国有经济的发展开始超过国有经济，国有企业不得不在越来越多的生产领域面对市场竞争，一些有事业心的企业领导人更为迫切地希望按市场原则来组合生产要素，并且正在尝试以各种方式释放企业的多余人员。然而，由于国有企业的财产运作权利关系不清晰，企业领导人对企业经营仍然是负盈不负亏；而上级主管部门负有为国有企业运转提供保障条件和保持企业及社会稳定的责任，所以对企业的用人决策依然持有相当程度的干预权，尤其是对处于基本工资水平的企业过剩职工的辞退决策形成强有力约束。这样，企业对劳动力需求的结构和规模的调整就主要集中在职工增量上，而对企业劳动力的存量需求表现为无限大。

从劳动力的供给方面看，在城市改革推行以后，虽然新劳动力面临的就业选择多了起来，更多年轻人选择进入生产效率较高和工资收入较高的"体制外"部门就业。但是，作为"体制内"就业存量的劳动者却有着不同的选择。第一，在初始条件上，国有职工与刚毕业学生不同，一方面已经享受到国家以这样那样的方式给予的企业福利，以及拥有了与此福利相关联的工龄和单位龄的一定积累，而另一方面在体制外的市场上又具有年龄偏大、知识老化、家庭风险承受力较低的劣势，因此，大多数国有企业职工在改革后还是选择留在体制内（据抽样调查，在1991年离开国有企业的全部人员中，主动辞职调离的仅占13.8%；以当年国企人员流出率0.4%计算，辞职人员仅占国企人数的0.05%左右[①]）。第二，在国有企业内部，由于计划资源配置的失当必然存在一部分过剩劳动力，而这部分劳动力必须获得制度规定的最低工资。其他劳动力相比工作中付出的成本以及与冗员工资和体制外工资比较，一般更倾向于选择在

---

① 见《中国劳动力市场培育与工资改革（统计报告）》，北京同题国际会议文件1995年8月以及《中国统计年鉴（1995）》中有关数据。

企业内提供无效劳动（同时可能在体制外从事第二职业）。在国有企业的冗员需求无限大的背景下，其结果无疑使无效劳动力供给比重加大，有效就业与名义就业的差距拉大，致使城市中隐蔽失业变得比仅有冗员性失业时更为严重。

二 统计测算：隐蔽失业率

中国当前转型期的隐蔽失业究竟有多严重？在农村方面，已有的定量分析法有二：一是国际对比法，即在农业产值比重相当的国家或历史时期，找出一般农业劳动力比重标准，然后将中国的农业劳动力比重与此标准对照，如果有多出来的部分就可以看作农业隐蔽失业。按此方法得到的农业隐蔽失业率为10%—16%[①]。二是抽样调查估计法，即从对部分农村地区抽样调查得到的样本特征来推断整个农村的隐蔽失业率，做过这项调查的单位有国家统计局、国家计委、劳动部、农业部等权威部门。笔者在各项调查基础上推算出一个公式，以利用现行公布的国家统计数据，综合计算出农村隐蔽失业的劳动力数量和隐蔽失业率。据调查，80年代中期的农村过剩劳动力为2.5亿人，90年代中期的农村过剩劳动力减少到1.0亿—1.3亿人。据《中国统计年鉴》，1994年农村流动劳动力在城市成功找到就业岗位的有900.4万人，占当年城镇就业人数的5.35%。此外，据调查测算90年代中期我国农业非劳力资源可容纳劳动力数量为1.5亿人，按照农村生产性固定资产折合为容纳系数，为6.4，以此结合历年农村生产性固定资产，可推算历年农业资源可容就业量。这样，我们就可以得出农村隐蔽失业量的计算公式：

$$RDU = RE - TVE - PE - IE - FE - CE$$

其中，RDU = 农村隐蔽失业量；RE = 农村总就业（从业）量；

[①] 牛仁亮：《劳力：冗员失业与企业效率》，中国财经出版社1993年版，第145—150页。

TVE＝乡镇企业就业量；PE＝私营企业就业量；IE＝个体劳动就业量；FE＝流入城市工作岗位就业量；CE＝农业资源可容就业量。依据以上公式，假定农民工拥有城市工作岗位比例不变和农用资本的劳动力替代效应和互补效应变化相抵，则我们可以计算出历年的农村隐蔽失业量和隐蔽失业率（见表1）。

表1　　　　　　　　中国农村的隐蔽失业情况　　　　　单位：万人，%

项目 年份	农村 总就业	乡镇企 业就业	私营企 业就业	个体劳 动就业	流入城市 工作岗位 就业	农业资源 可容就业	农村隐蔽 失业量	农村隐蔽 失业率
1985	37065	6979	—	—	685	5072	24329	65.6
1986	37990	7937	—	—	711	5325	24017	63.2
1987	39000	8805	—	—	737	5818	23640	60.6
1988	40067	9545	—	—	763	6611	23148	57.8
1989	40939	9367	—	—	770	7207	23595	57.6
1990	42010	9265	113	1491	788	8051	22302	53.1
1991	43093	9609	116	1616	817	9581	21354	49.6
1992	43802	10625	134	1728	836	11179	19300	44.1
1993	44256	12345	187	2010	854	12482	16378	37.0
1994	44654	12017	316	2551	900	15025	13845	31.0

注：表中数据经过四舍五入处理。下同。
资料来源：根据《中国统计年鉴》1990年和1995年有关数据整理编制。

当然，从表1中计算得出的农村隐蔽失业量和失业率还有待进一步精确化，除了上述两个假定有待进一步经验证实外，国内没有统计1990年以前的农村私营企业和个体劳动就业的数据，也是一个缺憾（尽管数值不可能高从而影响不太大）。还有，农业资源对于农业劳动力的容纳力，应该不仅限于农用固定资本方面，其他方面如土地、流动性贷款等对容纳力的影响大小，也有待进一步研究证实。但无论如何，这一关于农村隐蔽失业的计算数值，总的看来可以作为实际值的非常近似的指标。

农村隐蔽失业率的下降趋势可大致划分为3个阶段，一是1985—

1989 年为低速下降阶段,年均下降 2.0%;二是 1989—1992 年为中速下降阶段,年均下降 4.5%;三是 1992—1994 年为较高速下降阶段,年均下降 6.55%。虽然如此,从绝对水平看,1994 年的农村隐蔽失业劳动力仍高达约 1.38 亿人。

在城市方面,隐蔽失业的严重程度可以直接从国际劳工组织和中国劳动部在 1995 年联合进行的一次"企业富余劳动力调查"所得数据中看出,该调查数据显示城镇各类企业的综合隐蔽失业率为 18.8%。这一数值基本上等于各权威部门对城镇就业中隐蔽失业率估算的中间值或平均值。由于城镇就业人口中,国有经济单位职工一直占有压倒性多数(1985—1994 年的比重为 66.7%—70.2%),而国有单位的富余人员比例一直高达 20%—30%,国有单位又是转型时期最为典型的受到尚存的计划体制"保护""干涉"和"牵制"的主体,因此,一般认为城镇的隐蔽失业主要是由国有企业造成的。①

由于国有经济单位就业占城镇总就业的比重变化不大(10 年来仅变化 3% 左右),而国有单位的经营体制和人员分流变化也不大,由此可以认为,城镇的隐蔽失业率近十年来基本上变化不大,为 18.8% 左右。

这样,在以上农村和城镇两组隐蔽失业率基础上,我们就能够计算出中国经济 1985—1994 年的隐蔽失业率(见表 2)。

表 2　　　　　　　中国的隐蔽失业情况　　　　单位:万人,%

项目 年份	总就业量	农村隐蔽 失业量	城市隐蔽 失业量	综合隐蔽 失业量	总隐蔽失业率
1985	49873	24329	2408	26737	53.6
1986	51282	24017	2499	26516	51.7
1987	52783	23640	2591	26231	49.7

---

① 有关数据可参考《经济日报》1995 年 9 月,《经济学动态》1995 年第 10 期,《中外信息周刊》1994 年第 21 期以及《财经科学》1995 年第 1 期。

续表

项目 年份	总就业量	农村隐蔽失业量	城市隐蔽失业量	综合隐蔽失业量	总隐蔽失业率
1988	54334	23148	2682	25830	47.5
1989	55329	23595	2705	26300	47.5
1990	56740	22302	2769	25071	44.2
1991	58360	21354	2870	24215	41.5
1992	54932	19300	2938	22238	37.4
1993	60220	16378	3001	19379	32.2
1994	61470	13845	3161	17006	27.7

资料来源：根据《中国统计年鉴（1995）》年有关数据计算。

表2说明，中国的隐蔽失业有如下特征：①总体隐蔽失业水平高，失业率处于27%—54%，直到1994年仍有约1.7亿劳动力处于隐蔽失业状态。②隐蔽失业从结构上看主要由农村过剩劳动力所构成（城市失业仅为农村失业量的1—2成）。③总体隐蔽失业率从趋势上看不断下降，除1989年以外，10年中以每年3.2%左右的速度降低，其直接原因在于农村隐蔽失业的加速度下降，而根本原因主要是农村乡镇企业发展、个体经济发展等体制外的就业制度创新，以及农村在实行家庭联产承包责任制后随着自身发展而积累资本等其他生产要素所引起的农业劳动力容纳能力的提高。④隐蔽失业构成经济资源的巨大浪费。

三 转型迟滞：有效利用劳动力的体制障碍

我们已知，无论公开失业或隐蔽失业都是一种劳动力资源的闲置，只是二者因闲置的场所不同而可觉察程度不同而已。为了消除劳动力资源闲置现象，可运用的办法从原则上看无非两个：一是减少劳动力供给的增长率，二是扩大劳动力资源的有效需求或有效使用。中国90年代上半期的人口增长率（11‰—12‰）已近似于美国、澳大利亚等西方大国的水平，所以这方面努力的潜力已很有限。

而在劳动力的有效利用方面，却还有相当大的潜力可挖。目前，还存在三方面的限制。

其一，农村生产要素的产权模糊最终导致农村隐蔽失业严重。虽然农村改革初期实行的家庭联产承包责任制，通过给予农民剩余索取权而极大地提高了农民中短期生产积极性，从而在改革头几年刺激了农业生产较大增长；但是从最近十余年的农村实践来看，农民无论是在农产品生产经营中所获收入，还是通过外出打工或乡镇企业工作所获收入，绝大部分都用于生活性消费支出和投资于第二、第三产业，而不是投入农业生产。其原因就在于农民缺乏对土地投资的动力。尽管地方乡村政府试图通过延长承包期来增大农民对土地投入的未来收益的预期，但是从根本上看，农民经营土地的产权关系是不清晰的。既然土地是集体所有的，而承包合同是现行政策下与集体组织签订的，那么这种短期性的政策怎么能与长期性的所有权形成均衡力呢？相反，农村第二、第三产业的投资回收期相对短得多，可以不太考虑政策的可能变化。而农业，非得"从长计议"不可。这样，由于农民的长期投资责任与长期财产和收益权利不对称，农民就丧失了增加农业投入的激励，而由此造成的农业发展低速度和低报酬率，又降低了农业就业的容纳力和吸引力。此外，农村个人加入劳动力市场的机会受到普遍限制，即使在流动部分中，农村劳动力除了承担流动风险损失以外，还要遭受支付各种行政附加收费的损失。在资本形成方面，农村劳动力创造的收入不时地或者变为"白条"，或者由银行汇款变为"强制性存款"，使农民丧失在资本选择方面的权利，但同时农民却必须承担通货膨胀或生活不便所致个人损失的后果。资本运用权利的部分丧失既影响农民创造有利的就业机会，还可能促使农民产生不愿积累生产性资本的逆反心理。

其二，国有企业市场化改革的滞后形成了劳动力有效利用的三重阻碍。正如前面提到的，城市就业者的七成左右在国有经济单位工作，而国有经济单位改革的目标是提高效率。低效率和隐蔽失业是国有企业中的孪生子,消除隐蔽失业与提高效率的目标是一致的。首先,若以效率为目标,企业对于大量隐蔽失业的第一个反应是降低工资总成本,使得:一方面提高企业的经济效益和竞争力,另一方面向职工发出人员过剩的信号以便于劳动力的"退出"选择。其次,若以效率为目标,企业在工资价格刚性的制度条件下所作出的反应就是调整企业人员,即通过缩小生产规模,使劳动边际生产率的水平提高到与制度工资水平一致。再次,若以效率为目标,即使如日本式的以稳定核心职工队伍和高级技术人员为特征的企业,面对工资和劳动力数量两方面的调整刚性,所作出的反应也应是注重企业劳动力的内部开发和利用。然而,大量调查证实,国有企业的上述三方面行为反应是相反的,这些非效率行为必然伴随着企业大量隐蔽失业。

其三,国家行政管理和宏观经济管理体制改革的滞后和不彻底,形成劳动力有效利用的宏观障碍。一是,伴随着分税制的中央与地方的分权,使地方各级政府事权与财权一体化,但来自上下两方面的对于权力的合理约束却没有及时跟上。于是,地方政府在设法增加财政收入或减轻财政包袱时,对外来商品和劳动力实行偏向于"堵"的政策,为本地企业和劳动力制造更大的就业空间,使得统一的劳动力市场难以形成。二是,伴随着中央集权向中央政府各部门的分权,各行政主管部门获得了经济利益上的较大独立性,并且形成了以行政管理权创造部门收益的动力机制。这些部门创造收益的主要方式是搞"部门垄断"。这种部门垄断,一方面妨碍竞争和外部生产者的进入,造成部门内部劳动力的无效或低效使用;另一方面,生产单位为了从主管部门获得基础产品和业务活动的许可,不得不向垄断部门行贿寻租,使生产单位进一步失去有效利用劳动力的能力。

四 就业不足:从隐蔽失业到公开失业的过渡

进入 90 年代以来,中国城镇就业领域出现了越来越严重的所谓

"就业不足"（Under Employment）现象，即无论是在工厂、商店、机关、学校或服务单位，总有一些劳动者每天的工作时间不足制度工作小时数，或者每周的工作天数不足制度工作天数，而这些人又希望得到足够的工作时间和工作量，并获得相应的报酬。

就业不足的概念，较早就出现于西方经济和理论文献之中，其原义是指：劳动者"所从事的工作并不需要他们的全部技能或受过的教育，或者他们虽然想全部时间都能工作却只能部分时间有工作可做。"[①] 可见，就业不足一般包括两层含义，一是劳动力具有工作能力富余，而能力富余形成的原因被认为是符合其能力的"优级部门"存在劳动力进入的行政或垄断的障碍，于是作为次优选择，劳动力只能进入需要较少技能和较低教育层次的"次级部门"，形成劳动者"有劲使不了"的格局。二是劳动力具有工作时间富余，而时间富余的产生则被认为来自劳动力对收入和闲暇的价值评估，即在既定的工作时间内，如果劳动者对闲暇的评价高于收入，则会产生"过度就业"；如果劳动者对收入的评价高于闲暇，就会出现"时间富余"，或时间富余型的"就业不足"。在正式职业上具有时间富余的劳动力，一条出路是希望能多加班加点以得到更多的加班工作收入，另一条出路是在正式工作日以外做"第二职业"或"多重兼职"。由于第二职业或兼职通常在白天的正式工作时间后进行，所以在西方又称为"月光工作"。在美国，据统计全国有5%左右的雇员从事"月光工作"；而做"月光工作"的多少主要与两个因素相关，即与劳动者的收入水平成反比，与家庭人口多少成正比[②]。

由此可见，虽然就业不足的概念所描述的现象在中国与西方国家大体相同，但是对于就业不足所产生的原因，无论是西方经济理论或西方国家经验的分析结果，都与我国的情况相去甚远。尽管我国也存在劳动力进入的"部门垄断"，但造成"学非所用"的能力

---

① ［美］尼斯伯格：《最新经营管理词典》，中译本，商务印书馆1991年版，第219页。
② Pearee, D. W., *Dictionary of Modern Economics*, Macmillan, 1981, p.188.

富余现象的主要原因恐怕还在于劳动力"出去"或"流动"的"单位垄断"和"国家垄断"。尽管我国劳动力也开始形成自己对闲暇和收入的价值评定，但对于大多数处于温饱线上下的我国劳动者来说，"时间富余"恐怕还不是对闲暇评价过低的结果（大多数人更习惯于传统体制下的"闲暇和收入都要"的思维方式），而主要是收入水平还太低而不得不多挣收入以维持温饱水平。尽管由于"第二职业"的半非法性和"财不外露"的传统而使统计调查无法进行和确切数字无法获得，但据一般观察，中国从事"第二职业"的劳动力比例很可能超过半数。可以进一步认为，中国的就业不足不同于西方国家的基本原因是经济背景的差异。中国的就业不足不是在成熟的市场经济和人民生活较为富裕基础上的"个别"和"例外"的就业事例，而是由传统体制的就业向新体制的就业转变过程中发生的普遍而大量的现象。在今天的中国，几乎每一个在国有经济部门工作的就业者，无论其在企业、机关、学校或文化单位，都以不同形式经历过或经历着就业不足，并且也以自己的方式来克服面临的就业不足。不夸张地说，只要有合适报酬的合法工作机会，人们都会设法挤出时间来加以利用。而无论是从正式职业中挤出的时间，还是在正式工作后技能和精力的利用，都是传统体制中的隐蔽失业症状的减轻；但是，无论从正式职业时间中分离出寻找和联系"第二职业"的时间，还是一些正式工作单位由于工资支付能力降低而随之缩短劳动力的正式工时，则是将隐蔽失业部分转化为公开失业。所以，就业不足是我国劳动力从隐蔽失业转向公开失业或市场化就业的过渡就业状态。

我国当前"就业不足"的存在和扩大，主要是由与隐蔽失业相关的三方面力量所决定的。一是，国有经济部门的劳动力容纳能力下降，客观上形成一种将劳动力朝就业不足方向"推"的力量。二是，城镇非国有经济部门的较大容纳能力和吸引力，成为将城镇较高质量劳动力朝就业不足方向"拉"的力量。三是，由于农村知识青年的强烈"离土"倾向和乡镇企业的劳动力吸纳能力逐渐下降，农村的隐蔽失业劳动力越来越多地设法"挤入"城镇就业队伍,成为将农村隐蔽失业转化为城镇中就业不足的一种"挤"的力量。

五 效率型就业:解决我国失业的根本出路

为了解决中国就业人口中高达27%左右的隐蔽失业率问题,我们必须加快经济体制改革进程。虽然包括就业体制在内的经济体制转型的完成需要中国经济改革措施的整体推进和配套施行,但是,就业制度和就业方式的先行改革不仅有助于解决当前十分严重的企业冗员负担和农村劳动力流动混乱的问题,而且很可能为中国的渐进式改革道路找到新的突破点,从而在政治局面大体稳定情况下推进经济的市场化和增长方式的集约化。例如,本来为解决农村过剩劳动力就业而发展起来的乡镇企业,不仅作为近年来农村隐蔽失业释放的主渠道而切实解决了大量隐蔽失业问题,而且大部分作为一种股份合作制和完全面向市场的企业丰富和发展了中国的所有制形式。但是客观地说,迄今中国就业领域中的"体制病"仍然十分严重,实行市场取向变革的就业仅占整个就业面的很小一部分。大部分的国有企业对于隐蔽失业更倾向于通过多设企业岗位、提前退休、女工延长产假、停薪留职、让下岗者领基本生活费等办法处理,同时要求政府给企业以相应的资金支持。[①] 而在农村方面,农民从国家一再得到的信息是:回到土地上去,靠种田和搞农业致富。从形式上说,我们并不反对在解决隐蔽失业问题上实行"厂内安置处理"和"务农就业"的办法,但是,形式上就业并不是目的,就业是为了生产,所以就必须解决就业中的劳动激励、劳动信息和劳动决策效率问题,必须权衡一项就业的社会成本和收益大小,必须注重就业安排在市场经济关系中的可操作性。因此为了从根本上解决中国经济中的失业问题,我们必须始终坚持市场经济的取向和效率型就

[①] 国际劳工组织和劳动部合作进行的一次调查显示,企业希望释放的富余劳动力部分仅为富余劳动力总额的1.8%(《光明日报》1995年9月25日)。

业的基本思路。

（1）明确市场角色的权利—责任对称法律关系，以建立起微观主体行为的效率取向机制。为了让全社会劳动者有效率地使用自己的劳动力，除了让劳动者了解自己的能力特长以外，更重要的是必须在法律上明确劳动者在市场经济中作为劳动力要素供给者的社会定位。劳动者至少应具有积累和经营自己的劳动力和人力资本的产权权利，以及承担劳动力积累不足和投资失败风险损失的责任。作为社会稳定和发展的维护及促进者的国家，对于劳动者应承担提供义务教育和劳动社会保障的责任，同时具有征收相应税收的权力。

（2）实行企业管理科学化和企业创新制度化，以鼓励劳动密集型企业发展。一方面，在国有企业内部开辟"准劳动力市场"，即对职工进行业务技能考核和工作实绩考核，劳动者根据定期考核结果的优劣顺序选择较高岗位和较好报酬，而企业则根据生产需要决定就业结构和规模，剩余人员领取基本生活费和接受职业培训，成为企业内部的"产业后备军"。另一方面，为使企业创新制度化，在金融、保险、税收、进出口等方面应建立起鼓励风险性投资的一整套制度和规章，让企业投资者在法律允许范围内的投资受到最完善的保护。由于中国劳动力的质量—价格比被普遍认为是较高的，因此是企业可利用的一大有利资源。相信随着创新企业（例如各式小企业和乡镇企业）的增多，劳动力会越来越多地得到有效利用。

（3）树立正确的失业保障观念，改进"再就业工程"。要清楚认识到，建立失业保障制度不是要"重建铁饭碗"，即职工在业时端"企业铁饭碗"、失业时端"国家铁饭碗"；而是因为劳动者在市场体制下成为独立的就业决策主体，劳动者在市场的双向选择中个人决策的好坏直接影响个人收入的高低，正是由于劳动者个人风险承受力量相对弱小和劳动收入往往直接影响基本生活，市场经济社会才向劳动者提供失业救济保障，以起到保护劳动者和社会的"安全"的作用。"再就业工程"是针对中国隐蔽失业和隐蔽失业公开化过程而实施的一项中国式的人力政策。改进再就业工程的工作至少有三点：一是将每年数次的"送温暖"活动与"再就业工程"结合起来，实行城市的以工代赈，以降低"再就业"的成本和扩大"送温暖"资金的经济效益；二是尽快明确职工与企业资产的产权关系，中止国家财政对国企职工的无限责任，以降低职工加入"再就业工程"的机会成本，鼓励富余职工流出企业；三是将"再就业工程"的服务和帮助的对象，由城市的寻找就业人口扩大到整个社会的寻找就业人口，给予农村就业者以同等的获得指导、信息和帮助的机会，通过"再就业工程"促进全国统一的劳动力市场的形成。

（4）进一步利用中国在世界市场生产要素流动中的优势，大规模推动劳动力与外资结合形式的就业。改革开放后，中国在劳动力输出和资本要素引进方面已取得突破性进展，实际利用外资额达到400多亿美元，劳动力的输出至1994年，已经达到每年约377万人的规模。按人均就业需资本装备4万元的通常标准计算，每年通过境内外利用外资的就业量已达约1177万人。但是，就中国在国际生产要素流动中的有利地位和中国经济中仍高达1.7亿人的庞大隐蔽失业量来说，中国在此方面的努力是远远不够的。中国人口目前占世界人口比例为22%，但中国劳动力输出仅占国际劳动力市场输出量的0.22%。再有，1993年中国人均实际利用外资额以可比的"净资金流入总额"来计算，为35美元，而同期俄罗斯、东欧、拉美等国家和地区的人均利用外资额都高于这一水平：匈牙利为542.2美元，捷克为244.3美元，波兰为48.9美元，罗马尼亚为46.3美元，俄罗斯为46.2美元，阿根廷为533.1美元，秘鲁为103美元，巴西为79.1美元，等等。[①] 为了更大规模和更有效地利用国际资本解决中国的隐蔽失业问题，我们应当建立国际劳动力需求信息系统并下

[①] 根据《中国统计年鉴（1995）》和《世界发展报告（1995）》有关数据计算。

放劳动力输出审批权;严格引进外资纪律,形成有效的引资法律环境;进一步放宽引资的经济领域,特别是国家在经济起飞期间卡脖子的短线部门,如农业的社会化生产服务系统、能源开发、交通运输设施等;还应引导外资投资于以劳动和技术密集型生产为主的第三产业。

(原载《经济研究》1996年第5期)

就业和分工的拓展与收入分配的改善[*]

我国社会主义市场经济的建设已经进入关键时期，社会经济的改革和转型过程中的各种突出矛盾主要集中在就业和收入分配问题上。就业和收入分配的状态怎样，日益成为人们关注的一个焦点。在现代经济学中一般认为，就业问题属于劳动力市场领域和经济周期中的问题，需要用劳动力信息沟通和劳动力培训等人力政策，以及相对宽松的财政货币政策来解决；而收入分配问题属于社会财富再分配领域中的问题，需要通过税收和转移支付政策来解决。至于就业和分配之间的相互关系，人们却考虑得很少。其原因，可能是新古典的功能性收入分配理论认为从不同生产要素分工贡献中所得到的报酬是客观决定而无可非议的思路，阻断了人们的分析视线。其实，报酬如何在不同的社会分工者之间划分的标准，人类至今尚未找到。所以，收入分配问题在初始层次上仍然没有从理论上得到解决（再分配政策仅仅是对初始分配中的失调加以有限补救而已）。本文尝试从效率性分工的角度来理解分配，并从分工扩展的角度来理解就业，从而为分析就业与分配之间的关系建立一个新的框架。以期可能加深对当前就业和分配难题的认识，并为最终解决这对难题提供另一种政策上的思路。

---

[*] 本文的部分思路得益于笔者于1997—1998年在伦敦大学所做的研究，在此特别感谢资助这次研究的英国国家学术院奖学金（The British Academy K. C. Wong Fellowship）。同时要感谢为本文的个别观点和结构提供了重要帮助的 David Wall 教授和张问敏教授。

一 从就业到分配：简单细分性分工与效率性分工

收入分配的中心问题产生于社会生产过程的内部，而在现代经济中，人们是通过其在社会生产过程中的位置特别是就业的位置来参与收入分配的，因此，至少从直观上说，我们可以从就业状况的考察着手寻找收入分配问题产生的渊源及其解决办法。

对于就业，通常人们在现实考虑上是指失业或下岗人员和新生劳动力从没有职业到获得职业的过程或状态。但是在理论上，就业问题的考察则不能局限于各类失业的或未就业的劳动力，而必须包括已经在岗在职的和未在岗在职的全部劳动力，这是因为，未在岗在职现象（失业）的存在很有可能是已在岗在职状态的不合理所造成的。在理论上，就业也不能像一些人理解的，是失业或下岗的劳动力得到了安置（包括领取下岗津贴等）。因此，本文使用的是理论上的概念，即就业指一般劳动力得到有报酬的使用，失业则指劳动力未得到有报酬的使用。

这里想要提出的一个假说是，各种因素对收入分配的长期作用是通过保持和发展社会分工而体现出来，并且只有通过促进社会分工，这些因素才得以存在和发挥其影响收入分配的作用。我们知道，如果人类的生产活动是完全分开和自给自足的，那么在正常情况下就无所谓分配问题，即这时每个人所得到的就是他自己所生产的产品，每个人对他人的产品不具有分配权。但是，没有分工的生产是效率极其低下的生产。所以，从人类最早的生产活动一开始就自觉不自觉地进行了分工。最初是不同性别、不同年龄、不同体形的人们之间的生产活动分工，后来是不同荣誉、不同地位、不同家族的人们之间的生产活动分工，最后扩大到在不同爱好、不同技能、不同天赋的人们之间，以及不同地区、不同国家、不同民族的人们之间的分工，等等。分工的类型也从简单劳动的分工，工种和工序的分工，发展到产品、行业、产业的分工，直接生产、管理活动、后勤活动的分工,以及企业、金融、财政、政府、世界组织的分工,等等。人类社会发展到今天,生产活动分工已经大大地扩展了,并且由此带来了生产效率的巨大进步。然而,人们却很少注意到,收入分配其实就产生于创造收入的生产活动的分工之中。

个人的就业在实质上就是取得某种分工地位,然后凭据这种分工地位来参与财富或收入的分配。就业作为参与生产活动的形式,既是分工的反映,又是分配的标志。从决定关系看,分工创造出分配并不难理解,因为在分工的条件下所进行的生产是一种合作生产,合作生产出来的产品就不是某一个成员的功劳,而是所有参与分工的社会成员或共同体成员的功劳。这样,产品就不能归于某一个人或一部分人,而必须在全体成员之间进行分配。分工越简单则分配也越简单,分工越复杂则分配也越复杂。由于发达的分工所带来的是丰富的产品或收入,因此分工发展本身已经为现代收入分配的合理施行奠定了良好的基础。由于分工就是生产活动中不同的生产要素投入于一个生产过程,或同一生产要素在不同的生产领域和生产环节上投入的划分,所以,按照投入的分工格局实现的收入分配,就是分配的合理基础。这里的分工当然是指能够带来收益的分工。不仅如此,从生产者行为最优化的原理上讲,是指能够带来最大分工收益的分工。在市场经济条件下,分工的收益来自分工创造的产品类型和数量更好地满足了市场的需求。所以,只有最好地满足市场需求,从而带来最大分工收益的分工,才能算是效率性分工。在效率性分工基础上的就业,才是有效率的就业。而这种就业,才是合理分配的依据。从这个角度来看,按生产要素分配论和按市场贡献分配论,只不过分别揭示了"效率性分工作为分配基础"的不同方面。

但是,由于人类在分配理论史上至今尚未找到(也许根本难以找到)完全客观地划分在分工合作生产出的产品中,哪一部分归于这种要素、哪一部分归于那种要素的依据(如果有此依据则人类在收入分配方面的劳资纠纷、纳税纠纷、攀比纠纷等将消失),又由于收入分配中要考虑到为了人类分工的延续和分工中的道德情感而对儿童、老人、病人、残疾人等的分配。因此，收入分配活动中总是要加入与特定社会的伦理价值观念相适应的非客观性的社会标准。尽管这些社会标准对于维持和发展一定社会的生产分工是必需的，但这些社会标准对于收入分配的决定性影响却不是直接生产性质的。所以，收入分配是由分工活动中的生产因素和社会因素所共同决定的。由于分工活动中的这些影响因素属于微观经济的信息，因不同的时间、地点、人群、文化、制度等条件而异，因此，政策上所能做的就不是为每一项分工活动确定收入分配的格局（如同传统计划体制那样），而是在合法经济活动的大框架已确定的前提下，去大力鼓励发展各种分工。通过分工发展中的人尽其才、物尽其用来解决分配问题。

目前一种较为流行的观点是，通过加大行业分工细化的力度，使就业载体即企业增多，就能扩大就业面，有助于解决失业和下岗问题。这种观点的潜在危险是值得注意的，它容易将人们引向简单细分性分工的陷阱：既然分工是从笼统到细化的过程，分工的细化又产生了对劳动力的需求，因此，为了扩大就业就可以人为地细化分工。其实，分工在任何一定的社会经济技术条件下，都有一个适度性的问题。分工的适度性取决于一个经济实体内部的分工所带来的最大收益。分工不足固然达不到最大收益，但由分工过细所引起的分工过度，同样会使收益下降。这样，只有适度的分工才能使分工收益达到最大值，因而成为效率性分工。分工的适度性，自然决定于一定社会阶段上既定的技术条件。比如在印刷业中，铸字、配字、制版、排字、校对、印刷、装订等工序从单个人全包发展到由不同个人或工厂来分别操作，是以各单项工序技术发展的程度为基础；而目前的印刷工序一体化的发展，则是以电子排版技术和自动化技术的发展为基础。所以，本文所提倡的大力鼓励发展各种分工，当然是指适度的又最能满足市场需求的效率性分工。而分工是否是有效率的判定者，是各个经济实体或共同体中掌握分工收益的变化信息的那些人。

二 从不平衡到不稳定:生产领域中的分配难题

改革开放以前,中国经济的一个突出特征是实行弱分工性生产和单调性就业模式,即社会生产领域的分工发展水平低下,分工格局的变化不大,新的效率性分工的生成极其有限;同时劳动者就业的体制、就业的方式、就业的结构、就业的流程等具有高度的单一性和类同性。在这种分工和就业模式下,分工往往是无效率的分工,就业也是无效率的就业。因此,生产力的发展极为缓慢,改革开放后,中国经济回到大力发展生产力的目标上。为了发展生产力,政策上尽管没有提出发展效率性分工和就业的任务,但注意力放在了更具前提性和基础性的三项措施上,即传统体制改革、市场体系的建立以及发展科学技术上面。无疑,这些措施已经对中国生产力水平的提高产生了巨大效果。但是,由于政策上实施效率性分工和就业战略的滞后,中国生产力的发展不但受到一定程度掣肘而未能达到最高水平,而且收入分配矛盾也因此而加剧。

与上述三项发展生产力的措施相对应,当前社会生产领域中的收入分配问题主要产生于三个方面,即改革发展不平衡、市场发展不平衡和科技发展不平衡。

一是改革发展不平衡。改革通过突破旧体制的框框而激发了人们发展经济的积极性,从而推进了生产力。但是,中国改革的不平衡性对收入分配产生了一定的负面效应。比如,改革的渐进式道路决定了改革只能是从沿海试点区域逐步向沿海其他区域和内陆、边疆区域推广。于是,最早摆脱传统体制束缚的改革先行区的生产力发展最快,工资收入的上升速度也最快。目前经济特区的人均收入水平据调查高于边疆地区的10倍以上。二是市场发展不平衡。市场一方面通过竞争促进发展和提高效率,另一方面引导包括劳动力在内的生产要素实现优化配置而使要素报酬得到提高。因而，从劳动力普遍富余和配置不佳的传统计划经济大背景中，最先有机会走出来并了解和进入市场的人，其劳动力就可以最先获得较好的利用，从而使其收入水平最先上升。由于中国地域辽阔和地形复杂，不同省份和同一省份的不同部分在交通、通信、通商、语言、文化交往等方面差异巨大，因而人们接近市场的机会就大不一样。这一点，在改革后的中国农村表现得尤为显著。根据有关数据的分析，1984—1996 年，中国农村收入分配差距的扩大基本上是由结构性因素（即工资结构的提升）所引起，而不是由收入的集中化所引起的（万广华，1998）。三是科技发展不平衡。科技在生产力提高中的重要作用是通过改善生产的效率和产品的性能来实现的。在市场化生产的条件下，科技的作用直接体现在生产活动的经济效益和社会效益上。在企业方面，为了通过改进产品性能或生产效率来提高企业的经济效益，企业越来越注重使用科技知识较为丰富的科技人员和熟练劳动力。在政府方面，为了通过提高国家科技开发和行政管理的水平来扩大政府活动的社会效益，政府也日益强调公务人员的知识化、专业化。显然，在劳动力的供给结构短期内难以作出较大调整的情况下，企业和政府对科技人才和较高知识劳动力的需求的迅猛增加就使得科技人员供不应求，也使得非熟练人员供大于求。于是，科技人员在社会生产中作用提高的同时其收入也相对上升，非熟练人员在社会生产中作用相对缩小的同时其收入也相对下降。据有关数据显示，具有大学以上文化的职工、中专文化的职工和基本没有就学的职工三者之间的收入水平比例，在 1988 年为 1.46∶1.23∶1，在 1995 年则扩大为 2.17∶1.79∶1（李实等，1998）。

按照逻辑，为了实现未来社会人们共同富裕的目标，我们可以等待改革的一步步普及和深化，等到束缚生产力尤其是落后地区生产力的旧政治体制和经济体制被改革掉的时候，全国各地的生产力都会极大地提高，由于体制的不平衡所引起的收入差异就会随之消失；我们也可以逐步建立和健全各种各样的市场体系，并且通过基础设施和基础结构的建设和全国各地市场的一体化，来提高和均等化不同阶层和地域的人们加入市场的机会，由此而使入市机会不平等所造成的收入差距缩小和消失；同样，我们还可以等到国家的财政收入和老百姓的收入因经济发展而提高后，国家、社会和个人能拿出更多的钱来投资于对劳动力的科技文化知识的教育，使所有劳动者对科学技术的掌握都能够跟上本行业发展的步伐，从而，劳动者的收入之间因科技熟练程度所形成的差距也会大大缩小。但是，从中国历史上长期的集权型政治和经济传统的影响，从改革中遇到的巨大困难，从中国建立生产要素市场所面临的重重阻力和困难，从中国庞大的人口规模和近七八成的人口生活在刚刚达到温饱线的农村，从中国财政收入占 GNP 比重和中国教育公共开支占财政收入的比重都不足世界平均水平的一半等情况来看，中国要缩小劳动者收入的差距因生产力发展而不断扩大的趋势，是相当遥远的事。然而，生产力发展的现实状况，又要求我们不得不注意劳动者之间收入差距扩大的非理性因素（比如低收入层的收入过低）的问题。这是因为，在我们把主要注意力集中于将低效率的生产增长方式转变为高效率的生产增长方式之时，我们也许忽视了现代生产力发展所必需的三个稳定条件，即工作者社会情感的稳定、工作者生活环境的稳定以及工作者工作预期基础的稳定。而没有这三个稳定条件，作为生产力主体的人的生产或工作行为就会走样变形，从而使经济的增长受到严重影响。

首先，在现代经济中，具有持续的工作效率的人必须是一个健康的人，而健康必然包括心理和情感的健康。在管理学看来，一定的同情心，是工作者心理和情感健康的标志。用经济学的语言来说，就是现代经济人之间有一定程度的效用正相关性。正如现代社会的人们看到遭受自然灾害折磨的同胞，就会给予收入等方面的援助一样，人们看到社会上出现越来越多没有生活保障的人挣扎在贫困线上，就会对社会的机制提出质疑，同时在情感上觉得不平衡和难以接受。据报道，中国目前失业人员的70.8%（1995年）无法获得劳动保障部门发放的失业保险救济金（张左伟，1998），下岗人员的30%（1998年）领不到基本生活费[①]。虽然中国政府通过扩大失业保险覆盖面和要求所有存在下岗职工的国有企业建立再就业服务中心等政策，来缓解失业和下岗人员的生活困难问题，但是由于改革和市场化的推进以及政府机构和产业结构的进一步调整，可以预料将会有更大范围的工作者卷入失业和下岗人员大军，而失业保障基金和国有企业的承受力又十分有限，因此城市中生活困难的人很可能会增加。这种情况的加重会给在业的工作者带来社会情感的不稳定。

其次，生活环境的不稳定从两个方面影响生产增长。一是在业者由于对自己和家族成员的生活保障有后顾之忧，在工作中就难以专心致志，从而影响工作的绩效；二是生活环境的不稳定构成社会风险的一个重要部分。在开放经济的条件下，生活环境不稳定性的提高会影响外资的进入或撤离，从而就会给国家或地区的经济增长带来潜在损失。

最后，工作预期的基础是否稳定也会对生产效率和经济增长产生影响。工作预期的基础指的是人们为了得到符合自己愿望或预期的工作，知道自己应当朝什么方向努力或者为将来的工作打一个什么样的基础。显然，稳定的工作预期基础意味着工作者的努力和付出将会为其带来较为稳定的工作前景和较为符合意愿的回报，尽管由于市场的不稳定性等原因工作者所实际得到的工作和回报可能高于或低于其预期水平，但是从大多数人的平均情况看，努力的方向和工作回报的方向是一致的。相反，不稳定的工作预期基础则意味着工作者的努力常常与得到的工作和回报背道而驰。工作者无法形成对未来的工作预期，对工作者的努力带有很大的盲目性和短期性。在此基础上的经济增长必然会受到极大的负面影响。与中国的收入分配差异的扩大相伴随的是改革中多重体制长期并存、经济规则调

[①] 《中国劳动》1998年第6期。

整频繁、各种工作的报酬水平波动巨大、经济的产业结构和技术结构经历巨大转变等一系列严重干扰工作预期基础稳定的现象。个人之间收入分配差距的扩大则加剧了这种工作预期基础的不稳定,因为一部分人仅仅由于出生地或工作中的权利、地位而在改革和市场化过程中占据有利位置,从而获得较高的报酬和其他收益;而另一些人则由于原有计划体制指令性分配工作或城乡强制性分割管理而在市场化和现代化过程中处于不利地位,从而获得较低的报酬和较差的工作。可以推论,如果收入分配较少受到这类扭曲分工的因素的影响,因而收入分配的差距不是如此之大,那么人们的工作预期基础将稳定得多。

三 从行政本位到市场本位:就业和分工拓展中的分配改善

如果我们能够从分工和就业的角度来认识分配问题,那么我们也就找到了解决当前分配问题的新思路。这一思路就是,通过强化实施效率性分工和就业战略,以加快发展社会生产力和实现综合经济增长,从而逐渐削减收入差距扩大的现象。

首先,效率性分工和就业战略要求,政府从扮演直接指挥经济的"老爷"职能转向服务于经济发展的"导游"职能,以强大的正外部性的公共投入推动分工的发展和就业的升级。当前,世界经济正进入知识经济的时代。由于信息的流动高速化和交换公开化,那些在过去需要十几年、几十年甚至几代人才能弥合的知识水平上的差距,现在可能只需一二年或至多几年就能弥合。借助各种媒体和计算机、网络技术,知识在不同国家之间、不同地区之间、不同行业之间、不同阶层之间的传播速度成倍地提高。因此,政府需要尊重微观主体的选择,大力开放对外的信息与人员交流,保护和支持市场竞争的发展。同时需要尽快转变政府支出方向,将预算从一般产业的投资和扶持转向主要用于信息和知识产业的研究、开发和普及。一方面，通过加大研究开发的投入加快中国适用技术的研究速度，以及加快对世界科技、教育等方面信息的利用。另一方面，通过鼓励信息产业的竞争而降低劳动者利用信息技术的成本，以创造条件加速信息的全方位流动和劳动者掌握适用技术的密度。国外的经验已经证明，信息和知识产业的产品自身具有较高的附加值，同时，对其他产业的普遍升级具有迅速而强大的带动效应。因此，信息和知识产业的发展必定会较快提高效率性分工的发展速度，同时较快缩小各类产业和职业之间在升级进度上的"时差"。当信息和知识产业与一般产业的良性互动关系形成时，市场机会和投资机会将会更多，就业机会也会相应增多。同时，由于劳动力素质的提高，工作报酬水平也会上升。其结果是，中国经济转型期间的劳动者之间的分配状况将因此而大为改善。

其次，为了实行效率性的分工和就业，政府需要推行开放性即流动性的分工和就业政策。由于改革和市场化的不平衡，各地和各部门的体制和工作者之间就产生了不相匹配的现象。有的工作者比较适应于市场性强的地方和部门，有的工作者则适应于传统性强的地方和部门。在劳动力市场尚未完全建立的情况下，各地和各部门不妨出台一些使封闭性分工和就业更多转变为开放性分工和就业的政策。让不适于而不愿意在此处工作的人没有顾虑地流动到他处，也让适宜而很想进入此处的人受到合理保护，从而使各种体制中分工和就业的冲突减少，使总体的效率和收入得到提高。

再次，政府需要有推进连接市场的分工和就业的政策取向。传统体制下分工和就业的主要弊端，是就业与市场的隔离或不连接。在市场体制下，只有市场是评价民间的一项分工或就业是否有价值的最好标准，因而市场也是收入分配的一个有效机制。在这方面的原则是，只要市场能做好的，政府就不必干预；政府需要做的，是补充市场机制可能的不足。政府的职责是维护市场供求的真实性，即防止假冒伪劣和欺行霸市等行为，而不是根据政府自己的主观好恶和价值判断去成立专门行政机构支持或者压制某一服务性的分工，因为该项城市服务的存在与规模最终是市场选择的结果。

最后，政府需要大力引导和鼓励寻找分工和就业的空当。为了寻找和补充分工和就业中的空当，我们必须克服传统计划经济中单调性就业和弱分工性生产模式的影响，而要注意分工和就业的多层次性和多方位性。要认识到中国自身在资源和市场上的比较优势，认识到正是市场需求的多层次性决定了分工和就业的多层次性。寻找市场中的分工和就业空当，并不能简单地通过找到劳动力市场上的"空位"或"欠员"来解决。无数科技人员和下岗、失业职工的分工、就业和再就业实践表明，大量的空当（如激光汉字排版系统、汉字输入系统、净菜社、编织社，等等）首先出现在消费者的需求意识中，需要潜在的就业者去寻找和捕捉，然后在提供产品或服务的填补空当中获得创新性的收入。总之，寻找和填补空当为在现有就业格局中难以找到合适职位的人提供了新的就业机会，自然能够使分配状况大为改善。

如果新的政策思路产生了效果，那么，中国既由于充分利用了现有的最为丰富的生产资源（劳动力）而将社会积累和社会生产力大步向前推进，又由于有效解决了无业和下岗人员的收入来源问题而使劳动者之间收入差距不断扩大的问题在很大程度上得到解决。当然，中国的生产领域之外也存在不容忽视的收入分配问题，但那主要是由于违法乱纪等不正之风所引起。可以预料，只要社会分工和就业问题逐步得到理顺，每一个岗位的就业都是称职的和有效率的，那么，由于不正之风所引起的收入分配问题也会迎刃而解。

参考文献

蒂利埃：《劳动政策》，中译本，商务印书馆1995年版。

李实等：《中国经济转型与收入分配变动》，《经济研究》1998年第4期。

世界银行：《1996年世界发展报告：从计划到市场》，中译本，中国财政经济出版社1996年版。

世界银行：《中国经济：治理通胀　深化改革》，中译本，中国财政经济出版社1996年版。

萨缪尔森等:《经济学》,中译本,中国发展出版社 1992 年版。

万广华:《中国农村区域间居民收入差异及其变化的实证分析》,《经济研究》1998 年第 5 期。

王诚:《中国就业转型:从隐蔽失业、就业不足到效率型就业》,《经济研究》1996 年第 5 期。

王诚:《论产权的广义性与适宜性》,《财政科学》1997 年第 3 期。

王诚:《竞争策略与风险管理》,商务印书馆 1997 年版。

亚当·斯密:《国民财富的性质和原因的研究》,中译本,商务印书馆 1972 年版。

张左伟:《再就业工程》,中国审计出版社 1998 年版。

赵人伟等:《中国居民收入差距的扩大及其原因》,《经济研究》1997 年第 9 期。

Gold, M. et. al., *The Social Dimension*: *Employment Policy in the European Community*, the Macmillan Press, 1993.

Woodward, S. L., *Socialist Unemployment*, Princeton University Press, 1995.

(原载《经济研究》1998 年第 12 期)

中国就业发展:从二元就业到现代化就业

中国作为一个发展中国家,其发展的目标就是从一个落后的二元经济国家发展成为先进的现代化国家。作为经济发展基础之一的劳动力就业状况,对于中国的经济发展进程具有特别重要的意义和影响。据一项最新的研究表明,中国的现代化程度已经从过去的世界排名末流上升到1998年世界120个国家和地区中的第66位。成绩的取得,人的因素自然是第一位的。从已经达到现代化标准的四项指标(人均拥有医生、人均寿命、人口自然增长率和成人识字率)来看[①],中国劳动力的素质从总体上进入了现代化的行列,为中国现代化的发展作出了重要贡献。这说明,那种片面地认为中国目前的劳动力"性能"极其低下的悲观论点是站不住脚的。但是,新中国进行工业化和现代化建设50年,至今离现代化国家的目标还有一段相当的距离。其原因可以归于多个方面,但集中起来也体现在就业的发展上。这就是说,劳动力的个人素质大致是好的,问题出在劳动力就业的现代转型(农业和非农就业)、就业的产业结构(一、二、三次产业)、就业及其负担人口的城乡分布(城市化水平)、就业的后备力量(大学适龄入学率)以及就业的效果(人均产值)等方面的较大落后程度上。正是这些方面的落后,拖了中国现代化进程的后腿。因此,如何从政策和体制上对中国的就业发展状况加以促进,以带动整个二元经济结构的转型,是中国现代化建设进程中面临的一个重大问题。

---

① 该项研究只提出了3项指标。但笔者根据"人口自然增长率"指标分析发现,中国在1998年的人口增长率为9.58‰,达到低于10‰的现代化标准。所以,合计应当为4项。

一 中国二元就业的现代化发展进程缓慢

发展经济学家 W. 刘易斯（1989）以其二元经济结构理论概括了所有前殖民地和半殖民地的国家或地区如何从贫穷落后的农业国转变为富裕的工业国的共同的基本历程。所谓二元经济，是指在本国落后历史传统和西方发达国家市场经济现实的共同影响下，发展中国家在原有的以农业为主体的自然经济和小商品经济的传统生产部门基础上，逐步发展起一个日益强大的以工业为主体的市场经济化的现代生产部门。按照二元经济结构理论，发展的进程就是传统农业部门不断缩小直至保持一个很小的比例，而现代工业部门不断扩大直至在国民经济中占据主导地位。

在二元经济发展模型中，农业部门和工业部门的二元就业结构的变化是与二元生产结构的变化相一致的。就是说，随着经济的发展，工业部门的产值和利润越来越大，能够雇用的社会劳动力越来越多，农业部门的劳动力因不断为工业部门的较高工资所吸引而下降，农业部门的产值比重也相对下降。[①] 后来的发展经济学家从发展中国家的发展实践中发现了两个新的特点：第一，二元就业结构的转变相对于二元生产结构的转变，有一个滞后期，滞后期一般为1—3年。第二，现代部门的扩大，对于劳动力就业而言，更为重要的不是工业部门，而是服务业部门。劳动力从农业向非农业领域的转移主要发生在农业和服务业之间（H. 钱纳里等，1995）。

由此可见，发展中国家的就业结构随着生产结构的转型，及时从二元经济状态向现代化状态的转变，是经济顺利发展的基本道路。如果从世界上发展中国家经济现代化进程的视角，选择一些与中国

---

① 当然，费景汉—拉尼斯和托达罗十分正确地补充强调了，保持农业生产不断上升和防止农业劳动力过度转移影响农业产量上升，对于向全社会提供足够的粮食和农业原料以保障二元经济结构转型，具有极其重要的意义。

具有可比性的发展中国家和地区的数据，对照中国 50 年来二元就业发展的状况，我们就可以发现中国就业发展的变化趋势。

首先，我们来看中国和其他国家和地区在发展的较早时期的 20 年中，其农业的就业比重随着农业生产的比重的下降而发生变化的情况（见表 1）。

表 1　　1960—1980 年部分国家农业生产及就业变化的比较　　单位：%

国家及地区	农业生产比重（占 GDP） 1960 年	1980 年	变化额（A）	农业就业比重（占总劳动力） 1960 年	1980 年	变化额（B）	变化额比值（B/A）
马来西亚	41.00	31.90	-9.10	63.00	50.00	-13.00	1.43
韩国	38.90	17.10	-21.80	66.00	34.00	-32.00	1.47
印度	50.80	38.80	-12.00	74.00	69.00	-5.00	0.42
土耳其	42.70	24.40	-18.30	78.00	54.00	-24.00	1.31
阿根廷	17.40	14.40	-3.00	20.00	13.00	-7.00	2.33
巴西	17.30	13.50	-3.80	52.00	30.00	-22.00	5.79
墨西哥	20.80	15.60	-5.20	55.00	36.00	-19.00	3.65
以色列	11.20	5.00	-6.20	14.00	7.00	-7.00	1.13
中国	50.5（23.4）	30.10	-20.40	83.5（65.7）	68.70	-14.60	0.72

注：除中国外的其他国家农业生产中包含矿业部分，但占比很小且对变化额（A）影响不大。中国因为"大跃进"的影响，1960 年的数字（括号内）没有代表性，因此采用 1952 年的数字作比较。
资料来源：笔者依据 H. 钱纳里等（1995）第 150—157 页和《中国统计年鉴：1999》中的数据计算得出。

从表 1 的最后一列的数字可以明显看出，在经济发展早期的 20—30 年中，二元经济中的二元就业结构的转变落后于二元生产结构的转变的国家，即变化额相比值小于 1 的，只有中国和印度。而印度的经济增长和发展状况不佳是世界共知的，在这段时期，印度的人均国内生产总值的年平均增长率只有 1.5% 左右，而其他国家的经济增长率都在 3%—6%。中国在此期间的相应经济增长率虽然不算低，为 5% 左右，但是经济增长的波动极大、质量极差，为以后的经济增长和可持续发展留下了隐患。

表1中关于农业生产比重的数字表明,新中国成立初期的生产结构中的二元特性是非常严重的,与印度一样达到50%以上的水平。20多年的工业化政策使中国的生产产出结构发生了较大的转变,农业生产比重下降了20%,这种下降幅度达到了与韩国、土耳其相当的水平。但是,中国并没有像土耳其那样,在生产结构转型的同时及时将占总劳动力80%左右的农业劳动力向其他产业转移,而是将绝大部分农业劳动力"拴紧"在土地上,使得土耳其、韩国的农业劳动力转移幅度超过中国大陆2—2.5倍。其最后结果,使得中国在1980年的二元就业结构仍然停留在与印度相等的水平(即农业就业占总就业的68.7%)上。当然,由于中国与印度一样是一个农业比重特别高的大国,转型任务就很繁重。而中国采取的"重重轻轻、重工轻农"的政策,使农业自身的正常发展受到抑制,农业也一直无力从供求两方面支持非农产业尤其是轻工业的发展。所以,农业转型本身相对于中国国情而言还是太慢,在1980年农业生产的比重依然高达30.1%。

下面,我们来看在中国经济发展的更为重要的第二阶段中,中国二元就业结构与其他国家和地区相比之下,向着现代化就业格局发展的状况。为了使数据具有可比性,我们依然用上述国家的相应数据作对比(见表2)。

表2　　1980—1995年部分国家农业生产及就业变化的比较　　单位:%

国家及地区	农业生产比重(占GDP)			农业就业比重(占总劳动力)			变化额比值
	1980年	1995年	变化额(A)	1980年	1995年	变化额(B)	(B/A)
马来西亚*	19.30	13.00	-6.30	30.40	20.00	-10.40	1.65
韩国	14.50	6.50	-8.00	34.00	12.50	21.50	2.69
印度	38.10	27.90	-10.20	69.00	67.20	-1.80	0.18
土耳其*	20.40	15.90	-4.50	45.00	44.20	-0.80	0.18
阿根廷**	6.70	6.00	-0.70	19.40	17.20	-2.20	3.14
巴西	11.00	14.40	3.40	29.30	26.10	-3.20	-0.94

续表

国家及地区	农业生产比重（占 GDP）			农业就业比重（占总劳动力）			变化额比值
	1980 年	1995 年	变化额（A）	1980 年	1995 年	变化额（B）	（B/A）
墨西哥***	8.20	5.00	-3.20	23.50	24.70	1.20	-0.38
以色列	na	na		6.30	2.90	-3.40	
中国	30.10	20.50	-9.60	68.70	52.20	-16.50	1.72

注：因数据来源和统计口径的不同，本表与表1在1980年的数值上有差异。但各表内的统计口径相同，具有可比性。印度的农业就业人数的计算公式为：农业就业 = 经济活动人口 - 10 人以上非农企业就业 - 10 人以下非农企业或个体就业（总就业的 16.8%）- 失业人数。

* 因数据所限，马来西亚和土耳其在1980年的数字皆为1985年的数字；土耳其在1995年为1994年的数字。

** 阿根廷在1980年的数字皆为1991年的数字。

*** 墨西哥在1980年的数字皆为1988年的数字。

资料来源：笔者根据《中国统计年鉴：1999》和《国际统计年鉴：1998》（中国统计出版社）以及《世界发展报告：1998/1999》和易纲等（1994）中的数据计算得出。

从表2中可以看出，中国在改革开放以后的15年中，二元就业结构的进步速度大于改革开放以前的二十几年的进步速度。变化额比值，已经从0.72提高到1.72，基本达到了前20年的中等变化水平国家和地区的相对变化速度。从农业生产比重的变化额和农业就业比重的变化额的绝对指标来看，-9.6和-16.5都居于这一阶段各国中靠前的位置。但是，由于中国改革前的就业转型的严重滞后，到了1995年，中国的农业产出结构尽管已接近发展中国家的10%—20%这一中等水平，但农业就业比重仍然高达52.2%。离美国学者英克尔斯（A. Inkeles）提出的实现现代化的农业就业比重最低标准30%，还差着一大截（差距为22.2个百分点）。当然，即使在农业生产比重上，中国的20.5%也还没有达到15%的现代化最低标准。这种情况说明，改革开放后中国的就业结构转变虽然有了进步，但是进步的速度还是太慢，还没有达到前20年发展中国家的较高水平。这种缓慢的就业转型速度，使得中国的二元经济发展进程落在90年代的大多数与中国的发展条件大致相当的发展中国家的后面。处于传统农业生产水平上的占就业人口一半以上的就业者及其负担人口，并不能从国民经济增长中得到相应的改善。这也使得中国经济难以形成主要依靠内需的持续性增长的良性机制。

二 二元就业结构转换停滞的负面效应

如果说，新中国成立初期的国际政治经济环境，不允许中国实行对外开放政策和不得不加快重工业和军事工业发展，以致实行城乡分离就业政策的话，那么，到了20世纪70年代末期，中国已经赢得了一个基本稳定的以"和平和发展"为主题的政治经济环境。在新的环境下，如何合理地理顺经济增长的机制和促进国民经济及整个社会的现代化，应当成为中国在发展问题上的中心任务。但是，如何将整个经济社会建立在一个真正合理的现代化经济结构基础上，却没有提上议事日程。经济现代化的思路，基本上停留在各个经济部门相互分隔、城乡二元经济社会彼此独立发展的层次上。就是说，现代社会区别于传统社会的一个重要特征——将社会作为一个一体化的发展共同体的思路，还没有成为当时经济发展政策的基点。①

从分工理论来看，经济效率的产生主要依赖于分工的发展。虽然分工自身的发展是从最小范围（如家庭或作坊）的劳动分工开始的，但是分工的最大效率和收益的获得却取决于分工共同体的最大规模。当然，分工共同体的实际规模的大小往往取决于时代的条件。尽管一个国家可以通过非分工发展手段（如加大劳动强度和拼资源、拼设备等）和非一体化手段（如片面发展某个部门、产业或产品）来实现在某个时期的高速度增长，但是，这种增长是难以持续的。这种增长方式一方面带有粗放的特征，会遇到资源、环境和生态上的障碍；另一方面带有计划经济的特征，会遇到市场需求上的障碍。中国当前经济增长所面临的通货紧缩和速度下滑的困难，在相当大

---

① 尽管存在消灭"城乡、工农、脑体"三大差别的提法，但也只是作为未来的"实现共产主义"的远大目标而出现的。

的程度上是与这种增长方式有关的。如同其他发展中国家的情况一样，中国的传统农业是一种典型的小生产经济。为了维持基本生存的需要和防范基本的自然和市场的风险，所有农户之间的生产结构具有高度的类同性，即农户之间大致上不存在彼此的劳动分工。所以，分工的情况主要发生在每一个农户的内部。这就是说，生产的分工共同体的规模仅仅限于一个农户的规模。对于这么小的分工共同体，各个生产者或分工参与者之间的分工程度无论多么完善，其分工效率也是很有限的。对于整个农业社会而言，每一个就业者的技能和专业知识也大致相近，没有积累起多少具有一定专用性的人力资本，所以，各个劳动者之间也就缺乏比较优势，不能通过优势互补而产生全社会的规模经济效益。

尽管中央政府试图通过人民公社的大规模生产的方式克服小农经济的低生产率缺陷，但是由于人民公社不是按照经济发展的内在逻辑产生的经济组织，人民公社的高度行政化和军事化的管理方式产生的是"算政治账不算经济账"的瞎指挥和"大呼隆"式的生产分工形式。这种生产分工，不仅没有产生充分利用更大规模生产共同体中各个成员相对优势的分工效益，而且把原有的家庭生产分工的效益也给取消了。由于各个成员的相对优势没有得到发挥，各个成员的能力也不被人民公社所承认。因而人们的劳动积极性低下，生产的增长比小家庭生产时期更低。最后导致产出不断下降，简单再生产和最低生存水平都无法维持，直至在中国大地上出现敢于冲破现存制度，而回到家庭生产分工方式的凤阳县小岗村的"包产到户"。

从"人民公社"的大生产回到"家庭承包制"的小生产，从形式上看是一种倒退，但是这在中国是一种"从弯路走回正路"式的进步。尽管家庭联产承包责任制从1978年产生，到1982年才得到中央文件（一号文件）正式确认其合法地位，但家庭承包制的合理分工和合理分配的效率机制和激励机制促使全国农村中家庭承包制的普及率在1983年达到了99.5%（郭书田，1990）。同时，农业生产增加值在1981—1984年以每年7%—12.9%的速度增长。毫无疑问，分工的理顺大大地提高了生产的效率和增长率。然而，在那以后，分工方面出现的新问题开始压倒家庭承包制所激发的效率，那就是，农业的家庭生产承包制是继续走传统小生产农业的小规模分工的道路，还是走融入工业化社会的大规模分工的道路。很明显，当时国家决策层所选择的主要是前一条道路。

  困难在相当程度上可能归于当时一种具有误导性的争论，即或者坚持否定人民公社的小规模的家庭经营体制，而坚持这一点就是坚持市场改革的道路；或者扩大农业经营的规模，而为了扩大经营规模就必须走合作化和集体化的道路。产生这种误导性争论的关键原因，还是在于忽视了经济发展的内在逻辑：劳动者或就业者根据自身的利益所作出的自由选择。只要一项分工能够给分工的参与者带来利益上的增进，这项分工就有了生命力，就会成为生产者的选择，从而蓬蓬勃勃地发展起来。而通过行政手段人为认定的某种分工形式，尽管从某个方面的理论看站得住脚，但是离开了分工效益的增长和参与者的利益认同，终究是没有生命力的。既然国家最终承认了农业生产者所选择的家庭承包制的合法性，为什么不正式承认农业生产者选择非农就业或兼业就业的合法性？为什么一谈到规模经营和规模分工，就想到必然是由政府出面来把农户合并到一起，而不是创造制度条件让农民自由选择多元化经营和规模经营的生产方式呢？由此可见，计划经济的思想观念和做法残余，是中国二元就业转型困难的根本原因。

  因此，在新中国近半个世纪的经济发展中，二元经济分隔的工业化模式造成了巨大的人力浪费。高达全国劳动力的50%—80%的农业就业者长期陷于"分工水平低→产出水平低→积累水平低（加上向工业转移积累）→报酬水平低→受教育水平低→专业化水平低→分工水平低"的"低水平分工"的陷阱之中。从农业生产增长的实际情况来看，在家庭联产承包责任制的分工效益得到释放后，中国的农业并没有得到新的分工发展的动力，农业的增长又回到缓慢增长状态。1985—1998年，农业增加值的增长率从前几年的7%—

13%下降并且长期徘徊在2%—5%的水平（仅在1990年偶尔达到了7.3%）。

中国的二元经济就业结构，由于实行的是行政命令式的"条块分割"和"城乡分割"的就业，就业中的分工水平普遍较低，就业中的创新活力和企业家精神普遍受到压抑。因此，经济中的有效就业机会本来就不多。加上农村中的人口过度增长机制的作用，最近一些年的新增劳动年龄人口每年都在1000万以上，这种劳动力市场上大幅度新增劳动力的势头看来要比预计的持续更长时间。因此，随着市场化的改革和经济主体（包括生产者和消费者）的效率意识的提高，以及中国逐渐加入全球经济一体化的发展进程，中国恐怕难以应对传统就业模式崩溃的威胁以及抓住新型就业模式所产生的机遇。其结果，中国的失业问题将会越来越严峻。据测算，在1998年，城镇劳动力的总体失业率是9.5%，城镇总失业人数达到2102万。农村隐蔽失业率大约为22.7%（1.12亿/4.93亿）[①]。

三 实现中国就业现代化的道路

中国的二元就业结构问题和失业问题严重，固然有社会历史背景、经济体制转型、人口过快增长和产业结构调整等方面的特殊原因，但是从根本上说，中国在历史上和现实中都缺乏一种有效的分工发展机制，是问题的主要原因。而有效的分工发展机制无法形成，其原因就在于中国社会中对于分工发展的各种障碍太多。为了从现在起尽快实现中国二元就业结构的转型，国家需要采取一系列促进分工和就业一体化发展的政策措施，以尽快克服分工拓展和就业机会增长上的各种障碍。

第一，中国的大部分地区和大部分人口都处于基本需求没有满足的小康水平以下，生活中的潜在需求还很大，因此，需要采取政

---

① 以上计算详见王诚《中国经济增长中的失业及其治理》，课题报告，1999年。

策措施促进旨在满足这些地区和这些人口的需求的社会分工的发展。不难看出，在向这些人口提供劳动的激励、致富的技能、生产的要素、市场的组织以及体制的创新形式方面，存在着大量的分工发展和就业发展机会。通俗地说，就是有许多事需要人来做，而且做这些事会获得明显的收益提高的效果。从一些落后地区的经济发展现实中所反映出来的情况看，许多的分工发展机会已经被具有创新眼光的劳动者或企业家发现和利用，从而促进了农村和落后地区的经济和就业的多元化。但是，在二元经济体制下形成的地区性盲目排外和地方利益保护的狭隘倾向，妨碍了城市劳动力或创业者流向农村，也从思想上和观念上妨碍农村劳动力向城市流动。为了防止这方面的情况进一步恶化，需要实行一种由人大直接监督的责任追究制度。

第二，中国人的生活中存在一些本地性的需求，是国际性的跨国公司所难以参与竞争的领域，这就给中国的经济提供了独特的分工发展机会，因此国家也要采取措施促进这方面的分工的发展。有一句话说得好："哪里存在着生活上的不方便，哪里就有就业的机会。"至于生活中的不方便在哪里以及不方便包括什么内容，只有生活在相同生活方式或相同社区的人们才能真正体会到。这一事实，就为本地性的劳动分工的发展提供了广阔的空间。从最近几年的就业发展实践来看，服务于社区生活的分工创新越来越蓬勃地发展起来。这种本地性的分工创新一方面促进了新形式的分工和就业产生，如在刚刚过去的1999年，据国家统计平均每天有4000人左右（即全年有146万人左右）从国有企业中退出而进入个体和私营企业就业，而绝大部分的个体和私营企业就业都是离国际就业竞争较远的本地性就业；另一方面，本地性的分工创新还促进了二元就业向着一体化就业的转型。即越来越多的农村流动人口在城镇的社区服务中找到了就业岗位，成为社区经济就业分工中不可缺少的部分。

第三，从现有的产业分工发展来看，许多具有高度就业容量的产业还基本处于大发展的早期，需要进一步加大发展的力度，因此，这些产业也为中国的分工发展进一步吸收富余劳动力提供了潜在空间，也需要国家在政策上给予这些产业发展上的促进。据一项依据1992—1995年的统计数字作出的测算，在国民经济的33个产业部门中，有5个部门的就业吸纳能力较强，其每十万元产值增长需要增加的就业人数为12—16人。它们按照从弱到强的排列是，电子及通信设备制造业、建筑业、货运邮电业、仪器仪表及计量器具制造业、旅客运输业。就业的吸纳能力最强的是两个部门，即商业和饮食业，它们的每十万元产值增长需要增加的就业人数分别为41.7人和30.3人（中科院国情分析研究小组，1998年）。由此可见，为了更好地吸纳城乡的富余劳动力就业，国家需要制定特殊的政策鼓励和保护商业和饮食业的发展，同时也要在产业政策和竞争政策上，促进旅客运输业、货运邮电业、建筑业等产业的更快发展。当然，中国的产业结构正处于一个大调整的时期，随着中国市场需求的进一步变化和中国加入WTO，中国各产业的就业吸纳能力可以预料会发生较大程度的变动。

第四，由于中国的政府体制基本上为适应计划经济的管理方式而设立，政府内部的分工格局比较老化，因此，政府的经济监管活动中也存在着大量的分工创新空间。这种政府经济监管部门的分工创新不仅会直接给政府部门的劳动者带来新的有效就业机会，而且更重要的是使得政府的监管工作更有效率，从而为整个社会的以市场为取向的分工创新提供更为广阔的前景，促使就业机会大量地产生出来。在这方面，一直处于中国经济改革和发展前沿的深圳市又走到了全国的前面。据报道，面对政府在市场监管中所反映出来的种种妨碍企业正常经营和分工发展的现象，深圳市政府果断地采取了一个从根本上解决问题的新的举措，有效防止了地方政府对于市场和企业进行监管的多达二十几个的行政部门出于自身利益的考虑而常常"吃拿卡要"和随意干扰市场秩序，以及执法时"各管一段"因而执法效率不高的情况。深圳市政府采取了将几个或更多的行政执法部门精简，成立一个"联合执法队"的办法。一方面，由于具有综合性的执法权力，能够迅速地处理市场中出现的各种案子和问题，避免了各个执法部门相互"扯皮"，提高了市场监管的效率。另一方面，由于部门单一化和人员精简，容易形成对行政执法者的监督。同时，由政府领导直接和严格地处理对这些执法人员的举报，以及严格挑选联合执法队的组成人员，又进一步保证了监管工作的公正性和廉洁性。根据联合执法队一年来的运行情况看，有关地区的市场发展情况得到了显著的改善，群众对这一新生事物也给予了肯定。这个事例可以证明，全国各地的政府经济监管领域的分工创新空间几乎是无穷大的。

第五，为了推进一体化的分工和就业，国家应当开始考虑分步骤地取消传统的身份管理体制，实施一项"变农民和非农民为公民"的发展战略。任何一项分工的存在与发展，首先必须满足三个基本的前提条件，即分工者的生存的可能性，分工者在分工共同体中的身份定位，分工者的权益和责任的基本对称性。国家对居民的身份管理问题，从经济学的角度来看，就是对于经济社会中的分工者的身份定位问题。在传统的体制下，所有居民划分为农业人口和非农业人口两类，是与当时经济活动中的分工定位相一致的，在二元经济分离体制中具有它的合理性。中国当前的身份管理体制不妨作如下调整。一是结合新式身份证的推广使用，更进一步完善身份证管理电子网络。在目前还需要应用户口管理的方面，尽可能考虑以身份证的功能取代户口的功能。由于身份证没有"农业"和"非农业"的区别，在促进劳动力流动就业方面已经发挥出显著的成效。二是加大城市化推进的力度，大力发展中小城镇，同时，努力提高农民的"城市性"（城市现代意识和科学生活方式），改善农民的现代市场经济参与倾向。对于主要经济活动地点是在城镇和其经济活动与城市经济的关系已很密切的人口，一律将农村户口改换为城市户口。三是结合中国日益加入经济全球化的现实和其他市场经济国家的成功经验，为了促进中国的劳动者方便地参与世界范围经济的分工和就业活动，实行一种所有中国公民可以自愿申请持有中国护照的制度。中国护照的领取条件仅限制为合法的中国公民。这一改革，将有助于中国的富余劳动力更多更好地参与国际分工以及利用在其他国家就业的机会。

参考文献

郭书田：《中国农村改革与发展十年》，农业出版社1990年版。

吴增基等：《现代社会学》，上海人民出版社1997年版。

易纲等：《台湾经验与大陆经济改革》，中国经济出版社1994年版。

中科院国情分析研究小组：《就业与发展——中国失业与就业战略》，辽宁人民出版社1998年版。

H. 钱纳里等：《工业化和经济增长的比较研究》，上海三联书店、上海人民出版社1995年版。

M. 吉利斯等：《发展经济学》，中国人民大学出版社1998年版。

W. 刘易斯：《二元经济论》，北京经济学院出版社1989年版。

Rozelle, S., "Migration, Remittances, and Agricultural Productivity in China", *The American Economic Review*, May, 1999.

Zhao, Y., "Leaving the Countryside: Rural to Urban Migration Decisions in China", *The American Economic Review*, May, 1999.

（原载《国家行政学院学报》2000年第4期）

新经济、就业机制变化与中国对策

——关于美国低失业率现象的一个理论

一 经济现实和理论现状

近年来，美国出现了高增长、优分配、低通胀、低失业的新经济现象。如果计算到2001年3月，美国经济经历了长达10年的经济持续繁荣期。在这10年中，平均经济增长率达到3%—4%；通货膨胀率在4%以下；失业率平均水平为5.5%左右，低于一般认为6%的"自然失业率"水平。在失业率方面，与以往历史不同的一个特点是，在较高的经济增长率和较低的通货膨胀率下，失业率从1992年达到这些年来的最高值以后，一直持续走低，8年来每年以0.2个—0.8个百分点不等的规模下降，直至达到2000年上半年的3.9%。与失业率下降相对应的是自1993年年初至1999年年底美国经济新创造的2200万个新就业机会，占1999年就业人数的16.7%左右。据美国人口普查局的最新报告，全美贫困率下降到20年来的最低点，四口之家年收入在17029美元（人均约4257美元）以下的贫困家庭人口占总人口的比例下降到11.8%。1993—1999年美国5个分位的家庭收入都有所提高，其中提高幅度最大的是最低20%的收入群体，提高幅度达16.3%。

显然，如果没有这些新创造的工作，美国经济的低失业率是不可能的，美国也会像许多其他西方国家一样，处于10%以上的失业率水平。新创造的工作还带来了美国经济的高增长和较贫困家庭收入的显著提高。那么，美国经济中的这些新工作或低失业率是怎么形成的呢？

按照对于市场经济的传统研究，高增长和低通胀、低失业或高增长、高就业和低通胀的新经济现象是难以解释的，如果加上"收入分配改善"的现象就更加难以解释。凯恩斯经济学认为，达到充分就业以前的经济增长可以降低失业率，但必然伴随一定程度的通货膨胀；达到充分就业（即90年代美国学者估计的6%自然失业率）以后的经济增长，已经不能降低失业率，需求扩大只会造成日益严重的通货膨胀。相反，限制通货膨胀的宏观经济政策，会缩小总需求，在充分就业点以后会造成失业率的不断上升。这就是菲利普斯曲线所描述的含义。代表新古典经济学的货币主义和理性预期理论认为，由于适应性预期和理性预期的存在，自然失业率或者在适应性短期和政策性短期与通货膨胀率有此消彼长的替换关系，或者固定不变。失业率与通货膨胀率在不良政策作用下，可能同时上升（即滞胀），但绝不会同时下降。特别是失业率，通常不会下降到自然失业率水平以下。如果出现了失业率明显低于自然失业率，那一定会伴随着迅速上升的通货膨胀。

从现行西方就业理论来看，失业率降低而形成通货膨胀率上升的压力，会产生于以下几个经济运行的环节之中。一是由于最低工资政策和效率工资等原因，工资水平一般居于市场均衡工资水平以上，企业不可能通过降低工资成本来扩大就业量。如果就业量扩大，就意味着制度性工资成本上升和由此导致的通货膨胀。二是除自然垄断企业外，所有企业的平均成本在达到一定生产规模以后必然上升。企业过大地扩大生产和就业规模，不仅不能降低非工资成本以弥补工资成本的上升，还会进一步促进总成本和物价的上升。三是在工资收入达到小康水平以后，获得较高工资的工作者往往比低工资工作者愿意提供较少的劳动，因此，在工资水平和工资成本大为提高的西方企业中，由于劳动者更多挑选工作所造成的失业率或自然失业率呈上升趋势，这样，如果政策人为压低自然失业率，只会使得通货膨胀不断扩大。四是如果就业率由于市场总需求的扩大而上升，由此可能导致失业率的下降，那么，在市场短期供给不能大幅度增加的情况下，通货膨胀率会明显上升。五是对于那些在其他产业技术升级后已经不具有比较优势的产业，其产品市场的国际化会导致市场物价水平的持续走低，但是，这种物价下降通常伴随着国内失业率的上升。这时实施刺激总需求和提高就业率的政策，就会造成国内的通货膨胀。

显然，以上这些存在于生产、市场、社会、国际经济领域中的经济因素或障碍，只会使得经济增长在没有通货膨胀率上升的条件下，失业率维持不变或上升，而不会出现失业率下降的现象。由此，笔者想到一个新思路：在没有通货膨胀率上升的背景下出现的失业率持续下降，是否意味着某种不同于现行就业理论所描述的新的就业机制的形成？

二 新就业机制假说及检验

在市场经济中，就业或失业的状况最终是由劳动力市场上的供给和需求的力量所决定的。劳动力的需求力量来自企业的运行状况。劳动力的供给力量来自工作者的行为抉择。因此，新就业机制的形成或原就业机制的改变，是出自企业和雇员这两方面。

（一）在新经济中 IT 企业运行及其劳动力市场就业的特点

在美国目前的新经济结构中，所有企业可以划分为三类：以计算机软硬件和网络信息通信技术开发和生产为主体的 IT 企业；大量应用 IT 产品和服务而能够直接受到 IT 产业的积极影响并且由此获得长足发展的 IT 相关企业；较少应用 IT 产品或与 IT 技术产品相互替代而在国内市场和资源环境中不再具有比较生产优势的传统企业。

IT 企业的出现，代表了企业生产活动中的一种新的分工。如果说在传统社会中，脑力劳动和体力劳动的分工主要体现在"劳心者治人、劳力者治于人"的公共生产和私人生产领域，工业化社会中的技术开发活动等生产性脑力劳动或者仍然依靠公共支出的支持，或者与生产企业的一般产品生产活动结合在一起，而不能独立地面对市场，那么，新经济中脑力劳动的一个前所未有的特点，是大规模地独立于政府和一般企业，而直接面对市场对其劳动成果的评价或定价，选择自己的发展方向，并且进行自主经营、自负盈亏和自我积累。因此，脑力劳动型企业的产生，是新经济的一个显著特征。其实，新的脑力劳动的独立分工，并不仅限于IT产业。现代经济中的各种商业性咨询业、经济中介机构、文化教育等行业的独立经营者都是脑力劳动独立分工的体现。然而，IT企业的特殊性在于IT分工的产生将整个社会经济拉入一个信息经济时代，并且其自身也以惊人的速度迅速发展，成为新经济中增长最快的一个行业。IT产品在推动社会经济以新的高效率向前发展的同时，又大量地吸收和集中社会投资、高层次劳动力、企业创新能力、市场购买力和社会财富。IT产业的独立性、渗透性和扩展性，使得市场经济不得不承认脑力劳动所具有的重要的分工地位。与独立的脑力劳动分工地位受到肯定相适应的新观念是知识产权的规则越来越得到社会广泛的接受和认同。

IT企业的生产和市场特点不同于一般的企业。在生产方面，IT企业由于前期开发投入的水平高，后期的产品生产边际成本（软硬件载体的成本和使用者增加引起的成本）极其低下，所以，企业一旦在市场上立足，其投入要素的生产性会持续上升，产品的边际成本和平均成本在相当长的时期中处于递减状态。因此，该企业的生产几乎处于没有成本边界约束的状态。IT企业依据信息技术的特点，为自己创造出了一种"自然垄断"状态。在市场需求方面，IT企业由于软硬件开发和信息网络建立的早期投入成本非常巨大，如果把这些成本摊入初期销售的产品，这些产品就因其价格昂贵而几乎没有市场。因此，IT企业在市场的早期开发上，是以低于平均成本的价格销售自己的产品。在IT企业发展的相当长的一个阶段上，企业在财务核算上是亏本的。这时企业实行的是亏本经营策略。但是，由于企业的边际成本的持续下降，IT产品的销售量达到一定规模以后，边际收益就会达到边际成本的水平。一旦生产规模超过了边际收益与边际成本的相交点，每件增加的产品的收益就会超过成本。所以，边际产品就可以进入盈利状态。企业的生产规模再进一步扩大以后，企业的盈利就会弥补初期的亏损。从此，企业就可以进入大规模净盈利时期。这时，企业就会实行稳步持续降低价格的扩张经营策略。除非遇到社会或政府的反垄断控诉，或者企业内部矛盾的阻碍，IT企业的这种大规模净盈利扩张时期几乎是没有尽头和边界的。

当然，由于IT企业所具有的"自然垄断"特征，IT行业中并不是每一个企业都能成功的。相反，最后成功的IT企业只能是极少数。就是说，IT产业具有极高的集中率，最后仅有少数几家最大规模的企业提供全社会的IT产品和服务。由于IT企业所具有的这种高集中率特征，IT产业发展的直接就业效应可能就不如其产出效应。IT产业的发展伴随着大量的企业并购和重组，并购后成立的新企业所包容的就业量往往来自原来的较小企业，并且，新企业的就业量往往还会小于并购前的几家企业的原有就业量之和。因此，在IT产业中经常发生的现象是，IT产品和产值迅速增长了，但从事IT行业的就业总量并没出现同步增长的现象。

表1　　　　美国IT产业对价格、增长和就业的影响　　　　单位：%

年份	IT产业增长	IT产业价格	其余价格	GDP价格	GDP增长	IT产值/GDP	IT增长对经济增长的贡献	IT企业就业/所有私企就业	IT价格对降价的直接贡献
1990	—	—	—	—	—	5.8	—	4.5	—
1991	3.59	—	—	—	3.15	5.8	6.6	4.5	—
1992	7.59	—	—	—	4.96	5.9	8.8	4.4	—
1993	7.87	-2.4	3.0	2.6	4.93	6.1	9.5	4.4	-0.15
1994	9.95	-2.6	2.7	2.4	6.56	6.3	9.2	4.4	-0.16

续表

年份	IT产业增长	IT产业价格	其余价格	GDP价格	GDP增长	IT产值/GDP	IT增长对经济增长的贡献	IT企业就业/所有私企就业	IT价格对降价的直接贡献
1995	10.68	4.9	2.8	2.3	5.25	6.6	12.8	4.5	0.32
1996	12.56	−7.0	2.6	1.9	5.45	7.1	15.3	4.5	−0.50
1997	9.78	−7.5	2.6	1.9	6.15	7.3	11.2	4.7	−0.55
1998	11.22	—	—	—	4.50	7.8	18.2	—	—
1999	9.86	—	—	—	4.00	8.2	19.2	—	—

资料来源：美国商务部：《浮现中的数字经济（Ⅱ）》（1999）和笔者的计算。

从表1可见，IT产业对于降价的直接贡献，从1993年的−0.15个百分点扩大到1997年的−0.55个百分点。如果没有IT产业的这种贡献，以GDP缩减指数表示的一般价格水平将不会出现明显的下降，即GDP价格不会从2.6%下降到1.9%，而会从2.75%发展到2.45%。当然，这里只能显示IT产业的直接贡献。如果考虑到间接导致的使用IT产品的下游产业价格的降低，那么，国民经济中非IT产业的价格从1993年的3.0%下降到1997年的2.6%，也包含了IT价格的贡献。

从表1还可以看到IT产业发展对经济增长的贡献。即从1991年的6.6%扩大到1999年的19.2%，达到近1/5的规模。尽管这一贡献值还不算很大，但在不到10年的时间里其发展速度扩大了近3倍。如果这种速度能够保持不变的话，再过10年IT产业对经济增长的贡献将会超过50%。

但是需要注意的是，表1中倒数第二列的数据所反映的仅仅是IT产业本身的就业量占私营经济总就业的比重，代表其对总就业的直接贡献。然而，IT产业的就业影响，主要反映在它的间接贡献上。

从1990—1997年美国就业比重基本维持在4.5%的水平可以看出，IT产业对于社会总就业的直接贡献，并没有随着IT产业自身的增长率的上升和它在GDP所占比重的上升而同步上升。IT产业总的就业水平相当稳定,年平均就业增长率为 2.4% 左右。不过,从 IT 产业内部的就业结构来看,表现为计算机软件和计算机服务业的就业比重明显提高,从 1990 年的 17.78% 上升到 1997 年的 29.79%。通信服务业的就业比重基本不变或略有下降,从 31.11% 改变到 29.79%。通信设备业和计算机硬件生产业的就业比重则明显下降,分别从 1990 年的 11.11% 和 40%,下降到 1997 年的 6.38% 和 34.04%。

结合上述关于 IT 产业的企业在生产成本方面和市场需求方面的特征,我们不难建立一种描述 IT 企业运行机制和行为方式的模型(见图 1、图 2)。

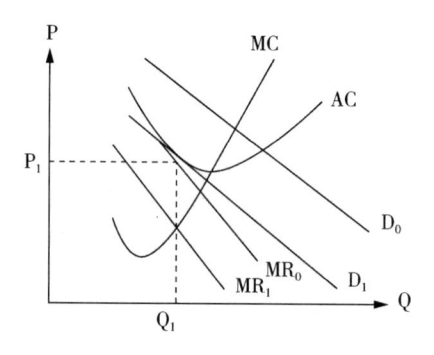

图 1 垄断竞争企业市场模型

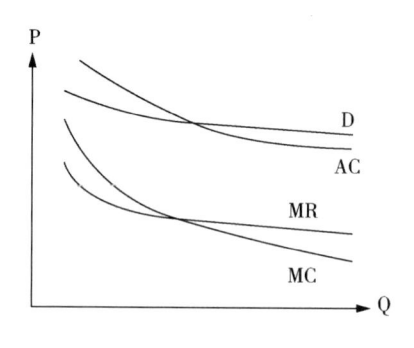

图 2 IT 企业市场模型

对比图 1 和图 2,可见 IT 企业与垄断竞争企业相比有这样一些特殊性：(1) IT 企业的需求曲线和边际收益曲线虽然也是处于下降状态，但下降的速度要比垄断竞争企业慢很多。(2) IT 企业的边际成本和平均成本曲线随着生产规模的扩大持续下降，而不像垄断竞争企业那样在达到一定生产规模后出现上升。(3) 根据利润最大化原则，垄断竞争企业将其产量确定在边际成本与边际收益的相等之点 Q_1；但是，对于 IT 企业，生产中可能获得利润是在超过边际成本与边际收益的相等之点以后才开始，因此，企业的最大产量不可能停留在该点。(4) IT 企业的平均成本的起点很高，因此，平均成本随着产量的扩大而下降的空间很大，企业可以有能力主动调低产品的市场售价以不断扩大市场规模。而一般企业的平均成本下行空间有限，销售规模扩大到一定程度后就会出现利润消失和亏本。(5) IT 企业开始盈利后，只要还存在需求价格与平均成本之间的差距，企业规模就会不断扩大，直至碰到外在的社会反垄断的约束（如关于微软的反垄断案）和内在的管理水平的约束（如王安计算机公司的破产案）。

IT 企业在其产品的市场需求特征和生产成本特征的基础上，对于劳动力或工作者的需求表现为对高学历、高质量的科技人员的需求。由于企业早期开发投入的亏本经营策略和预期的巨大利润，IT 企业对于工资成本的高低并不敏感。由于研发工作的相对稳定和生产过程的高度自动化，IT 企业对于劳动力需求的规模并不大，且不随着生产的增长而明显扩大。在 IT 企业劳动力的供给方面，由于教育结构的滞后和长时期学习的需要，IT 高科技人员的供给量相对偏少，基本上处于供不应求的状况。因此，IT 人员要求的工资水平往往较高。不过，由于高水平教育的职业敬业精神效应和高水平工资的"效率工资"效应，IT 劳动力的劳动时间和劳动努力的付出通常是充分的。这样，IT 企业所面对的劳动力市场就表现为高工资、充分就业的一般状态（见图 3）。

在图 3 中，L_d 代表 IT 企业对劳动力的需求曲线，L_s 代表 IT 人员的劳动力供给曲线。两条曲线的交点决定了 IT 人员劳动力市场的

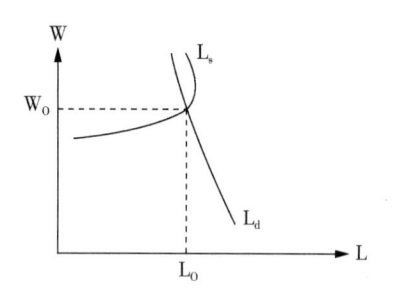

图3　IT人员劳动力市场

均衡就业量（L_o）和均衡工资水平（W_o）。由于IT人员的相对缺乏，均衡就业量几乎已经达到IT人员所可能供给的最大劳动量。由于IT人员对于工资水平比较敏感，均衡工资达到了社会工资的较高水平。不过，由于研发工作的相对稳定性和生产过程的高度自动化，IT企业对于劳动力需求的规模也并不大。

（二）IT相关产业和传统产业的运行及其就业的特点

在美国经济的分类中，IT产业和IT相关产业之间有明确的界线。IT相关产业是指大量应用IT产品和服务，并由此获得较强的比较优势的行业。运用IT技术改造本产业而获得比较优势和产业扩展，是衡量一个产业是否为IT相关产业的标准。传统产业是指国民经济中离IT产品的生产和应用比较远，在美国经济和国际经济竞争中逐渐失去生产的比较优势的产业（如采矿业、铁路运输业、大多数制造业等）。

20世纪90年代，美国IT产业、IT相关产业和传统产业在全部非农业私人经济中的平均比重为8%、40%—48%和44%—52%。由于运用信息技术的差异，IT相关产业和传统产业在生产率方面存在较大的差距。从生产率的绝对水平来看，1997年以人均净产值衡量的劳动生产率，IT相关产业为99717美元，而传统产业则为59352美元，二者相差40365美元。从生产率的增长趋势来看，IT相关产业的劳动生产率从1990年的84680美元增长到1997年的99717美元，传统产业则从54065美元增长到59352美元。IT相关产业的生产率增长速度超过传统产业几乎达到1倍。

对经济增长起决定作用的另一方面力量是市场的需求,尤其是消费需求。根据经济学原理,消费是储蓄的反面。收入减去储蓄就是消费。从60年代到90年代,美国的个人储蓄率(与GDP相比)从7%左右下降到3%左右,企业储蓄率从4%左右下降到2%左右,政府的储蓄率则从零下降到-2%左右。1980—1996年,美国的总消费占国内生产总值的比重一直处于80%—85%的高水平,比其他发达国家高出5个—15个百分点,并且有上升的趋势(刘洪,1998)。美国社会的高消费能力构成了对于国内产品和国外产品的巨大吸引力。如果国内的产品更具竞争力,这种高消费能力就推动国内生产的增长和发展;否则,就会推动其他国家生产的增长和发展。由于占美国总产出90%以上的产业可以划分为IT相关产业和传统产业,IT相关产业具有相对较高的国际竞争力,而传统产业不具有这种竞争力,因此,美国市场上的巨大需求主要推动IT相关产业及其就业的发展,以及推动其他国家有竞争力的传统性产业发展。以下分别描述出IT相关产业和传统产业的市场状况(见图4)。

A. IT相关产业市场　　　　B. 传统产业市场

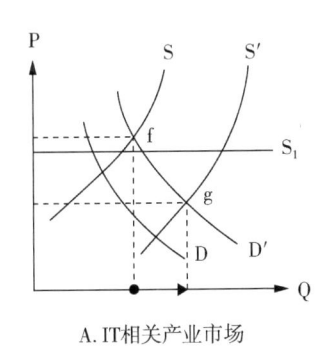

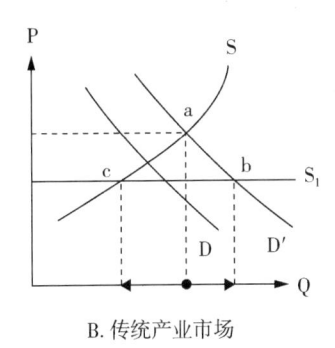

图4　两种产业的市场发展状况

图4中的两个产业所面临的市场有明显的差异。当国内需求由于低储蓄效应而在两个市场上都迅速扩大时(从D增长到D′),市场上分别出现新的均衡点f和a。在IT相关产业市场中,由于运用新兴的信息技术,产品具有较强竞争力,生产供给迅速扩张(从

S 扩大到 S′），形成新的均衡点 g。在该点上，市场上的产品价格比以前有明显下降，其原因是国内供给扩大造成的均衡交易量的增长。所以，尽管 IT 相关产业中也存在国际供给（S_1）的竞争，但是，国内供给的竞争力更强，可以抵制国际供给的冲击。在传统产业市场上，由于国内部门没有能够采用新技术提升自己的竞争力，国际产品的价格低于国内产品的价格，具有更大的竞争力。新需求的扩大没有给国内生产的发展带来机会，国内供给的水平几乎不变 S（S_1）。另外，新需求与国际供给（S_1）形成新的均衡点 b。在该点上，形成传统产业产品的均衡价格水平。这一价格在维持传统产业产品的低价位的同时，也压低了国内的供给水平（国内供给从 a 点萎缩到 c 点），使得国内传统产业不得不进行收缩性调整。由此，形成 IT 相关产业和传统产业对于劳动力需求的不同特征（见图 5）。

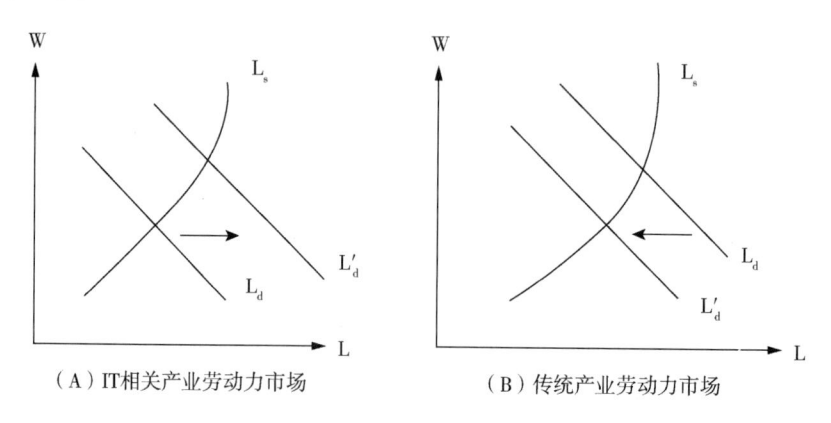

（A）IT 相关产业劳动力市场　　（B）传统产业劳动力市场

图 5　两种产业的劳动力市场状况

图 5 反映的情况是，随着 IT 相关产业的发展和传统产业的萎缩，IT 相关产业中劳动力的需求不断扩大，从 L_d 扩大到 L'_d；相反，传统产业的劳动力需求就不断缩小，从 L_d 缩小到 L'_d。从有关机构公布的数据来看，美国的就业结构在 1990—1997 年发生了明显的变化。传统产业的就业量逐步下降，而 IT 相关产业的就业量稳步上升（见表 2）。

表 2　　　　　　　　　两种产业的就业趋势　　　　　单位：千人，%

产业	1990 年	1992 年	1994 年	1996 年	1997 年	年平均增长率
IT 相关产业							
投资金融业	593.5	624.5	717.1	731.9	789	3.9
经纪人行业	424.2	440.1	515.5	553	596.8	4.2
保险代理业	663.2	656.6	683.6	708.6	724.4	1.3
保险业	1462.2	1495.6	1551.9	1517.1	1535.4	0.8
房地产业	1315.0	1290.0	1361.0	1382.0	1419.0	1.1
商业服务业	4367.4	4479.8	5322.1	6065.3	6572.1	5.8
动画制作业	407.7	400.9	441.2	524.7	548.1	4.9
医疗服务业	7814.3	8490.0	8991.9	9477.9	9719.5	3.4
法律服务业	907.7	913.5	924	927.5	947.3	0.9
建筑业	5120.0	4492.0	4986.0	5418.0	5686.0	0.8
批发贸易业	5863.2	5705.4	5876.5	6161.3	6302.6	0.9
传统产业							
采矿业	709	635	601	580	592	-2.4
制造业	19076.0	18104.0	18321.0	18495.0	18657.0	-0.3
化学用品业	1086.1	1084.1	1057.0	1033.8	1033.8	-0.5
仪器仪表业	818.3	763.3	701	685.3	691.9	-2.3
公用事业	957.1	954	928.3	883.7	865.9	-1.0
铁路运输业	278.6	254.3	240.5	230.9	226.9	-3.1
储蓄金融业	2250.5	2095.7	2065.7	2018.6	2027.0	-1.4

资料来源：美国商务部，1999 年；国际劳工局，1998 年；笔者的计算。

表 2 虽然没有包括全部的 IT 相关产业和传统产业，但其中主要的产业部门都已经包括在内。需要注意的是，第一，在 IT 相关产业中，高技术的采用本来具有提高产业的资本密集型和排斥劳动力的效应，但是，由于 IT 相关产业的规模扩大，又会产生吸收更大份额的社会劳动力的效应。从两种效应相抵后的净就业效应来看，IT 相关产业的就业是不断上升而不是下降的。第二，IT 产业的就业量不断扩大，而传统产业的就业量具有下降的趋势，这是一种就业结构的调整过程。如果在传统产业中释放出的富余人员能够逐渐在 IT 相

关产业中找到自己的工作，那么，由于就业结构调整所造成的较高失业率就会降低。从美国经济近10年的发展状况来看，就业调整最困难的时期是在20世纪90年代的头几年，特别是1991—1993年。此后，就业调整的步伐加快，失业率保持持续下降的势头。到目前为止，就业结构的调整已经基本结束，美国失业率达到30年来最低水平（见图6）。

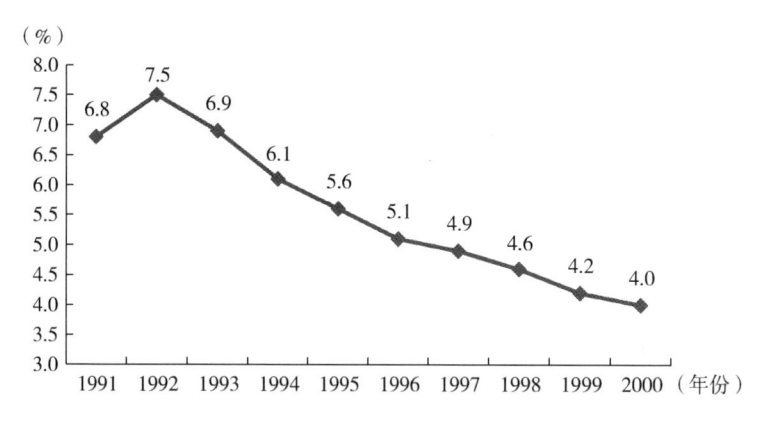

图6　就业结构调整中的美国失业率

三　美国新经济的启示及中国的应对策略

以高增长、高就业和低通胀率为特征的美国新经济首先是一种高科技的经济。有的观点认为，形成新经济的科技基础并不仅仅是信息技术，还应当包括其他的新兴科技，如生物遗传技术、以纳米技术为核心的新材料技术、新能源技术、空间技术、海洋技术、环境技术、管理科技等。笔者认为，我们虽然应该承认这些科技发展在相关领域所做出的贡献以及它们在今后发展中的巨大经济潜力，但是从迄今为止的经济发展现实来看，能够比较全面和深入影响整个经济发展进程的，恐怕只有信息科技，即包括计算机、通信、互联网等方面在内的IT产业。至少，从美国近十来年的经济变化看，能够找到的联系最为密切的科技根源，也只有信息技术。

此外，美国的新经济还是一种开放经济。可以认为，美国经济由于向全世界开放，第一，吸收了全世界的关键人才，使得美国处于一种比较合理的科技导向型的就业结构，美国并没有因为科技人才不足的"瓶颈"制约而放慢 IT 产业以及国民经济的发展；第二，吸收了全世界的大部分资本，使得美国大量的高风险的民间科技投资获得源源不断的资金支持，同时大量的资本流入也长时期抬高了美国的股市尤其是高科技板块；第三，吸收了全世界的商品流，大量的商品净流入弥补了传统产业产品的不足，压低了美国高消费可能引发的通货膨胀的势头。我们还需要意识到，即使是对于美国这样的世界头号强国，对外开放并不总是意味着只是获得好处。面对世界各国在经济发展中所形成的新的比较优势，新的竞争总是在进行。美国的传统产业在 20 世纪 90 年代的国际竞争面前也陷入产业萎缩和就业滑坡的尴尬境地。面对开放的世界市场和世界竞争，关键是需要调整本国的经济。只有积极地有意识地进行调整，并且调整成功，对外开放带来的收益才会超过成本，才会带来社会的全面发展。美国经济的高增长和高就业以及最低收入人口状况改善的同时出现，就是调整成功的一个明显标志。

面对美国出现的新经济现象，中国应当做些什么呢？一种比较极端的观点认为，美国的新经济无非是另一种形式的泡沫经济。既然泡沫经济早晚会因为破灭而化为乌有，中国无须对此做出什么反应。另一种极端的观点认为，美国新经济的繁荣是依靠剥削世界人民，尤其是发展中国家人民的劳动成果而产生的，因此作为发展中国家，中国对于新经济就需要采取坚决抵制的态度。笔者认为，极端的观点和态度有助于发泄某种情绪和揭露某种事物的消极面，但无助于自己全面、健康地发展和成长。尽管当今世界仍然是以国家和民族的利益为依归的，但是市场经济的日益全球化却是无法改变的事实。面对西方国家出现的新经济现象，我们一方面要看到其与其他国家尤其是发展中国家争人才、争资金、争财富的消极影响，另一方面也要看到其推动科技进步和生产力提高的积极影响。为此，我们的原则应当是，一方面积极参与国际经济组织的活动和国际经济规则的制定，通过积极维护发展中国家的利益来尽可能地维护中国在国际经济中的利益，避免受到较大的损害。另一方面主动地调整我们的制度结构、经济结构和资源（特别是人力资源）结构，以适应全球化市场竞争的需要，并且在此基础上尽快培养起中国的竞争力。总的来说，中国面对新经济的应对策略包括以下三个方面。

第一，利用静态比较优势，积极争取和参与国际分工，以充分利用中国现有的资源条件，维持目前中国较高的经济增长率，为中国下一步的经济升级积累财富基础。与许多其他发展中国家一样，中国现有的比较优势不在科技水平上，也不在资本积累上，甚至不在自然资源的储量上，而是在劳动力方面。中国的劳动力虽然在总体教育水平上还不够高，但在识字率上已经达到了现代化所要求的占成年人口80%以上的标准。不仅如此，中国的劳动力还有数量多、成本低、能吃苦、适应性强的特点。这样，中国的劳动力在整体上就具有在劳动密集型生产行业和建设项目上的比较优势。如果能够全面参与国际分工，中国在劳动密集型的传统产业及其产品市场份额方面，一定具有比较强的竞争优势。当然，由于依然存在关税壁垒和其他贸易保护政策，国际竞争和国际分工并不是完全的。但是即便如此，以美国为代表的西方国家仍然强烈感受到了来自中国等发展中国家在传统产业领域的竞争压力。这些压力在不久前部分表现为美国工会组织强烈抵制给予中国的永久最惠国地位，以及中国的制造业产品在欧洲遭遇不合理的反倾销抵制。在这方面，中国需要做的不是"以牙还牙"——完全抵制外国的产品；而是要推动国际分工和国际竞争，让中国的相对优势产品更多地进入世界市场，尤其是发达国家的市场。同时，中国要尽快改革国际劳务输出的体制，加快中国的工程承包和其他劳务输出的步伐，改变中国目前占世界20%左右的人口但仅占国际劳务输出的2%的严重滞后局面。如果中国在这方面取得明显进展，就可以充分发挥劳动力多的比较优势。一方面能够逐步占领西方在新经济中相对衰落的产业所退出来的市场，为中国的资源创造财富开辟更为广泛的渠道，另一方面也帮助解决了中国所面临的富余人员过多和失业率高的问题。

第二，创造动态比较优势，加大经济中的科技投入和促进具有科技超前性的产业开发，养精蓄锐，培养出未来的世界领先技术和龙头产业，以带动整个国民经济在未来实现质的飞跃。有观点认为，中国既然具有人口多的比较优势，在发展战略上就应将重点放在劳动密集型的民间中小企业和低技术的商业服务业上，等劳动力丰富的比较优势利用完了，再考虑发展技术和资本密集型的产业。这种观点，其实是落入了"静态比较优势理论"的陷阱。一个国家的发展当然要着眼于现实条件，在国际分工的背景下也需要发挥自己的优势，但是，由于技术积累、知识积累、资本积累等方面产生的效应，如果一个落后国家不进行超前性的科技开发和产业开发，就会永远落在先进国家的后面，并且可能越落越远。这就是"起飞型"经济发展理论所讲的故事。然而，日本和亚洲"四小龙"等国家和地区告诉我们另一种故事，那就是不安于自己的落后地位，积极创造出动态比较优势，最后以某些方面领先于原有发达国家的技术和先进科技产品打入发达国家的市场，使自己跻身于附加值最高的世界产业领域，实现国民收入的迅速增长和经济社会的现代化。积极创造动态比较优势的努力，至少包括三个方面。

其一，加大科技开发投入。中国经过20余年的发展，已经基本摆脱了贫穷的状况。目前中国的绝对贫困人口也仅剩下最后的3000余万人（其中处于不适于生存地区的人口约占一半）。按照世界银行高、中、低收入国家的标准，中国已经相当于或略高于中等收入国家的最低线水平。当中国的温饱问题越来越多地得到解决以后，一些地方并没有将新增加的收入用于提高科技水平，而是大量用于经济效益不大的"形象工程"和"政绩工程"。但是，中国的科技开发投入占国内生产总值的比重依然很低。据新华社的报道，中国的研发开支占GDP的比重，1997年为0.5%，1999年上升到0.83%。这种发展的势头固然可喜，但必须意识到自己的差距。因为，20世纪50—60年代的苏联和其他东欧国家的年均研发开支比重就达到0.9%。而西方发达国家的这一比重在70年代中期以前就达到2.2%。如果不加大科技开发投入，想创造出动态的比较优势是不可能的。

其二，积极推动中国的IT产业发展。从美国的经验可以看到，IT产业的发展不仅为IT产业本身带来巨大的附加值，而且更重要的是推动了国民经济中一系列相关产业的生产和就业的发展与扩大。尽管中国的IT产业起步较晚，许多的核心技术掌握在西方国家的手里，但是，中国对此还是需要采取"拿来主义"的态度，用计算机技术和通信技术改造我们的传统产业和提高社会生活效率。在就业方面，利用IT产品和服务可以降低寻找工作的成本，减少失业与空位的矛盾，缩小市场就业者之间在体制性特征上的差异，促进家庭办公化的分工发展，促使人们的教育水平和信息获得水平的接近等。因此，IT产业的发展可以大大改善中国的劳动力市场状况和促进中国劳动力的有效利用。这样，就有利于开发全民的智力，利用中国人的智力优势形成超前科技和产业。

其三，切实大力推进中国的教育发展。从较落后国家中的"后起之秀"情况来看，大幅度地提高全民的教育素质，是实现国民经济快速发展的重要前提。按照中国的文化传统和现行政策，中国也并不是不重视教育。的确，在教育上中国也取得了基础教育方面的识字率普遍提高和高等教育方面的人才流动和科技队伍形成的成就。但是，为了创造出中国的动态比较优势，中国在教育上必须转变原有的观念和方法，实行在人才培养目标（以公民为本）、教育体制（以灵活性为本）、教育内容（以新为本）、教育方式（以主动性为本）、基础教育发展资金（以中央财政为本）等方面的全面的教育创新。

第三，加快经济体制改革和政治体制改革，为了中国的科技发明、企业创新、市场完善、社会文明和国际竞争力的全面发展和提高，尽快解除制度上的"瓶颈"。无论是在过去20多年的改革和发展实践中，还是在目前轰轰烈烈开展的西部大开发中，中国人已经看到太多的社会经济发展上的制度"瓶颈"。每当经济和政治制度上取得一点进步，中国的区域性或全局性的经济和社会发展就会前进一大步。反之，即使人们在突破技术障碍、资金困难、人才不足、资源匮乏等方面取得明显进展，也往往将经济发展的机会葬送在制度或体制的缺陷上。

科技的大发展是需要适宜的制度平台的，无论是中国过去的经验还是美国当前的新经济现象都说明了这一点。可行的制度是具体的而不是笼统的、抽象的。为了保证中国的科技发展和经济建设跟上世界发展的步伐，而不至于被甩在后面太远；也为了有可能到来的中国科技和产业腾飞的那一天，中国至少需要在以下几个方面加快经济和政治体制改革的步伐。一是完成政府功能及其体制的基本定位。在市场经济中，相对于民间经济活动而言的政府，必须是包括立法、行政、司法在内的广义政府。政府体制改革必须考虑"三权"之间的关系，而不能仅仅是某一方面的改革，或者分开考虑各方面的改革。当前中国的政府体制与经济发展的要求之间常常发生冲突，政府改革的呼声很高而实际进展不大。其中的主要原因，恐怕是在政府改革中采取了"分离性改革"的思路，而没有将政企分开等涉及政府的改革与"三权"的全面改革联系在一起。所以，在政府体制改革中，必须同时对政府或国家的立法功能、执法功能和司法功能进行新的定位，并且依次重新调整政府的机构设置，这样才能纠正政府和经济发展之间经常"打架"的现象。二是完善基本的市场经济制度。市场经济体制不仅包括产品和服务贸易的市场，而且包括各类的生产要素市场。虽然建立生产要素市场比建立一般商品市场更为复杂，所面对的市场风险也可能更大，但是，如果没有生产要素市场，则市场经济是不完善的，市场经济的功能也就难以充分发挥，因而中国经济的效率也难以迅速提高。中国目前急需做的是完善资本市场、产权市场、劳动力市场和信息市场，建立民间的资金市场和技术市场，放开政府过度垄断经营的某些产品和服务市场。三是完善中国的用人制度。现代经济已经成为知识经济或信息经济，这种经济的力量首先是人才的力量。为了增加优秀人才对经济发展的贡献，培养人才是一条重要途径。但是，如果用人制度不当，培养的人才也有可能流失。反之，如果善于用人，即便一时培养人才不足，众多人才也会聚集在自己的周围。一般而言，从事科技开发和管理的人员具有自己明确的精神追求，因此需要得到尊重和理解；这些人员希望过一种稳定和像样的生活，因此要求得到基本的生活保障和较好的生活环境；这些人员往往希望发挥出自己的才能，因此要求得到顺利工作的物质条件和社会组织条件。所以，如果中国的用人制度能够在以上几个基本方面完善化，那么必将会有更多的人才来到或回到中国来做出自己的贡献。美国的新经济在这方面告诉我们的信息是，这些科学技术人员所创造的价值一定会超过他们所得到的回报。

(原载《中国人口科学》2001年第1期)

中国就业发展新论[*]

——核心就业与非核心就业理论分析

中国的改革已经进行了24年，中国经济的微观基础和总体框架在形态、运行和结构层面上发生了明显的变化，就业也在新产生的企业市场取向、政府公共财政、独立货币政策运作的基础上，向着效率型就业方向发展。然而，中国经济的主体支柱在激励机制、信息机制、决策权力和责任机制等方面却因为种种原因没有获得相应的改善和加强。因此，中国当前阶段的就业表现为与市场创新相联系的核心就业和与传统计划体制或政府失当干预体制相一致的非核心就业（虚拟就业）共同存在和发展的局面。就中国目前的情况看，就业的虚拟成分还是比重太大，这种核心和虚拟就业共同发展的局面在劳动力人口达到最高峰以前将可能长期存在。就未来的就业发展任务而言，中国需要压缩虚拟就业比重。

虽然本文将要展开的核心就业理论来源于创新理论和最近10来年兴起的将创新与经济增长联系起来分析的内生增长理论，但是，核心就业的概念以及核心就业与国民经济中总就业之间关系的分析在东西方理论文献上还没有看到。本文试图借助于西方学者关于"就业的核心"（the core of employment）的思想（Salmenpera，2002），提出核心就业理论并且尝试对中国的就业问题进行应用性分析。

---

[*] 感谢 Ford Foundation 和 Institute of International Education 提供的研究项目资助以及 Brown University 和 Louis Putterman 教授提供的学术支持和鼓励。当然，文责自负。

一 什么是核心就业和非核心就业？

一国的就业总量可以从不同的视角来观察。从就业是否具有创新功能的标准来衡量，就业总量是由核心就业和非核心就业两部分构成。所谓核心就业，是指与企业创新活动相联系（即产生、促进和扩展企业创新）的就业。非核心就业或虚拟就业是指通过与企业创新无关的其他手段所创造的就业。核心就业构成一国总体有效就业量的核心或基础，是企业的核心竞争力，能够拉动国民经济和总体就业的扩展。虚拟就业指国民经济中没有持续生命力的就业量，通常由违背经济内在规律或要求的人为力量、应急性宏观经济措施、暂时性外部经济力量或偶然性的经济因素所促成。中国由计划经济向市场经济转型的内在目标之一，就是培养和扩大核心就业在总就业中的比重，同时削减过去大量形成的虚拟就业的相对规模。虽然，任何一国的市场经济都无法完全取消虚拟就业的存在，但是完备的市场经济的一个标志应该是核心就业构成总体就业的绝大部分。

作为核心就业基础的企业创新（Innovation with Entrepreneurship），即企业家通过对企业引进新的生产技术、发现新的原材料来源、实行企业组织的调整、产出新的产品以及开辟新的市场所进行的创新活动。企业创新是以利用信息预测、勤于发现和冒险利用市场的潜在盈利机会为基本特征的。所以，企业创新活动或企业创新者具有发现潜在盈利机会、开拓新经营领域并承担风险责任、较强组织能力、较强社会参与和贡献感以及较高的人力资本收益预期5个特征。值得指出的是，中国传统的儒家文化并不推崇经商和冒风险的企业家精神。尤其是其中的第5个特征，在目前的中国受到严重的忽视和误解。一方面，中国正规舆论还不习惯于以公开的货币收入标准来衡量一个人事业的成功或个人的自我价值实现。另一方面，社会中迟迟没有建立规范的个人合法高收入流的配套制度，例如收入账户联网、交易记录、纳税档案、社会保障、私有财产保护等。与非利润追求者如政治家、科学家、工程师、学者、管理者和普通员工的价值追求和评判标准不同,企业家成功的价值实现就主要体现在企业的创新利润及个人相应的高报酬上。如果这种价值观一直没有得到社会义理和法律的支持,企业家现存的高收入总是处于暗箱操作和变相流动状态,那么企业家的真正大量产生是极其困难的。所以,企业创新及核心就业量的创造与这5个特征及其所派生的相应要求密切相关。

在现代市场经济中,产生核心就业的企业创新又具有两个特征。一方面,企业创新的功能已经越来越清晰地从其他企业活动(如投资、科研发明或企业管理)中分离和独立出来,承担企业创新功能的企业家在市场扩展中发挥着前所未有的巨大作用。但另一方面,在现代的政治、经济、文化和信息条件下,企业家越来越不可能单独利用自己的个人能力和个人权力来实行和完成企业创新,相反,企业家必须越来越多地依靠和联合本企业的各个相关利益方,特别是所有雇员,来合作实现企业创新。所以在现代,企业创新成为专业化分工和团队生产的结合物。

不过,从更广的视野看,企业创新还离不开培养和支持它持续发展的其他经济社会活动。与企业创新相关的其他宏微观经济因素包括:政府促进就业市场完善的人力政策和再就业政策,政府和民间的促进教育发展和教育更新的努力,社会鼓励和推动积极的企业家精神和创新文化的价值观,市场经济的公平竞争秩序和商标专利保护制度的形成,健全多层次的企业融资和资本市场制度,等等,都可以视为核心就业的生成因素。因此,所有这些辅助核心就业发展的宏微观方面的活动及其中的就业量,都可以视为一国经济中广义的核心就业的范畴。

在现实经济中,不仅存在着促进企业创新的经济力量,而且存在着不促进甚至干扰或者抵制企业创新的经济力量。这些非创新的经济力量,虽然无助于劳动分工和社会分工的发展,以及长期社会就业量的创造,但是在一定时期、一定范围和一定程度上,也能够产生一定数量的就业量。这些就业量，就是虚拟就业或非核心就业。非核心就业，从宏观方面看，可以分为：（1）形成于计划经济体制或市场经济中的官僚体制中的冗员型就业；（2）对于亏损企业的不合理财政补贴所造成的补贴型就业；（3）由于短期大量的赤字性财政支出所造成的赤字型就业；（4）由于战争、冷战和其他原因导致过度的军火开支所造成的军备型就业；（5）由于一国实行过度的保护贸易壁垒所造成的壁垒型就业；（6）纯粹为了形式而安排的虚假就业（如虚假的政绩公共工程），等等。从微观方面的力量来看，非核心就业可以产生于：（1）企业和银行资产泡沫性扩张所造成的泡沫型就业；（2）银行或企业中巨大的隐藏性亏空和坏账（如传统的日本银行业和最近的美国安然公司）所虚假维持的亏空型就业；（3）资源性垄断、市场性垄断、行政性垄断等造成的垄断型就业；（4）对自然、生态和社会环境造成严重污染的产品生产和服务项目所创造的污染型就业；（5）违背现行法律和法规的各类微观经济活动所造成的违法性就业，如此等等。

二 中国核心就业量的估算

对于中国经济中的核心就业量和非核心就业量的估计，需要考虑就业与企业创新的直接关系。一般而言，中国的就业划分为企业类就业、事业类就业和国家机关类就业三大类。在企业类就业中，国有和国有控股企业由于其与政府之间的产权还不够明晰，政企还没有分开，企业创新的激励机制和决策机制还没有理顺，因此，虽然国有企业中不乏少量创新明星（其原因分析见下文），但整体上与企业创新和核心就业仍然有一定的距离。在城市和农村的乡镇企业中，集体企业也由于政府体制的改革还没有到位以及企业中产权和激励关系不明确，它们与政府的联系要大于与市场的联系，在企业创新上也普遍存在着"心气不足"和"力不从心"的现象。所以，虽然个别集体企业也可能成为突破体制约束的创新明星，但总体而言，集体企业的企业创新缺乏普遍性和持续性，在核心就业方面如同国有企业一样，还不能构成总体核心就业的组成部分。

在中国，核心就业的主体是私营企业就业和个体企业就业。虽然它们无论是在城市、农村或乡镇企业中，都有融资记录不好、涉及假冒伪劣产品生产销售、内部管理不善、向官员行贿和偷税漏税等不好的名声，但是，随着中国这些年来法制的健全和监管的严格化，私营和个体企业就业非但没有萎缩，反而以最快的速度向前发展。这些企业不仅直接面对市场需求波动的冲击，而且受到来自公有制企业、大型企业以及外资企业享有的种种特殊优惠待遇造成的不公平竞争环境的压力。如果说在改革开放初期市场空白面很大和监管十分粗放的条件下，个体和私营企业发展中的创新努力成分可能并不算大，那么，在个体和私营企业面对的市场竞争已经变得非常激烈和法制环境比较严格的今天，对于守法经营的个体和私营企业来说，它们的就业量创造可以说主要是靠企业创新来实现的。

另外，在企业就业中的新型资本形式的企业，如股份合作、联营、有限责任公司、非国有及国有控股股份公司、外商投资、港澳台投资等类型的企业，虽然在某种程度上享受政府的优惠待遇，在市场竞争中具备更有利的竞争条件，但是，它们一般具有企业创新的激励机制、信息机制和决策机制。所以，这些企业创造的就业可以算为核心就业。

作为广义核心就业的对象，是国家机关和事业单位的就业。这些方面的就业，从其形成企业核心就业或狭义核心就业所必不可少的外部有利环境和条件的角度来看，是企业核心就业的促进因素。国家机关和事业单位的就业在传统上有机构臃肿、人浮于事的弊端。在目前阶段，国家机关和事业单位的就业还有因政府改革不到位而对企业中的核心就业的形成产生负面影响的作用（下文将予以分析）。但是，我们不能因为这些弊病就全部否定其在核心就业形成中的积极作用。并且，随着国家机关和事业单位的深入改革和精简机构，整个国家机关和事业单位的就业，就主要不是数量方面的问题，而是功能转换方面的问题。所以,这里将国有单位就业减去国有及国有控股企业就业之外的国家机关和事业单位的就业量,作为广义核心就业量的一个部分。

在最近几年,中国的核心就业率一直处于30%左右的水平(见表1)。

表1　　　　　　　　　中国核心就业情况

年份	城镇核心就业(万人)				农村核心就业(万人)				城镇核心就业率(%)	农村核心就业率(%)	总核心就业率(%)
	私营企业	个体企业	其他企业	国家机关和事业单位	私营企业	个体企业	私营乡镇企业	个体乡镇企业			
1998	973	2259	1675	3589	737	3855	2620	5088	41	25	30
1999	1053	2414	1785	2358	969	3827	2851	5484	36	26	29
2000	1268	2136	1935	2146	1139	2934	3253	5734	35	26	29

资料来源:根据历年《中国统计年鉴》《中国劳动统计年鉴》《中国农业年鉴》计算得出。

从总体情况看,城镇核心就业规模在1998年、1999年、2000年分别为8496万人、7610万人、7485万人,占城镇总就业人口的比例分别为41%、36%、35%。农村核心就业规模分别为12300万人、13131万人、13060万人,占农村总就业人口的比例分别为25%、26%、26%。所以,中国总的核心就业规模在2亿—2.1亿人,约占全国7亿就业人员总量的29%。不过,如果以狭义的企业核心就业标准来衡量,城镇核心就业人员就缩小到4900万—5300万的规模,占城镇总就业比重的23%—25%。这样,核心就业在城乡的相对比重是差不多的,约为25%。

值得注意的是,代表政府部门就业和教育、卫生、艺术、体育、科研等事业单位就业的"国家机关和事业单位"核心就业,规模在三年里缩小了1443万人,缩小比例达40%。究其原因,一方面是为了克服国家机关和事业单位中的机构臃肿、人浮于事而压缩了人员编制;另一方面是实行了一部分事业单位的企业化转型,这部分就业的缩小,从其性质上看与市场化改革的目标一致,不能当作核心就业的缩小。但是，从市场经济中国家机关和事业单位的服务性就业在总就业中所应该占有的比重来看，这部分就业量又太小。这种情况只能说明，国家机关和事业单位应该展开的对社会或民间各方面都需要的服务，还远远没有到位。从中国和其他国家的比较可以更明显地看到这一点。1999年，中国的国家机关和事业单位就业占总就业的比重为3%左右，按照国际可比口径的"社会和个人服务就业"来看，中国也只有7%。而同年美国的政府就业一项占总就业的比重就达到15%左右，社会和个人服务就业达到35%。其他发达国家如英、法、德、日、意，其社会和个人服务就业比重也在25%—35%的规模。与中国经济情况相似的亚洲国家，最低的也在14%左右，如印度尼西亚的14%，泰国的15%，韩国的17%。当然，如果以传统的二元经济分割的眼光来看，中国的国家机关和事业单位就业的服务对象绝大部分应该是在城市。因此，如果以城市就业规模即2.1亿人作为基数，中国的国家机关和事业单位就业及社会和个人服务就业两项的比重，就能够分别提高到11%和25%的水平。但是，中国必须和正在建设的是一个打破二元分割和实行市场一体化和社会一体化的现代化经济社会，所以，中国需要做的是提高国家机关和事业单位对于广大农村人口的服务，而不是把农村排除在服务对象之外。从这个意义上看，这部分就业发展的潜力应该是很大的。

由于经济背景和国情的不同，中国的核心就业率与外国的核心就业率难以进行直接的比较。笔者按照以上关于核心就业和非核心就业的定义进行的初步测算表明，西方发达国家的核心就业率一般在80%—90%。当然，在一些特殊的年份如泡沫经济和政府以大规模公共工程弥补严重衰退的时期，非核心就业的规模很大。如果去掉非核心就业周期波动的因素和平均化不同发达市场经济国家的因素，核心就业的水平总体上处于80%左右。

三　核心就业的利益取向和扩大就业经验

如同任何经济问题和经济概念一样，核心就业和非核心就业的划分有一个主体利益标准或利益取向的问题。我们在这里假定，核心就业是以本国国民绝大多数人的长期利益为准绳的就业。由于人们在短期和长期利益上的差别，一国内部不同地方人群在利益上的差别，以及一国外部在国际不同国民之间的更大的利益差别，"企业创新"以及核心就业和非核心就业在理论上和政策操作上可以是不同的。

例如，在泡沫经济时期，对于那些在泡沫经济性企业和行业中获得大量短期利益的人来说，如何制造泡沫成为一种所谓的"企业创新"（通过改变企业的组织形式或产品来制造泡沫而获得创新利润）。但是，对于整个国民的长期利益而言，这不过是一种虚拟经济和虚拟就业的扩大。又如，对于垄断性就业，虽然它妨碍了市场的公平竞争和核心就业的发展以及国民长期利益的提高，但国家可能为了短期的财政收入扩大、社会稳定、鼓励科技创新或者培养一定行业的科技竞争力，而允许和保护垄断性企业和就业的存在。因为这可能维护了国民的对外整体利益和短期利益，尽管它同时损害了非垄断企业和整体就业方面的长期利益。还有一种有较大争议的就业，即违法性就业。违法性就业不仅在发展中国家中广泛存在，即使在市场就业发展达数百年的西方市场经济中，具有非法性质的地下经济及地下就业依然存在。当然，这其中首先是法律的代表性问题。如果按照国内法律，一国法律只是代表某个利益集团的利益，其他大部分国民的利益将会受到损害，那么这种情况下的违法性就业的出现就可能是不可避免的。如果按照国际法，一项国际法律就可能与国内法律不一致（如国际法严格禁止毒品和禁捕野生动物，而某些国家允许生产或消费某种毒品，或者允许捕杀某种野生动物），那么有关方面的就业从国际法角度看就是违法性就业，但从国内法看属于合法的核心就业。还有，如果一项法律没有与时俱进，阻碍了绝大多数国民的利益的改善，那么与此相应的违法性就业就有其存在的合理性。尽管如此，鉴于法律的存在总是能够提高效率（即科斯定理中的界定产权能够降低交易成本的效应），同时现代法律在总体上一般能够代表国民的长远利益，并且对于违法性就业的纠正总是要耗费国家大量的资源和财富，因此，本文还是以现行法律的合法性为准绳。此外，为了实现核心就业中的整体和长期利益取向，对于因种种因素造成的不公平分配的纠正机制的建立是必要的。

核心就业虽然从理论上看，可能具有熊彼特所说的"创造性破坏"效应，但是，从大多数国家的历史经验看，从宏观总体效果看，情况远没有那么悲观。许多经验研究证明，地方核心就业发展得好，地方的总体就业状况就好。在皮安塔和维瓦雷里（Pianta and Vivarelli）的《创新对就业的影响》（2000）一书中，对意、芬、挪、德、丹5个国家的21个部门的统计数据进行了分析，结果显示，企业的创新活动对于总体就业具有扩大就业量的正效应；只是在部门的内部，创新在短时期内会引起就业量的减少。此外，OECD（经济合作和发展组织）（1996）对其成员国在最近200年的经济增长和就业的相关性进行了考察，结果发现由创新活动引起的经济高增长，是与高就业紧密联系在一起的。这些国家的统计数据表明，经济增长对于总体就业的正面影响是主要的，而其负面影响极其微小，甚至可以忽略不计。这一项经验研究，对于包括中国在内的处于工业化发展早、中期的发展中国家而言，具有特别重要的借鉴意义。赛格勒（Zagler）在其《增长与失业：理论、证据和政策》（2002）一文中对于英、法、德、意等国的情况也进行了分析。他发现英国在20世纪80年代中期，由创新引起的经济增长与失业率之间呈明显的负相关关系，即创新和增长快时失业率下降，创新和增长慢时失业率上升。在其进行的格兰杰因果关系检验（Granger Causality Test）中显示，在英国和德国，创新和经济增长的情况越好，经济中的失业率越低。

四 中国就业滑坡的根本原因

中国从20世纪90年代初期以来，就业从整体上呈现持续滑坡的态势。由于统计方面没有统一口径和权威数据,我们目前无法使用国际上普遍接受的总体失业率数据。作为一种替代,我们可以使用就业弹性和下岗职工再就业率来反映就业状况。这两个数据表明,中国的就业情况不容乐观(见表2)。

表 2　　　　　　中国的就业弹性和再就业率　　　　　　单位:%

年份	第一产业	第二产业	第三产业	经济总体	下岗职工再就业率
1991	0.28	0.11	0.40	0.15	64
1992	-0.18	0.12	0.48	0.08	62
1993	-0.51	0.23	0.79	0.09	60
1994	-0.63	0.14	1.03	0.10	58.9
1995	-0.56	0.18	1.07	0.11	58
1996	-0.39	0.29	0.79	0.14	57.6
1997	-0.03	0.19	0.29	0.12	50
1998	0.09	-0.04	0.20	0.07	47
1999	0.54	-0.15	0.21	0.13	42
2000	0.25	-0.15	0.39	0.10	35.4
2001	0.46	0.05	0.27	0.18	30.6

资料来源:根据相关年份《中国统计年鉴》《中国劳动统计年鉴》《中国统计摘要》的数据整理和计算。

表2所反映的情况说明,中国的就业弹性在最近10年来,总体上一直处于低水平,约为0.1—0.2。发达市场经济国家平均在0.3—0.4,发展较快的中上收入水平的发展中国家在0.6—0.7。从三次产业的就业弹性变化来看,情况就更不乐观。其一,本来应该出现的从大量就业不足或隐性失业存在的第一产业中把劳动力转移出来的趋势(表现为负的就业弹性),在最近几年中反而呈现出相反的势头。即本应是劳动力移出和产量增长,近几年反而变成劳动力增长和产量增长同步进行而劳动力增长速度更快的趋势。其二,本来需要作为就业主渠道加以大力发展的第三产业,最近几年的就业弹性反而呈现出有所下降的趋势。其三,主要反映中国制造业和建筑业

发展状况的第二产业,在近几年就业弹性基本处于负值。即随着第二产业增速的加快,对于企业的劳动力吸纳能力却在持续下降。

另一个反映就业整体状况的指标是下岗职工再就业率,从10年前的60%以上直线下降到2001年的30%左右。据报道,2002年第一季度,全国国企新增下岗人员489.9万人,再就业仅22万人。再就业率急剧下降为4.3%。如果国企下岗职工的再就业流向更多的是非国企的各类企业,那么再就业率更为明显地反映了中国企业在总体上吸纳劳动力的能力在下降。如果考虑到最近一些年,下岗职工的市场化就业观念有了明显增强,下岗培训工作在各地方得到大力开展,以及社区就业等新型就业的普及等因素,那么,最近几年的再就业率的持续和大幅下降,就更表明了中国企业在整体上的劳动力需求能力的降低。

从表面的原因看,就业或下岗失业的困难来自国有企业改革力度的加大和政府部门、事业单位的机构精简改革的深化,以及农村大量剩余劳动力的释放速度加快,但是我们认为,造成中国当前就业困难的根本原因,恰恰是这些方面的改革没有真正深化。

五 与核心就业发展有关的几个认识问题

中国核心就业发展的缓慢和滞后,与一些流行的在理论和政策上的突出认识有密切关系。

问题一,认为只要是创新就能够增加核心就业。当前,创新的概念被概括为科技创新、制度创新和理论创新。创新从"新的东西创造出来"意义上看,可能有益,可能有害,也可能既无益亦无害。所以,关键问题是"创新"价值的判断标准是什么。企业创新是唯一在经济学上定义较为完备的概念,为我们判断其他创新的价值提供了一个重要参照系。在市场经济条件下,企业创新是"科技创新"的动力和实现条件。企业创新通过将科技发明引入企业并且创造新的利润而为科技创新提供激励机制,同时形成科技成果转化为现实生产力的一个必经的桥梁。企业创新，还是相关"制度创新"的引路标和试金石。企业创新包括企业组织形式的调整，因而包括企业制度创新的内容，但是，企业创新的内容要广泛得多，凡是为了开发市场的潜在盈利机会而对企业的生产、运营、营销、组织、管理等方面进行调整的活动都属于企业创新的范畴。制度创新的实质就是为了从体制上和制度上最大限度地解放和发展生产力，而在市场经济条件下，直接推动生产力发展的只有企业。企业不创新，生产力就难以发展。市场经济中的制度创新目标是通过企业创新来实现的。科技创新，是企业创新和理论创新所必须通过的检验标准。企业创新理论包括自然科学理论和哲学社会科学理论，理论的发展和理论的创新是否成功，也需要实践来检验。从市场经济中的基本社会实践活动的组织实体看，可分为家庭、社区、企业、非营利机构和政府等。显而易见，企业的实践活动集中体现了大部分的自然科学理论成果和哲学社会科学理论成果。尤其是当代经济社会中的现代化企业，其中的佼佼者完全是现代各种知识和理论的结晶。能够推动企业创新的理论创新，对于核心就业的创造一定会有基础性的贡献。

问题二，认为与企业创新相关的核心就业的扩大，会破坏整个经济的就业量。熊彼特在 20 世纪前半期认为，创新企业在扩大自己的生产和就业量的同时，以优胜劣汰的方式促使其他企业破产和其他工作者失业。这种观点现在已经基本不能成立，一是熊彼特时代的创新周期比较长，一代新产品的出现往往可以维持在市场上的优势地位达 20—40 年（熊彼特总结的三类周期中的 4 年型基钦周期由存货调整引起，10 年型优格拉周期由投资调整引起，40—50 年型康德拉捷耶夫周期才是由普遍的创新活动引起），由此造成的其他企业的衰退和失业的扩大可能是持续性的。而在 21 世纪初期的今天，创新活动的频率已经不能用几十年或十几年的尺度来衡量，一代新产品的优势的维持只能是在一两年，甚至几个月的时间范围内。相互竞争的企业力求不断推出具有自己特色和相对优势的产品和服务。

由此，即使今天的创新仍然有一定程度的"破坏性"，但造成的失业影响在时间和幅度上与过去相比已经大大地缩小了。二是企业破产的处理方式已经不同于过去的"关门走人"，而是大量采用纵向和横向并购和破产保护的方式，被兼并的企业的员工有许多仍然可以留在自己的岗位上或等待被短期召回。所以，跟过去相比，因兼并而引起的失业也要少许多。三是随着创新方式的转变，企业创新越来越带有团队创新的性质。企业不是简单地根据景气下降的状况裁减员工，而是以新的团队创新来克服技术和市场难关。由此，当前的失业并不会因为创新活动的存在和增多而大幅度增加，相反，创新起了熨平就业波动的作用。四是熊彼特低估了创新对新的就业机会创造和对整个就业量的拉动作用。创新活动不仅为本企业带来了更多的就业机会，而且以其启发、模仿手段的更新和信息传播等功能为整个经济社会带来了更多的市场开发和就业开发的机会。

问题三，认为实行全社会的一体化就业和一体化社会保障体系，会损害中国的就业增长和中国的国际竞争力。就业增长的原动力是核心就业的扩张，依赖于企业的创新活动。一国的国际竞争力的基础，也是具有相对优势的企业创新和科技创新。中国长期实行的二元经济政策虽然有助于国家推动的初始资本积累和工业化，但是进一步的工业化和现代化需要的是有一定文化和技术素质的劳动力。让全社会大部分劳动力处于一种无知和贫困状态的经济增长和国际竞争力是不可能持续的。不保证基本生存人权的低成本竞争力，就像最近多次发生的矿难那样，只会让人们失去对经济增长的信心和损害整个社会的凝聚力，进而损害经济增长和国际竞争力的提高。

问题四，认为面对中国当前严重的失业问题，要以就业总量是否扩大作为考核经济增长的首要标准。经济学的基本知识告诉我们，经济增长除了来自劳动力要素以外，还有资本投入、人力资本积累、技术进步、资源条件和制度条件等要素。对于不同要素比例的经济增长方式，分别称之为劳动密集型、资本密集型、技术密集型、知识密集型、资源密集型、人才密集型等。如果以就业量的扩大作为考核经济增长的唯一指标，那么，最优的增长方式自然就是劳动密集型的经济增长，但是，中国的经济增长并不能完全建立在劳动密集型产业的基础之上。毕竟，中国经济改革开放的目的，就是要提高经济增长的效率和创新能力。中国就业问题的关键是企业创新没有搞好，就业增长和产业升级是可以一致的。研究者和决策者的眼光不能仅仅盯在就业总量上，而是要放在如何解放和培养企业创新的积极性和能力上。

参考文献

蔡昉等：《2002 年：中国人口与劳动问题报告》，社会科学文献出版社 2002 年版。

王诚：《中国就业转型：从隐蔽失业、就业不足到效率型就业》，《经济研究》1996 年第 5 期。

王诚：《分工发展：实体经济、虚拟经济与现代经济》，《上海财税》2000 年第 11 期。

袁志刚等：《中国就业报告》，经济科学出版社 2002 年版。

OECD, *The OECD Jobs Study: Technology, Productivity and Job Creation*, Analytical Report, Paris, 1996.

OECD, "New Enterprise Work Practices and Their Labor Market Implications", *OECD Employment Outlook*, Paris, 1999.

Pianta, M. and M. Vivarelli, *The Employment Impact of Innovation: Evidence and Policy*, London: Routledge, 2000.

Salmenpera, Matti, "Innovations—The Core of Employment and Quality Work", *Ministry of Labor*, Finland (www.ist99.fi/programme), May, 2002.

Schumpeter, J. A., *The Theory of Economic Development*, Harvard University Press, 1934.

Zagler, Martin, "Growth and Unemployment: Theory, Evidence and Policy", Dept. of Econ, Working Paper, Vienna University of Economics and Business Administration, January, 2002.

（原载《经济研究》2002 年第 12 期，收入本书有删减）

中国的就业形势与新就业政策

一 当前的就业形势和需要解决的特殊困难

中国的改革开放，意味着中国的经济发展进入一个新的轨道。如果说中国的商品或产品市场的发展已经较快地适应新的市场化的发展模式，那么，包括劳动力、资本、技术和管理在内的各种生产要素市场的发展，在整体上，仍然处于艰难地适应新的发展轨道的转型时期。在这个复杂的背景下，中国的就业体制和就业机制也是处于变革的困难然而却是关键的时期。一方面，在改革开放程度上中国的就业取得了前所未有的进步，基本上摆脱了过去的城乡就业完全分割、城市就业统包统配、乡村就业自然经济状态的局面，出现了发展中国家进入工业化时期所共同具有的农村劳动力向城市流动、不发达地区劳动力向发达地区流动、劳动力要素的使用效率日益提高、各个类型的劳动力收入水平在各个层次上逐步趋于全国统一的新局面。另一方面，中国的就业受制于各种因素而尚未能够顺利转轨，出现了一般发展中国家在工业化时期不常见的高水平失业和就业不足并存的现象。

中国就业滞后于整个国民经济的市场化和现代化而具有的未转型状态，主要表现在以下几个方面。一是，尽管以国内生产总值衡量的经济现代化程度很高，2001年的第二、第三产业比重已经达到51.1%和33.6%，二者之和为84.7%，但是，以农村就业比重居高不下为特征的国民经济二元经济结构仍然突出。该年的农村就业比重仍然高达 67.2%，城镇就业仅有 32.8%，如果减去农村中的非农业就业人口，完全从事农业的就业比重仍然高达 44.1%。因此，随着农业对外竞争程度的提高和效益农业压力的加大，农村中的就业不足现象将可能更为严重。二是，美、加、英、法等发达国家的第三产业就业比重和产值比重基本上都是相当的，即近年都在 72%—74% 的水平；中国相比这些国家来说，应该是劳动力的生产效率不会高于它们，第三产业的劳动密集程度更大，即意味着，中国在第三产业的就业比应该大于其产值比，就像其他许多发展中国家那样（如韩国为 61：51、马来西亚为 50：41、菲律宾为 45：45、巴西为 56：50，等等）。但是奇怪的是，中国第三产业的产值比是 33.6%，就业比只有 27.7%，反而小 5.9 个百分点。[1] 这说明，中国的第三产业的就业机制存在问题，很可能是具有计划经济特征的行政进入壁垒等旧的经济形态所造成。例如，作为反证，在较大程度上摆脱旧经济形态的"浙江就业模式"中，近两年来第三产业对 GDP 增长的实际贡献率为 57.5%，而第三产业吸纳劳动力所占比例达到近 70%。[2] 三是，中国经济的市场化改革，意味着非公有制的民营经济将成为国民经济的生产主体和就业主体。到 2001 年，虽然城镇民营经济的发展已经达到和超过了半壁江山，民营经济（非国有和国有控股，非集体）的工业总产值比重达到 55%，就业比重达到 62.7%，但是，由于民营企业在现实发展中的困难所造成的民营经济发展不足，尤其是在改革滞后和鼓励民营经济发展措施不到位的欠发达地区的民营经济发展不足，民营企业或民间自主就业迄今为止并没有成为支撑中国就业格局的有力主体，民间由企业创新所导致的核心就业量严重不足。[3] 在国家采取各种措施扩大非核心就业量的情况下，中国目前的城镇实际失业率仍然在 7%（党的十六大新闻发布会公布

---

[1] 以上各项数据见相关年份《中国统计年鉴》和《国际统计年鉴》。
[2] 见《光明日报》2002 年 9 月 16 日。
[3] 核心就业和非核心就业概念见王诚《中国就业发展新论——核心就业和非核心就业理论分析》，《经济研究》2002 年第 12 期。

的数据）或在其以上（有关方面研究的数据估计）。

所以，在中国宏观经济的就业方面所面临的关键性困难，就是如何实现就业体制和机制的市场化和现代化转型。

二 新就业政策的内容和特点

在2002年11月召开的党的十六大及其前后的一段时间里，中国政府出台了一系列有关就业问题的新政策。这些新政策不同于以往的"再就业工程"政策，也不同于市场经济国家一般的就业促进政策，具有面对中国就业特殊困难的针对性。

在改善劳动力市场的需求方面，新政策的内容有这样一些。一是，鼓励民间创业和通过创业积累自己的财产，不以财产的有无和多寡作为划分政治立场的依据，为中国社会实现从"劳动致富"（服从政府的号召和分配，向农村集体、工厂和其他单位提供劳动而致富）向"创业致富"（响应市场的信号，向国际国内市场寻找开创盈利事业、企业或其他机构而致富的机会）的转变，从而为未来创造出大量的就业机会打开了政治大门。按照传统马克思主义的理论，社会主义是在资本主义高度发达的基础上产生的，取消了商品生产。在社会主义社会里，无产阶级是最先进的社会力量，一切生产资料或财产归全民所有。那些在社会主义的过渡时期仍然拥有部分财产的人，就属于落后的阶级或阶层。中国现实的社会主义证明，商品生产和市场经济不仅无法取消，还是生产力发展和社会主义成功的必由之路。但是，在人们的观念中，仍然束缚于传统的社会主义思想，无产阶级和有产阶级二者之间的"财产"的有无和多寡之分，仍然是区分"先进"与"落后"的分水岭。在改革实践中，也出现了党员干部带领职工群众创造社会财富和个人财富，取得合法收入，反而自己成为"落后反动"的资产阶级或有产阶级的一员，成了革命的对象的十分矛盾的现象。这种矛盾必然限制人们创业和提供就业机会的积极性。面对这种理论上的矛盾和障碍，党的十六大报告指出,"不能简单地把有没有财产、有多少财产当作判断人们政治上先进和落后的标准",从而有利于"营造鼓励人们干事业、支持人们干成事业的社会氛围"。

二是,认定按生产要素的贡献进行收入分配的合法性,否定劳动作为收入分配依据的"一元论",为人们积极参与商品生产和社会分工,通过分工促进就业规模的扩大,提供了分配上的产权界定和收入激励。按照分工效率原理和市场交换效率原理,市场经济必然是不同生产要素所有者之间的合作贡献过程,如果只是认定劳动要素的分配合理性而否定其他生产要素的分配合理性,其结果就会是其他生产要素供给的萎缩和分工的恶化,社会生产就最终会陷入混乱和停滞。只有在假定没有商品生产的基础上,其他要素为全社会共有,劳动才可能成为分配消费品或其他财富的唯一依据,而这样的假定显然是不现实的。此外,在市场经济发展的早期阶段,必然存在大量的中小型企业,业主的收入往往是资本、劳动、管理、房地产等要素产生收入的混合体,如果仅仅承认其劳动收入而否定其他收入,必定会损害中小企业的正当权利,使中小企业能够发挥的创造就业机会功能大大萎缩。因此,党的十六大报告明确指出,"一切合法的劳动收入和非劳动收入,都应该得到保护。"党和国家"确立劳动、资本、技术和管理等生产要素按贡献参与分配的原则,完善按劳分配为主体、多种分配方式并存的分配制度"。

三是,在企业的所有制形式上,确定非公有的民营经济的重要社会地位,否定对于非公有制经济的歧视政策对待,为中国的民营经济成长为支持中国就业的主要力量扫清了所有制上的障碍。正如前面所指出的,因为在市场经济中是企业而非政府作为人们就业的主渠道,而企业吸纳劳动力就业的力量主要来自民营企业而非国有企业,因此真正的社会主义市场经济是以民营经济为主体的经济,就业问题的全面解决也需要依靠民营经济这个主体。所以,否定民营经济,在一定意义上就意味着,否定或堵死中国就业问题解决的出路。对此,党的十六大报告在肯定了国有经济的关键性作用和集体经济的重要组成部分的作用之后，前所未有地强调"个体、私营等各种形式的非公有制经济是社会主义市场经济的重要组成部分"。

四是，在党和国家的发展战略、经济政策、产业布局、企业结构、就业服务和管理制度等方面，全面重视就业问题的解决，提出要千方百计扩大就业。党的十六大报告专门开辟一节，论述就业和人民生活改善的重要性，与全国再就业工作会议、中央经济工作会议等其他重要会议的文件一道，承诺从长期战略、短期政策、宏观总量均衡、经济结构调整、劳动就业服务、市场管理制度等各个方面关注和致力于就业问题的解决，并且认识到"就业是民生之本"。这些事项如果得到落实，将为中国的企业创新，民营经济的发展，以及最终的就业问题的全面解决，提供一个不可缺少的宽松的宏观经济环境和政策环境。

五是，实行一些具体的鼓励服务型和劳动密集型企业发展的政策。例如，对于现有的服务型企业，除了特殊的行业以外，当年新招收的下岗失业人员达到职工总数30%以上，并且签订3年以上期限的劳动合同的，3年内减免企业所得税；对于相同情况的新办服务型企业，则可以在3年内免征4税，即营业税、城市维护建设税、教育费附加和企业所得税；对于招收比例达不到30%的，也可按相应比例减征所得税；对于国有大中型企业主辅业分离改制，辅业独立的三产经济实体，原有职工可从中获得一部分股份产权补偿，并且经认定可以在3年内免征企业所得税。

在改善劳动力市场的供给环境方面，新政策的内容有：

第一，在劳动力流动和居住管理上不得不仍然保留户口制度的基础上，实行户口的居住登记功能与其他多项附加功能的剥离，让户口逐渐不再成为人们在公民身份平等、职业选择权利、就业和居住地点选择权利、享受公共服务、旅行、购物购房、本人和子女受教育、出国、社会保障的权利等这些市场就业的前提条件形成上的障碍。

第二，对于从 2003 年开始，规模达到 210 万人以上，占每年新增劳动力就业总量的 18% 左右的高校毕业生，国务院四部（教育部、公安部、人事部、劳动保障部）在《关于切实做好普通高等学校毕业生就业工作的通知》中联合决定，取消省会及省会以下城市原来的户口限制指标和区域进入指标，允许各类高校毕业生跨省跨地区就业，给予这部分就业者和用人单位完全的就业选择自主权。

第三，进一步放开和规范农村劳动力向城市或城镇的流动，把规范劳动力流动政策的设计着眼点从"合理卡死"和"初步放开"转变到"合理引导"和"积极放开"的方面。

第四，对于大部分原来在国有企业中工作的身体健康下降、技能陈旧单一、年龄偏大，而现有人数在 1000 万左右的中年下岗和失业职工，国家 11 个部委联合出台了帮助和扶持其自主创业和就业的政策。具体内容包括：（1）发放规范统一的《再就业优惠证》，凭证享受就业扶持政策。有获证资格的人员包括，国企下岗职工、国企失业人员、国企关闭破产无业人员、失业 1 年以上的其他城镇低保人员。（2）个体经营的 3 年内免 4 税（除了建筑、娱乐等特殊行业以外），即营业税、城市维护建设税、教育费附加税和所得税。（3）个体经营的 3 年内免 18 种收费（同样除了特殊行业），其中包括工商行政管理部门的 6 费（即开业、副本、变更等登记费，工商管理费，广告注册费，集贸市场管理费，合同鉴证费，示范合同工本费），卫生行政管理部门的 6 费（卫生监测费，卫生质量检验费，预防体检费，预防接种劳务费，卫生许可证工本费，民办医疗管理费），劳动保障部门的 2 费（劳动合同鉴证费和职业资格证书费），以及其他 4 个政府部门各 1 费（税务部门的税务登记证工本费，民政部门的民办非企业单位登记费，公安部门的特种行业许可证工本费，烟草部门的烟草零售许可证费）。（4）中央财政贴息贷款，鼓励自主创业。贷款条件是当地担保机构担保，额度和期限是 2 万元左右和 2 年时间以内，确需要延长者可展期一次。

第五，对于从事社区公益性岗位工作的失业和下岗人员，政府实行社会保险补贴和岗位补贴政策，以鼓励人们从社区就业（其占总就业的平均水平在发达国家为30%左右，但是在我国仅为4%）领域和公益性就业领域中开拓和发现更多的就业机会。

三 新就业政策进一步设计和完善需要注意的问题

对于某项经济政策的评价，一方面要看其在解决实际经济问题上的针对性，即政策作用的方向要准；另一方面要考察其政策思想基础的牢固性，即政策作用要高效有力。中国政府出台的这些新的就业政策，首先是国家应对当前紧迫的就业问题的产物，具有时间和地点上的特殊性。但是，就业问题是任何一个经济，尤其是市场经济中普遍存在的问题，因此任何国家的就业问题在其实质上具有一般性。我们不能因为急于医治中国当前就业或失业困难的"标"，而忽视有效率的就业作为宏观经济甚至整个国民经济的"本"的建立。

上面我们分析了中国就业困难的特殊性所在，知道了在中国宏观经济的就业方面所面临的关键性困难，就是在整个国民经济体制和宏观运行机制转型到市场经济的基础上，如何实现就业体制和机制的市场化和现代化转型。从这个角度来看，新的就业政策在力求培育中国就业市场上新的劳动力需求主体，通过政治制度、产权制度、分配制度、战略方针和优惠政策等方面的改变和创新，促进就业需求量的扩大方面，其方向的针对性应该说是对的。同时，新的就业政策在把受到传统计划就业体制和就业城乡分割体制严重束缚的劳动者解放出来，通过改变户口限制制度、人事指标控制制度、人口流动制度，和实行困难劳动力就业扶持措施、鼓励就业领域开发措施等途径，改善中国劳动力在市场上的就业环境条件，帮助重塑具有新的政治地位、精神风貌和人格状态的劳动力供给主体，其方向的针对性上也应该是对的。

不过，在新的就业政策的设计和就业政策的进一步完善的工作方面，一些基本的政策设计思想是必须牢牢把握的。

就业政策设计思想之一是，就业的本质是劳动和分工。人类为了满足物质、文化和精神的需要，才产生了对于经济财富的需求；而为了实现这种需求，人们才把各种类型的劳动与其他生产要素结合在一起，使得个人财富和社会财富不断增长。作为创造财富的最为主动的生产要素，劳动在创造客观财富的同时，也创造了人类社会生存的一种方式——就业。随着劳动分工的扩大，就业的类型和规模不断增多和增大。一定的就业量，成为现代经济社会稳定和发展的基础。现代宏观经济政策的重大目标之一，就是维持一定水平的就业。然而，我们恐怕不能忘记就业的本质是发展劳动分工和增加社会财富。因此，对于表面上的就业量扩大而实际上没有或不利于劳动分工的扩展和财富的增加的做法，应该是不值得追求的。

就业政策设计思想之二是，市场性就业的核心是创新。经济社会发展到市场经济的阶段，社会财富以前所未有的速度创造出来，这种速度是劳动分工扩展和产品服务交换相互促进的结果。这是经济学中的"斯密定理"和"杨格定理"相结合所能够告诉我们的。但是，只有联系到熊彼特理论，我们才能认识到市场经济的本质是创新。经济在创新中才能产生巨大的效率和巨大的财富。劳动分工和产品交换成为企业创新的媒介和手段。因此，市场经济中就业的主体就不是简单增大的劳动量，而是直接从事企业创新活动的劳动量，以及围绕着企业创新而进行的科学技术创新、制度创新、社会生活创新和其他知识和理论创新的劳动量。为了扩大市场就业就必须首先扩大与企业创新相联系的核心就业。

就业政策设计思想之三是，现代就业方式是公民自食其力与自我价值实现的结合体。如果人类社会早期的就业仅仅是为了人的生存和自食其力，那么，现代经济社会的就业就越来越多地顾及就业活动中的人权和人的全面发展的需要。早期的社会主义思想正确地批判了早期市场经济中从事就业活动的人完全服从和服务于财富的生产和积累，致使人权和人的需要被严重扭曲的状况。根据现代社会中的法律和人权面前人人平等的原则，现代市场经济的发展越来越注重社会成员在获得教育和培训、社会事务参与、信息的拥有、公共财富的享受等方面的平等权利，这样，在就业中的劳动者就越来越摆脱了早期社会的没有知识和信息而只有体力的状态。人们也就越来越意识到自己的全面需要满足的意义。按照马斯洛等学者的研究，人的最高层次的需要是自我实现的需要。所以，就业政策的设计需要考虑人们在就业中的自食其力和自我实现需要。就是说，既要注意人们在就业中的生存权和发展权的保护，又要注意允许人们开发和选择自己爱好的就业方式。

就业政策设计思想之四是，各类就业具有替代性和互促性，要以互促性作为就业发展的准则。整个社会的就业并不是互不相关的，不同行业、区域或领域里的就业就像一个互联网络一样存在互动关系。正如有效率的分工能够促进总体分工规模的扩大，而无效率或反效率的分工会促使总体分工规模的萎缩一样，就业也有促进和替代其他就业量的不同类型。比如，从国际社会的角度来看，发展中国家的低成本的劳动密集型行业的就业，通过产品和劳务输出的效应，就具有替代发达国家相应行业就业的作用。而信息技术产业的就业发展，就具有促进所有信息技术应用行业的就业扩大的作用。[①]就中国的国内情况而言，我们要注意鼓励和发展具有互促性的就业类型，如基本建设和劳务服务方面的农民工就业，餐饮服务方面的下岗人员就业，民营和个体企业人员的创业性就业，农村和城镇的经纪人的就业，维护社会治安和社会秩序的就业，等等，都能够拉动或促进相互关联的就业的发展；同时，要限制和削弱一些具有国内替代性和破坏性的就业类型，如人浮于事并且没事找事的行政机关就业，给老百姓造成过重负担的乡镇政府机构就业，给消费者和其他企业带来过高成本负担的行政垄断行业就业，可能受到地方保

[①] 关于 IT 产业就业对整体就业的促进作用，可参见王诚《新经济、就业机制变化与中国对策》，《中国人口科学》2001 年第 1 期。

护的假冒伪劣产品生产的就业，生产大量积压产品而又不能破产或转产的那些国有企业的就业，造成大规模环境和资源的污染或破坏的违法企业的就业，等等，只会侵蚀社会的总体就业量，替代和限制真正就业尤其是核心就业的发展。

所以，为了促使新的就业体制和机制的尽快形成，在就业政策的进一步设计上需要完善如下几个方面。

（一）加强全社会的组织文明建设

社会就业是一个在全社会相互关联的有机体，就业本身的健康状态与整个社会发展的健康状态紧密相关。为了促使全社会的发展和现代化，我国早就提出要进行物质文明和精神文明建设。今天，我们在这两个文明的建设上取得了不小的成就。但是，从发展的进程来看，仅仅有发达的物质文明和精神文明可能还是不够的，还需要补组织文明这一课。关于就业上的困难，许多人开始发现是经济体制改革上有问题；关于经济体制改革上的困难，人们又发现是政治体制改革上有问题；关于政治体制改革上的困难，人们又开始指出是否要注意物质文明和精神文明之外的制度文明或政治文明的建设。其实在理论上，社会学界中包括费孝通等资深学者早就注意到，文化或文明在全面的意义上包括三类，即器物文化或器物文明、组织文化或组织文明以及精神文化或精神文明。组织文明的建设，就意味着社会组织的形态、类型、规模、结构和规则（制度），也必须随着社会生产力发展的需要而不断发展、调整自己、与时俱进。落后的社会组织会阻碍生产力的发展和利用，先进的社会组织会促进生产力的发展和利用。这一点，只有在社会就业问题上，或在就业出现严重困难的时候，才特别明显地表现出来。计划经济的全民就业组织，是以贫困和愚昧为代价的；市场经济把富裕和知识带给了全社会，社会组织就必须转变自己，以适应新的市场经济；否则，失去组织文明建设的社会必然会产生系统性失业（即核心就业缺失）等社会组织方面的问题。

（二）以就业互促性标准来考察国内现有的就业格局的合理性

尽管经济的全球化把各国经济更加紧密地联系在一起，但是与国民的公共利益密切相关的国家利益仍然是国际交往的一个基本准则。因此，与资本、技术、管理等其他生产要素的国际广泛流动不同，劳动力的就业仍然遭遇严格的国家界限。① 换句话说，在就业问题上，各国国际规则是"内外有别"。面对这种国际现实，我们的就业政策在促进出口产品生产的就业上，就需要充分发挥静态比较优势和培养动态比较优势，以充实我们的国际竞争力，去替代别国没有竞争优势的产品和就业，从而占领国际间无形的就业市场的份额。但是，在促进国内销售产品和服务的就业上，就需要采取不同的标准，即就业互促性的标准。就是说，对于主要服务于国内需求的就业，首先需要把阻碍和扼杀其他大量就业的那些就业给清除掉；② 其次，对于那些符合公平竞争原则的具有替代性的就业活动，任其自然发展，但是对于违背公平竞争原则的替代性就业，就要给予限制；最后，对于大量的具有明显的就业互促性的创新性就业，无论其属于大企业还是小企业，高新技术企业还是传统技术企业，都给予积极的政策鼓励，为其发展提供一切可能的支持。

（三）把政府用于改善就业供给方面的财政力量主要放到基础教育（包括初等和中等教育）的建设上

如同其他发展中国家的就业转型一样，在中国从一个就业结构上的农业国向工业化转型的过程中，劳动力的国际竞争优势就集中在加工制造领域，因此，中国作为"世界工厂"的呼声开始在国际国内浮现。对此，我们一定要有清醒的头脑。与最早享有"世界工厂"称号的当年英国的情况相比，我们相同的仅仅是大量工业制造品输出到世界各地，但是不同的是，我们输出的主要是低技术的制造品（所谓的1亿条裤子换1架波音飞机），新技术产品出口的大部

---

① 最为典型的例子是美国和墨西哥，尽管两国都属于北美经济共同体，但是由于经济发展水平上的差异，就使得美国在两国边境上的人员流动控制比美国在美加边境上的控制，要严格得多。

② 如搞"三乱"的行政机构就业，给民间创业制造沉重负担的贪污官员就业，扰乱市场公平竞争中的进入和退出秩序的行政垄断性就业，挤掉正常生产企业的假冒伪劣生产就业，等等。

分是外资企业或跨国公司生产的，大部分出口制造品的技术和设计专利以及品牌为发达国家所拥有，出口制造品面临国内和国际众多同类企业的激烈竞争，出口伴随着实际上是作为国民收入损失的大量的出口退税（例如近两年的出口退税额估计每年达到1200多亿元），出口后的分销、物流和售后服务的利润为国外所控制，等等，所以，即使面对2002年高达20%左右的出口大好形势，我们从出口增加获取的利润和国民收入仍然微乎其微。出口的利润通过上游截流、中游分流和下游断流几乎被国外的其他环节瓜分殆尽。正是所谓"此世界工厂非彼世界工厂"。除了出口产品外，国内产品市场上也面临普通制造品过剩的局面。其原因，除了退出机制障碍等体制问题以外，劳动力质量的升级换代进程太慢是一个重要原因。中国经过25年的改革开放和保持平均在9%左右的发展速度，在制造业方面应该能够与更低发展水平的其他发展中国家拉开一个差距，从事具有一定差异化产品的生产和竞争，但是却没有。问题就主要出在基础教育尤其是农村的基础教育没有及时跟上。中国从人口和教育结构的变迁来看，高等教育的数量不是太多，而是太少。但是，近几年的高校毕业情况以及2003年达到210万以上的高校毕业生的就业预期困难，又显得高等教育似乎供过于求。其中的问题，还是主要出在整个教育结构失衡，基础教育发展太弱，由于没有足够配套的基础教育水平就业量的支撑（例如近年出现的机械模具工、钳工、建筑监理人员、水利施工高级工人等人员的普遍缺乏），高等教育水平的就业量也无法发展。所以，大力发展基础教育尤其是农村的基础教育是当前就业政策及其配套财政投入的当务之急。

（原载《财经科学》2003年第1期）

大学生就业的理论和政策

关于中国大学毕业生的就业问题,目前已经受到社会各界的广泛关注和讨论。大学生就业问题,尽管涉及的面很复杂,需要从各个不同的学科来进行分析才能使我们得到比较全面的理解和认识,但是,就业问题首先是经济领域的问题。本文拟从经济学的角度,对大学生就业问题加以一定的分析和解读,希望有助于我国大学生就业理论和政策的发展。

一 关于大学生就业两种观点的分析

关于当前大学生就业的形势,从已经发表的观点看,主要有比较悲观的观点和比较乐观的观点两种。倾向于认为大学生就业问题严重的观点是,一方面,中国整体的就业形势不佳,中国在计划体制和半自然经济下形成的劳动力进入市场经济体制后明显过剩。从体制改革加快的20世纪90年代中期至今,原有国企和集体企业的净下岗和失业人员累计达到5000万以上。政府和事业单位的改革也造成了数百万人员的精简,农村劳动力离农寻找工作的人口更达到1.3亿—1.5亿人;再加上中国经济加入全球化竞争以后由于发展大工业和高新技术产业所导致的高投资、高增长、低劳动力使用的趋势,由此造成中国经济的就业弹性降低到0.1左右的水平,比同等水平发展中国家低一半以上。另一方面,随着大学扩招政策的推行,中国大学生的供给高速增长,年增长率在近几年达到20%—40%。每年大学毕业生的人数从21世纪初的100万左右,上升到2003年的

212万，预计2004年和2005年将扩大到约280万和350万。由于劳动力市场上的供给和需求严重不对称，大学毕业生失业现象越来越严峻。据教育部公布的数据，2002年和2003年的大学毕业生离校时待业率分别达到34.5%和33%（《中国大学生就业》2003年第10期）。由此而可以得出的逻辑结论是，为了解决大学生就业问题，中国的扩招政策、增长方式、甚至改革进程都必须加以重新思考。

与此相反，主要在学术界有一种比较乐观的观点认为所谓的"大学生就业困难"本质上属于一个"伪问题"。因为第一，按照市场经济国家的普遍发展历史，市场经济体制是需要和有能力吸收比中国现在多得多的大学毕业生，中国的大学生不是太多而是太少。大学生占适龄人口（18—22岁）的比重，2002年中国为13%，而发展水平接近的菲律宾和泰国就达到31%和35%，西方国家更达到50%—80%，作为市场经济大国的美国为70%。在2000年的劳动适龄人口中，中国的大学毕业劳动力所占比重仅为5%，而美国达到35%。第二，大学生就业困难反映在数字上有误。目前各高校被要求普遍使用"签约率"这一指标来反映大学生就业情况，但实际上签约率并不等于毕业就业率，而毕业失业率并不等于非签约率。其中的问题出在签约率的分子（漏掉非签约就业部分等）和分母（错误加上读研和出国毕业生等）上。由此就可能造成名义上的签约率过低，而实际上的就业问题并不那么严重。第三，大学毕业生的就业期望值太高，不切实际只是想着到"大城市、好岗位和高薪水"的工作舒适而报酬优越之处就业，而没有意识到中国的大学生地位已经开始从"精英教育"下降到"大众教育"［据称15%（大学生占适龄人口比例）为临界点］。因此，大学生在需要"大众"的大学生就业市场上寻找"精英"待遇难免处处碰壁。第四，中国的大学生群体和大学生家长群体，是目前社会上一个并非弱势的群体，他们不仅有能力获取社会媒体的高度关注，而且有能力影响政府政策资源的分配。由此，大学生就业的困难尽管存在，但主要问题很可能是在大学生方面，而不是在社会就业政策方面。"大学生就业困难"存在被夸大的可能,其中的重要原因就是为了争取政府的就业政策和其他相关政策的倾斜,以维持这些社会"骄子"的传统优惠地位。

笔者认为,我们不必要非得在以上两种观点之间作出取舍。关键的问题是要全面认清真实情况,并且采取一个正确的思路。

二 流行就业理论的误区

为了从根本上解决中国的大学生就业以及经济总体就业问题,我们必须在认识上找到正确的思路。当前,我们需要从具有信息社会、知识经济、创新推动和全球竞争等特征的现代经济社会发展要求的角度来认识劳动就业在现代市场经济中的地位,从而摆脱传统东西方理论局限的束缚,找到解决中国劳动力就业包括大学生就业的办法。中国的传统理论认为,就业量决定于社会主义建设的需要。由于社会主义要实行计划经济和劳动力非商品制度,就业水平的唯一决定因素是政府的计划安排。因此,在实行市场经济的今天,那种靠政府安排解决就业问题的传统思想与现实格格不入,也最终是于事无补的。

另外,研究劳动力市场的现代经济学主流就业理论则认为,就业量的多少决定于劳动力市场的供求均衡状态。而劳动力的供给方面决定于劳动者在工资报酬与闲暇无为(或避免负效用)之间的选择,劳动力的需求方面决定于企业的产品销售量和利润率。显然,作为劳动力供给函数的自变量的闲暇无为是与作为劳动力需求函数的自变量的利润率之间没有任何关系的。这种认识,在相当程度上是对于以信息技术革命为特征的新经济产生以前的早期和中期市场经济现实的一种反映。但是,随着新经济的出现以及信息社会的普及和创新周期的密集化,现代企业在最近20余年掀起的信息革命和人力资源管理革命,已经改变了企业的就业机制。整个经济社会不再是严格划分为掌握信息和知识优势而能够提供就业机会的"企业家",和对市场经营无知无识而只能坐等就业机会的"劳动者"这两个阵营。相反,现代信息社会和知识经济社会已经打破了企业家和劳动者之间的严格界限,也就是说,打破了劳动力需求和劳动力供给之间的严格界限。

在现代经济社会,劳动力的需求仍然来源于产品销量和利润。但是,利润的产生已经主要不是靠模仿他人的生产方式和简单重复生产,而是靠面对创新周期密集化竞争的企业本身的创新能力。同时,企业的创新能力也不再是仅仅依靠某个单一的"企业家",而是靠企业生产团队的整体创新力。这就是说,企业的团队创新能力越强,企业的长期稳定利润状况越好,企业所创造的直接和间接的劳动力需求就越大。在劳动力供给方面随着教育的普及、教育水平的提高、科技进步和必要劳动时间的缩短以及社会保障制度的建立,货币收入不再是就业者唯一的工作目标。就业同时成为获得社会尊重和实现自我价值等目标的手段。闲暇无为也不再被有一定知识的劳动者当作不工作的最佳选择。相反,人们通过教育和学习所拥有的知识和智慧,总想通过某种方式运用出去。这些知识和智慧运用到企业各项生产经营活动中,就是经济学意义上的创新(或称为企业创新)。所以,在一定的收入水平上不是人们的闲暇愿望越强而劳动力供给越少,而是人们的综合创新能力(以知识和智慧为基础)越弱,所供给的劳动力越少。反之亦然,即工作者的综合创新能力越强,所愿意和能够供给的劳动力就越多。

这样,我们就得到一个不同于西方主流就业理论的新认识,即现代市场经济社会中的劳动力供给和劳动力需求是相互关联的。劳动力的供给决定于创新能力,而劳动力的需求也决定于创新能力。这意味着,在现代市场经济中,劳动力的需求或就业量在本质上是由劳动力的供给所创造的。当然,这里的"劳动力"概念不同于某些西方经济理论把"知识"(包括知识、教育和技能)从劳动力中分离出去,而认为"劳动力"仅仅是一种简单体力支出的概念。笔者认为,这种将"知识"与"劳动力"相分离的做法无法反映现代市场经济社会教育普及提高、信息获得性增强和劳动力素质普遍提升的现实,也无助于从理论上正确认识劳动力市场上就业的新变化。因此,笔者这里所说的劳动力供给,是指有一定创新能力的劳动力供给。当然创新能力的获得并非一定要完成大学教育(如大家熟悉的盖茨就是典型例子),创新能力的运用也可以反映在个体户等小型企业形式上,但是创新必须具备一定的信息、知识、技能和承担风险精神的特征则是共同的。这里所说的创新是企业创新,即企业家(和团队)通过生产要素组合的形成和调整找到和利用潜在的市场盈利机会。

虽然中国与西方发达国家的现实相比要落后一步,但是在信息互联网无国界运行、媒体作用空前加强、教育的代际进步飞速发展和经济全球化迅速展开的今天,中国的劳动力市场就是想停留在西方市场经济的早期状态都难以做到。中国就业中的困难、就业市场上的坑蒙拐骗、农民工的受歧视、欠薪、被圈地、无社会保障和矿难等恶劣工作条件的危害,等等,这些在西方市场经济发展的早期屡见不鲜和长期存在的现象,在今天就无法延续下去,就是明显的例子。

三 大学生就业的出路

依据上述理论观点,结合当前大学生就业的困难,这里提出与大学生选择和国家相关政策有关的三方面建议。

第一,大学生在就业问题上需要树立自救意识和使命意识,通过创新来推进中国的就业扩展。这里所说的自救意识,是指大学生不要怨天尤人,抱怨自己读大学刚好碰上这个劳动力大量过剩的时代,大学中又主要接受了应试教育而缺乏动手能力,还碰上大学扩招和高等教育进入大众化教育阶段。好像什么倒霉的事都碰上了,自己也无能为力,所以,只能依靠政府和社会的帮助。与此相反,自救意识强调大学生要清楚认识就业形势和认识到自我价值。在就业形势方面，当前的就业属于市场化就业和国际竞争环境中的就业，因此中国大学生需要充分利用自己在就业方面的国际比较优势，结合中国经济正在形成"世界工厂"的特点，坚持不断摸索和积累团队创新的经验以及坚持终身学习的方式，在当前中国经济转向持续、快速、协调、健康发展的难得历史机遇中找到自己的位置。在自我价值方面，大学生虽然从基础和大学正规教育所获得的创新和创业知识并不多，但是，在中国的整个劳动力队伍中大学毕业生具有在年龄、精力、知识、信息、观念、受重视等方面的独特优势。大学生应当有自信，不要把自己当作就业队伍中的弱势群体，不要被某些企业的所谓"非多年工作经验、非洋博士学位不招聘"的虚假需求宣传所迷惑。当然，大学生自己需要脚踏实地，从培养自己的创新和创业能力的长期效应着想，不要斤斤计较于短期的报酬、岗位、职务、地区等可能给自己带来一定艰苦的因素。

所谓的大学生就业使命意识，是指大学生在面临中国的就业模式转型中的劳动力市场上所出现的各种坑蒙拐骗、转型滞后、管理混乱等不规范和不合理的现象，以及由此造成的人为就业困难和失业率居高不下，并不是注定无所作为的，而是可以大有作为，并且大学生的作为是义不容辞的。中国新培养的大学生如果还不能树立市场就业和依法就业的意识，还不能克服依靠政府就业和官本位就业的取向，那么，中国的就业制度创新就缺乏新鲜血液和新的力量，市场化的就业转型就肯定迟迟难以完成，就业市场上混乱无序的现象就仍然难以治理，大学生今天所面临的种种就业困难就会无限期地延续下去，甚至还可能进一步加重。因此，扭转大学生就业困难命运的关键，其实就掌握在大学生们自己的手中。大学生需要通过自己的能力培养和持续努力，通过自己在自营就业、中小企业就业、艰苦地区就业、大公司就业、国际企业就业和政府部门就业等不同就业方式，重塑中国的就业格局。

第二，政府需要调整对大学生就业的扶持政策，从注重解决岗位困难转变到注重解决创业环境的困难上。针对中国宏观经济中的就业问题，政府出台了包括"就业为民生之本""积极的就业政策""就业优先的宏观经济政策""再就业工程""鼓励流动就业"等一系列的方针政策。这些政策从整体上看，有助于缓解中国面临的严峻就业局面，是有积极意义的。但是具体到大学生就业问题上，政府就没有必要像实施"再就业工程"那样通过规定企业和学校的优先安置、优先解决本地毕业生就业、向企业和社会购买岗位、将签约率与公共教育支出挂钩等手段来扶持大学生的就业。因为大学生就业群体与老国有企业下岗职工群体是两个具有本质差异的就业人群。所以，政府的就业政策重点应当放在强化毕业大学生专业动手技能和创业技能的培训上，更重要的是放在明确界定创业产权和创业利益保护，进一步简化企业审批制度、建立优化民企投融资渠道、强化政府行政管理部门对于企业的公共服务职能、尽可能缩小违规企业和垄断企业对于市场的恶性影响等一系列能够优化大学生创新和创业环境的政策上。

第三，大学教育需要从功利性教育向创业性教育转型，为中国经济培养出更多的创新公民。如果说在中国经济转型的这个特殊时代我们不得不接受大量老国有企业下岗工人和农村大量过剩劳动力的就业困难的现实，那么，从我们21世纪的大学中走出的毕业生不但不能帮助解决大量下岗工人和农村劳动力的就业问题，而且就是自己的工作和吃饭问题都解决不了，那就可能是大学教育本身有问题了。从原则上看，高等教育（以及作为其基础的基础教育）需要实行几个转变。一是从臣民教育向公民教育转变。把从小学到大学的教育理念从或多或少的服从、依赖、被动、投机、自卑、势利、虚假、压制和逃避责任，转变到自主、参与、自立、积极、守则、自信、自尊、抒发和承担责任上来。二是从功利教育向创业教育转变。把中国人价值观的教育从注重眼前利益、学习分数、升学第一、做"人上人"、摆阔气、"目的就是一切"，转变到注重长远利益、动手素质、个人创意、特性发展、团队精神、了解实际、冒风险精神等上来。三是从计划经济性质的教育向市场经济性质的教育转变。

正如在新中国成立初期，我们建立了自我服务的计划工业体系有一定的合理性，因为全社会的工业装备几乎为零，工业化的发展就基本上成为不断用装备生产装备。与此相似，中国的高等教育体系在一个长时期里具有自我服务的特点，即政府办教育是为培养政府人员服务，作为国家干部的大学教师培养出的毕业生是自然的国家干部。这种传统计划经济性质的教育机制及其相适应的教育意识形态，在今天的高等教育中可能还有相当程度的影响，不利于培养能够面对现代经济社会的大学生。因此大学教育改革的一个方向，是需要把大学管理、教师工作和学生教育从过去计划经济的性质，转变到市场经济的性质。

（原载《中国大学生就业》2004 年第 1 期）

论社会保障的生命周期及中国的周期阶段*

一 导言:定义的讨论

建立中国的社会保障体系,已经成为中国全面建设小康社会的一个重要组成部分。关于中国的社会保障体制改革和社会保障体系构建的问题,国内理论界也已经进行了广泛的讨论。西方国家根据其维护不同利益群体以及维护社会保障体系生存和发展的需要,也依照不同的理论视角对各个历史时期的社会保障问题进行了探讨。不过,从现在的情况看,国外的研究虽然有比较完整的社会保障体制作为对象,但是大多数研究是从不同利益集团的博弈和社会保障对于经济增长的正面和负面影响的角度加以分析,没有提出关于社会保障长期发展趋势的理论框架。国内的研究则大多数致力于在借鉴西方国家社会保障经验的基础上,结合中国改革和发展的进程需要和条件的可能,探讨诸如社会保障体系在中国要不要建立,建立何种类型的社保体系,如何建立,以及社会保障如何与改革发展的政策相协调等一系列比较基础性的问题。因此,国内的研究基本上尚未涉及社会保障体制发展的长期趋势问题。

关于经济现象周期性的研究几乎从经济理论诞生之初就开始了。对宏观周期理论作系统性和代表性阐述的,是熊彼特的《经济发展理论》。其中,将经济增长划分为景气上升、繁荣、不景气衰退、萧

---

* 本文受到国家社会科学基金重点项目"核心就业扩展与中国就业模式转型"的资助(项目号:03AJL005),特此感谢。

条或危机4个生命阶段,并按照时间的长中短分为3种周期类型。而对于企业的微观周期理论具有代表性的阐述,是 Argenti（1976）的《公司崩溃》。其中,把企业的生命周期划分为产生、成长、成熟、衰退4个阶段,并按照企业在各个阶段的不同表现将周期划分为3种类型。

社会保障是否具有生命周期？其周期的形态如何？理论界对于这个问题几乎没有研究。与此相关的,是人们对于社会保障形式的研究。在社会保障形式研究的基础上,我们可能将发现社会保障生命周期的特征。一般认为,如果从社会成员的基本生活资料得到保障的含义来理解社会保障,那么任何社会都存在某种形式的社会保障。目前,社会保障在理论上一般被划分为四种模式（和春雷,2001；郑功成,2000）。第一种模式的社会保障是"国家保障模式",即在国家统一管理企业或生产单位收入和支出的基础上,完全由国家和国家所有的生产单位承担社会成员的生活保障,个人没有任何形式上的缴费责任。该模式典型地存在于改革前的苏联、东欧和中国等社会主义国家。第二种模式是"福利国家模式",即政府在市场经济的初次分配基础上,通过高水平税收和转移支付的方式,对全民实行高水平、广覆盖、无差别的社会保障。该模式典型地存在于1990年前后实行福利改革以前的西欧和北欧国家。该模式在实施效果上,非常相似于第一种模式,并且还有更高福利水平的优势。其原因是,该模式的形成是欧洲资本主义国家与前社会主义国家进行政治竞争的直接结果。第三种模式是"强制储蓄模式",即政府按照"工作者承担自己的保障责任"的原则,在市场经济初次分配的基础上,强制要求每个人从自己的工作收入中拿出一部分进行储蓄,并且企业为个人追加相应的部分,以建立起个人自己的未来保障积累。政府再辅之以公务员保障和残疾保障等辅助制度。该模式与前两个模式的最大区别,是打破了社会保障的风险共担、积累互济的特征。该模式典型地存在于新加坡和中国香港。第四种模式是"社会保险模式",即政府在市场经济初次分配的基础上,强制要求企业和工作者参加社会对于基本生活风险（如基本养老、医疗、失业等）的统一保险，个人和企业可以在基本社会保险的基础上选择自己力所能及的更高水平附加保险和商业保险，同时政府实行基本的社会救济和福利救助。该模式典型地存在于北美。该模式与第一种模式的差别，是强调了个人的责任，而非国家把社会保障包办下来；与第二种模式的差别，是强调了基本水平的生活保障而非全面社会高福利；与第三种模式的差别，是强调了现收现付和风险互济，而非仅仅依靠个人储蓄积累和自担风险。

社会保障的生命周期，顾名思义应当包括社会保障的形成期或产生期，社会保障的成长期或上升期，社会保障的繁荣期或高峰期，社会保障的下降期或衰退期，社会保障的消亡期或终止期。以上不同形式的社会保障，由于各自特征的迥异，其产生、成长、高峰、衰退、消亡的条件、内容和形态等方面必然是不一样的。但是，只要社会保障的生命周期存在，各种社会保障所必须经历的这5个阶段应当是一样的，而各个阶段的定义内涵也应当是相同的。

二 社会保障生命周期的条件、内容和形态

由于社会保障在历史上表现为不同的形式，这些形式又与一定的历史条件相联系，因此，我们需要从不同形式的社会保障的角度，认识社会保障生命周期的条件、内容和形态。[①]

首先，我们看社会保障的国家保障模式。

产生阶段　国家在成立初期就开始实行最低水平的国家保障制度。国家保障模式以"就业性保障"为中心。每一个社会成员通过就业于某个生产单位（或政府事业单位）与国家保障网络联系起来，无论自己工作绩效好坏都可以得到基本水平的收入和生活

---

① 鉴于社会保险模式的社会保障体制对于中国当前的社会保障改革具有特殊的借鉴意义，以下分析将重点放在"社会保险模式"上面。

保障。①

  成长阶段　由于国家保障模式对于工作报酬支出和社会保障支出没有区分，在实际分配政策的操作上也是在保证工作者的最低生活需要基础上，尽可能扩大国家建设积累和投资的份额，社会保障水平在较短的时间里达到高峰值。

  高峰阶段　由于受到"生产资料生产优先增长"观念的影响和经济中的高积累率倾向，高峰阶段仅仅是一瞬而已。

  衰退阶段　随着计划经济所具有的激励、信息和决策效率低下的缺陷或不足日益暴露，以及新中国成立初期的各种积极因素的逐渐消退，国民收入的增长呈现出下降趋势。又由于计划经济所固有的重主观权力决断，轻客观协调发展的特征，更高比例的国民收入被用于装备投资活动，而社会保障水平的相对下降就变得日益严重。

  消亡阶段　随着计划经济国家政府决策的失误日益加重，国民经济滑向崩溃的边缘，计划经济走向自我否定，社会主义国家开始或激进式或渐进式的改革，于是，国家保障模式也就随之消亡了。

  通过对有关数据的计算，我们不难推演出国家保障模式的生命周期形态。其基本周期形态特征是，大起快升至高峰，随经济困难而衰退，随经济改革到来而消亡。

  其次，我们考察社会保障的福利国家模式。

  产生阶段　在福利国家产生阶段的第二次世界大战结束时期，由于市场经济早期阶段采取资本主义形式的弊端和经济大危机，虽然经过数百年经济快速发展的西方国家仍然面临越来越严重的贫富分化和社会动荡，同时，二战后大量产生的社会主义国家的民众凝聚力和经济增长力，也对西方国家的自由放任政策产生了严峻的挑战。于是，为了对外应对挑战和对内稳定社会，福利国家模式的社会保障制度在西方国家尤其是西北欧国家迅速推广。其内容主要包

---

① 所以，这里的"就业性保障"（security through employment）是与国际劳工组织所提倡的"就业保障"（employment security），即每个人都有不受歧视的就业权利保障是不一样的。

括，国家可以从全民福利的宗旨出发，对于市场失效现象进行宏观调控和微观监管方面的干预，国家有责任实行宏观政策以稳定周期波动和减轻失业，国家出面建立全社会的保障体系以维护社会成员的一定福利水平。可以说，虽然福利国家模式是以西方国家历史上形成的慈善、济贫、部分福利制度为基础，但是这种社会保障模式作为正式制度是在第二次世界大战后资本主义和社会主义两大阵营的竞争中才产生的。

成长阶段　由于受到新福利国家制度的激励和选举民主制的推动，福利国家模式中的社会保障在内容上不断扩展，在水平上节节攀升。从贫困救济和失业保险扩大到家庭福利，从鳏寡孤独福利扩大到全民养老福利、单身妇女补助和儿童成长补助，从生育保险扩大到新生儿家庭高额补贴，从疾病保险和残疾人救助扩大到全民免费医疗和全方位残障社会服务，从免费基础教育扩大到免费高等教育，等等。许多欧洲国家越来越成为"从摇篮到坟墓"都得到保障的全面福利国家。随着社会保障水平的上升，社会保障相对于国民收入的支出水平也越来越高。经过二三十年的发展，福利国家的社会保障水平达到登峰造极的地步。

高峰阶段　当西方许多福利国家由于高福利高税收引起的工作积极性下降和经济增长开始出现停滞时，有学者和决策者已经意识到福利国家的社会保障模式的不可持续性。因此，从20世纪80年代开始在一些欧洲国家尝试进行社会保障体制的改革。但是，由于民众的既得利益下降刚性和选举型民主制度的决定性影响，改革呼声高的执政党和政府往往不能将改革持续推行下去。所以，尽管已经出现了财政收入和社保收入下降、社会保障支出赤字和财政赤字不断扩大等问题，福利国家模式的社会保障水平依然在一个较长时期（大约10年）维持在一个高位。

衰退阶段　经过诸多政治较量和较年轻一代成为民众主体，福利国家制度的刚性开始软化。不仅是国家对于经济运行的宏观调控和微观监管程度有所下降，而且许多国家在税收、社会保障范围和水平等方面也采取收缩政策。与此相伴的,是就业水平的提高和经济增长的加快,以及财政收入的增加和财政赤字的下降。因此,社会保障水平的下降和相应的居民收入和消费的差距的进一步拉大,也得到相当一部分选民尤其是年轻选民的支持。

消亡和转型阶段　如果说"从摇篮到坟墓"和"衣食住行用医乐"等全方位的福利待遇是福利国家型社会保障的基本特征的话,那么,这种福利国家模式经过十余年的改革和福利型经济危机的冲击,在20世纪末期的西方国家已经基本消亡了。也可以说,西欧和北欧国家的社会保障模式已经开始转型,转型的方向很可能是下面分析的"社会保险模式"。

关于福利国家模式的生命周期形态,我们可以使用两个典型的国家即英国和瑞典的社会保障(包含社会福利)支出占 GNP(或 GDP)的比重(即社会保障率)为代表。英国的数据是 1950—1998 年,分母为 GNP(Halsey, 1988; UKONS, 1999)。瑞典的数据是 1950—2001 年,分母为 GDP(林义, 1997; OECD, 2003)。[①] 所以,从社会保障率的发展趋势,我们可以看到社会保障的福利国家模式的大致发展趋势。由此,我们可以推出社会保障的福利国家模式的生命周期形态。其特征是,从接近中位水平产生,然后长期上升,在峰值维持一定时间,消亡较为迅速。

再次,我们来看社会保障的强制储蓄模式。

产生阶段　新加坡与中国香港的共同点是,社会保障体系不得不建立在一个小规模的经济体上。而小国经济或小区域经济在保险上的一个关键性特点,是其难以发挥共同性保险在分散风险和规模经济上的优势。因此,在这些国家或地区,个人性的强制储蓄模式与共同性的社会保险模式相比,前者在化解风险上的不足之处并不明显,而在明确缴费责任和防止坐享其成(free-riding)方面却有较大优势。所以,社会保障的强制储蓄模式几乎是小国或小型经济体

[①] 由于这里采用的是分段时点年数据,而不是分段年平均数据,因此 GNP 增长率的比较没有意义,这里只有社会保障率。

的自然选择结果。

成长阶段 随着中央公积金中的个人储蓄积累额的增多，新加坡当局要求将公积金从单一的养老保障功能逐步扩大到医疗保障功能（即可以使用一部分强制储蓄来支付个人和家庭的住院费用），住房保障功能（即可以用强制储蓄来购买住房或归还房贷），以及家庭保障功能（即家庭成员出现丧失劳动能力或死亡等不幸事件时可用于保障家庭生活）。随着这种社会保障基金使用范围的扩大，社会保障支出逐渐增加，于是对个人和企业的缴费要求也逐步提高。例如，个人和企业的缴费占个人工资的比例，在1955年为10%（个人和企业各为5%），1968年为13%（个人和企业各为6.5%），1972年为24%（个人为10%和企业为14%），1985年为50%（个人和企业各为25%），1986年为35%（个人为25%和企业为10%），1995年起实行按年龄区别对待，平均水平大约为34%（各为17%左右）。

高峰阶段 新加坡政府对于20世纪80年代中期的高水平社会保障给工作者个人和企业带来过重的负担、给社会带来过大的贫富差距、给企业的国际市场竞争力带来不利的影响等问题已经察觉，因此社会保障的高峰水平仅仅维持了一年左右（实际上仅9个月）的时间。

衰退阶段 由于作为一个小国开放经济，其经济状况在相当大的程度上受到外部经济环境的影响，而国际经济环境随着经济全球化的迅速推进而变得竞争日益激烈。因此，新加坡政府为了应对日益上升的来自发展中国家特别是亚洲周边国家的竞争，为了防止本国企业向更低劳动力成本的国家转移，不得不降低社会保障的水平。目前，面对社会保障的强制储蓄体制，新加坡采取了诸如降低强制缴费水平、鼓励个人参加商业性保险、将中央公积金的完全政府管理放松到个人可以部分决定其储蓄的投资方向、提高政府对于贫困人口等福利救济的水平等改革措施。

消亡阶段 尽管该模式出现了以上这些问题，政府也采取了相应的改革措施，但由于小国经济的特点，社会保障的强制储蓄模式还是有其一定生命力的。例如，智利的社会保障体制的发展已经倾向于强制储蓄模式,并且还在向前发展。因此,从理论和现实的两方面来看,虽然强制性储蓄水平有下降的趋势,但强制储蓄性社会保障模式的消亡可能是一个较长期的过程。只有当社会中绝大部分成员的实际自有财产积累和储蓄达到相当高的水平,或者国家实行可替代的其他社会保障模式,强制储蓄模式才有可能最后终结。

为了了解强制储蓄模式的生命周期形态,我们除了使用上面提到的社会保障率指标以外,可以运用的主要指标还有社会服务支出占 GNP 的比重(即社会服务率)。社会服务支出中,除了包括社会保障、医疗卫生和其他福利支出外,还有教育、住房和社区娱乐服务等方面的开支。不过,这种较大口径的社会服务支出与强制储蓄支付范围的扩大趋势却是一致的。社会服务率指标来自两个方面,一是社会服务支出占中央财政支出的比例,二是中央财政支出占 GNP 的比例。[①] 这样,社会保障的强制储蓄模式的变化趋势在新加坡就表现为图 1。

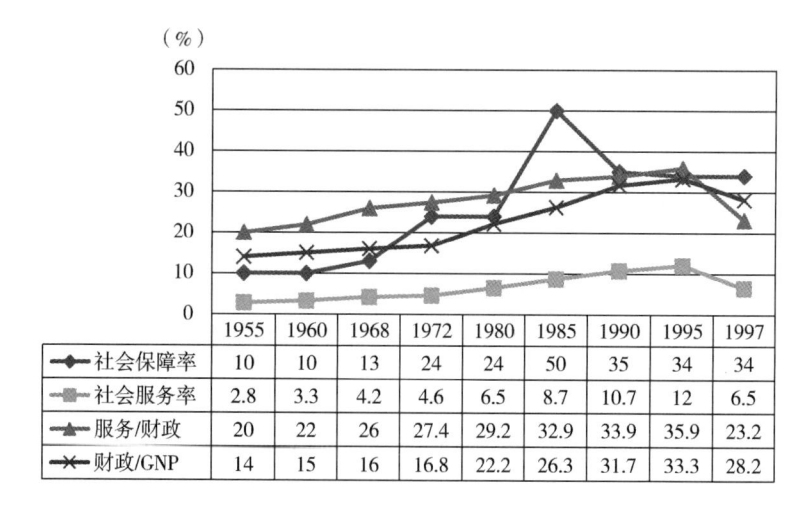

(%)	1955	1960	1968	1972	1980	1985	1990	1995	1997
社会保障率	10	10	13	24	24	50	35	34	34
社会服务率	2.8	3.3	4.2	4.6	6.5	8.7	10.7	12	6.5
服务/财政	20	22	26	27.4	29.2	32.9	33.9	35.9	23.2
财政/GNP	14	15	16	16.8	22.2	26.3	31.7	33.3	28.2

图 1 强制储蓄模式的发展

从新加坡的例子,我们可以大致推论出强制储蓄性社会保障模式

---

① 世界银行各年度的《世界发展报告》和国家统计局 1998 年《国际统计年鉴》。

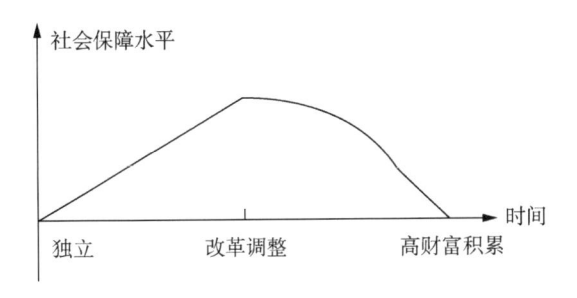

的生命周期（见图2）。其特征是持续上升，高峰晚到，缓起缓落。

图2 强制储蓄模式的生命周期

最后，我们来考察对中国而言最重要的社会保险模式。

产生阶段 许多采取社会保险模式的国家，在其模式前的历史上往往把社会保障寄托于非政府的家庭保障、慈善保障和非政府组织保障等方式。社会保险模式的产生，往往有经济体制中较强的市场经济取向的背景。因此，社会保险模式一般比较注重社会保障基金的使用效率和产权责任的明确性。但是，作为以立法形式确立的社会保险体制，其另外一个不可忽视的背景是准社会主义性质的"政府干预"思想的影响。这种影响在美国和其他西方国家比较典型的表现是民主党或社会民主党执政后政府所具有的经济干预主义倾向（王诚，2003）。

成长阶段 社会保险体制的覆盖面往往是从养老保险出发，然后扩大到失业保险，再扩大到医疗等其他方面的保险。在保险支付水平上，尽管社会保险体制经常受到社会上保守力量的约束，社会保险水平也随着社会生活水平的提高而逐步提高。因此，随着社会保险覆盖面的扩大和支付水平的提高，社会保险体系的规模也是越来越大，其所需要的缴费水平也越来越高。例如，美国法定的社会保障税（工资单税），从1937年的2％，提高到1954年的2.5％，1962年的6.25％，1970年的6.5％，2000年的12.4％。经过一段较长时间的积累，社会保险模式就逐渐达到其峰值。

高峰阶段 由于历史上社会保障基金的长期积累和资本化运作，

加之社会保障支出在总体上比较谨慎，因此，社会保险模式的高峰阶段一般能够维持较长时间（即30年左右）。

衰退阶段 共同性的社会保险体制所固有的内在矛盾即风险共担和风险化解的优势与责任权利不对称和坐享其成漏洞的劣势的冲突就会爆发出来，社会保险基金就可能出现过度支付的危机；社会保险模式中的现收现付的基金积累方式和支付方式还可能受到人口结构变化和经济周期变化的冲击；再加上作为社会主体的中产阶级在观念和财力上能够逐步实行自我养老保障。因此，尽管社会保险体制在历史上具有较长时间的生命力，但随着新的社会背景因素的产生，社会保险模式也日渐式微（王诚，2003）。

消亡阶段 旨在缩小社会保险覆盖面和降低社会保险水平的社会保险模式改革措施频频推出，以挽救社保基金和政府财政因社会保险入不敷出而陷入的危机。这样，改变社会保险模式的努力都集中在社会保障体系的非政府操作化、社会保障的逐步商业化和个人化方面。显然，这种改革趋势长期进行下去，社会保险模式的消亡就是不可避免的了。

根据较完整的美国资料，我们以几个指标来描述社会保险模式的历史发展趋势。一是社会保险支出占GDP的比重。社会保险支出，包括养老和遗嘱保险、伤残保险、医疗保险、失业保险、铁路系统社会保险、公共雇员保险、职业病保险等方面的支出（USCB，1999、2001；1965年的数据为笔者据趋势推算得到）。二是社会保障税占全部税收的比重。社会保障税，包括养老和遗嘱保险税、伤残保险税、医疗保险税、失业保险税、铁路系统社保税（笔者依据USCB 1999和2001年的资料计算得出；1940年的数据为趋势推算值）。三是社会保障基金收入和支出的当年差额。基金收入为社保基金当年的缴费（税）净收入，基金支出为社保基金当年支出（笔者依据USCB 2001年的资料计算得出）。四是社会保障基金或称社会保障信托基金的历年累积余额（USCB，2001）。

我们将社会保险支出占GDP的比重（称为社会保险率）和社会

保障税占全部税收的比重（称为社保税率）两个指标放在一起又将社会保障基金累积余额和社保基金收支差额放在一起，就可以从两个时间段看到社会保障的社会保险模式迄今的发展趋势。

关于社会保障的社会保险模式的发展趋势，我们除了从以往的历史资料上看到迄今为止的发展情况以外，更可以从大量现有的对于社会保险模式的研究分析和预测，看到今后的社会保险模式的发展可能性。由于这些预测性研究大多集中于美国的社会保障体系，这里关于社会保险模式的预测研究仍然以美国的情况为代表。

据研究，美国的社会保障体系从1935年建立起，至今近70年还没有出现过在支付上的赤字或危机，社会保障基金的余额呈现持续增长的势头。这不仅显示了社会保险模式在市场经济制度中的强大生命力，而且也的确为市场经济中的广大民众和弱势群体的生活起到了良好的保障作用。但是，由于现收现付的矛盾，这种社会保险模式的基金积累的不断增长势头，将在该模式的80岁左右即2015年时出现停止，并开始其不断下降的势头。其原因，是从2016年起，社会保障资金的年度收支，据预测将开始出现赤字，因而需要动用过去的基金积累来弥补缺口。如果首先以社会保障基金的利息收入弥补这一缺口，估计可以维持3年时间。这意味着，从2019年开始，年度赤字的规模除了消耗掉全部的利息收入以外，还要消耗一部分基金资产本金。其次，如果保留基金中的政府债券资产而首先兑现其他基金资产，那么，非政府债券资产又可以维持支出10年。最后，基金中的政府债券资产还足以维持支出另一个10年左右。这样，大约到2038年，社会保障基金的全部积累额将消耗完毕。据估计，届时当年的收支赤字缺口将达到创纪录的27%。这意味着，从2040年开始，每年都有27%以上的人领不到社会保障金，造成的影响对于一个社会的稳定将可能是毁灭性的。因此，2001年美国的社会保障署和"总统加强社会保障委员会"通过《社会保障通告》等渠道向社会发布了一系列警告，称社会保障资金尽管在目前仍然收大于支，但若干年后会变得支大于收，到那时如果没有新的收入来源或大规模的支出压缩，美国的社会保障体系将自然瓦解。

综合以上两方面对于历史情况的归纳和对于未来情况的预测，我们可以大致描绘出一个社会保险模式的生命周期形态（见图3）。从一种正式制度的角度来看，社会保险模式生命周期的形态特点是，社会保障水平需要近半个世纪的时间缓慢上升，然后在30余年的时间里处于高峰阶段，在发生现收现付的危机后，以较快的速度走向消亡。

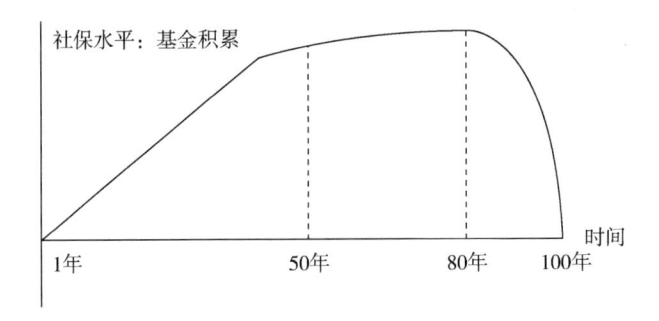

图3 社会保险模式的生命周期

三 中国社会保障的周期阶段特征及改革前景

虽然中国的市场经济改革已经进行了1/4世纪，经济运行在相当大程度上具有了市场经济特征，但是由于种种主客观的原因，中国的社会保障体系的建设长期处于滞后状态。从社会保障的模式形态来看，学术界和决策层关于中国社会保障的研究和政策取向可以说基本上已达成这样一些共识。一是，中国不能为了保持所谓低劳动力成本的国际竞争力而对国民的社会保障体系采取虚无主义和任其自然的态度，而是要积极建立中国特色的社会保障体系，以保证中国经济社会的全面协调发展和可持续发展。二是，中国需要消除国家保障模式的消极影响，不能沿用国家办企业而企业办社会保障的办法来建立21世纪中国的社会保障体系，相反，中国需要把社保障建立在市场经济体制的框架内。三是，中国需要吸取西方国家搞福利国家模式的经验教训，不能把社会保障的水平设计得太高，以免造成经济的增长过度下降、社会保障开支过大、自愿性失业上升和政府财政赤字不堪重负的被动局面。四是，中国的社会保障体系需要充分考虑到社会保险的互济性，充分发挥中国作为世界大国在风险分散上的优越性，而不能走完全的个人账户储蓄积累的道路。五是，中国需要以社会保障基金的建立和运作作为社会保障体系的资金基础，争取在此基础上解决养老保险、医疗保险和失业保险这三个主要的社会保障问题。同时，在不断增强的政府财政基础上，更好解决社会保障中的贫困救济、灾难救济、伤残保障、基础教育保障、生育保障、妇幼福利保障等其他社会保障问题。

在以下的数据中，我们参照美国社会保险模式的指标内容，以五项社会保险来代表社会保障体系。其中，以"基本养老保险支出"表示养老保险的水平，由于领取基本养老保险金的人数在2002年已经达到全国退休人数的90%左右，因此这个指标是有代表性的。以"基本医疗保险支出"代表医疗的社会保险水平，以"失业保险支出"（包含失业救济支出）代表失业社会保险的水平。另外两个比重较小的指标是"工伤保险支出"和"生育保险支出"。依据国家公布数据，经过计算就可得到中国社会保障体系目前已经达到和未来需要达到的生命周期阶段或保障水平（见表1）。

在表1的第一行数据中，全部为2002年的实际发生数。由于考虑到中国的社会保险体系目前仅仅在城镇中建立，因此所有的社会保险统计资料可以看作城镇社会保险的支付额。从国民平等拥有社会保障权利的社会保障本质要求出发，根据2002年的城市化比率39.1%，笔者在表1的第二行，推算出假如农村居民达到城市的基本保障水平，所需要的各项保险支出。第三行数据是以上两行数据加总的结果。关键性的数据是两个比重，一是社保支出占GDP的比重。如果按照2002年的GDP计算口径，则该比重为3.3%；如

表 1　中国社会保障体系的生命周期阶段

单位：亿元，%

	基本养老保险支出	基本医疗保险支出	失业保险支出	工伤保险支出	生育保险支出	社会保险支出总计	社保支出占2002年GDP比重	社保支出占2012年GDP比重	社会保险缴费总计	社保缴费占2002年税收加社保缴费之和的比重	社保缴费占2012年税收加社保缴费之和的比重	社保基金累积余额
城镇社会保险（实际发生，2002年）	2842.9	409.4	186.6	19.9	12.8	3471.6	3.3	—	4048.7	18.7	—	2423.4
农村社会保险（理论推算数，2012年）	4429.2	637.8	290.7	31.0	19.9	5408.8	5.2	—	6307.9	26.3	—	—
城乡统一保险（理论推算数，合计）	7272.1	1047.2	477.3	50.9	32.7	8880.4	8.5	4.3	10356.6	37.0	17.1	—

资料来源：相关年份《中国统计年鉴》和《中国劳动统计年鉴》以及笔者的计算。

果按照预测的 2012 年的情况，即 10 年后农村人口达到目前城镇的基本社会保险水平，同时 GDP 在 10 年中以平均 7% 的速度增长，则社保支出占 GDP 的比重到 2012 年为 4.3%。二是社保缴费占税收加社保缴费之和的比重。同样，如果按 2002 年的税收和社保缴费额口径计算，该比例为 18.7%。如果农村人口缴费在 2012 年能够达到 2002 年的城镇水平，并且税收以 11% 的平均增长率增加 10 年，那么，社保缴费占税收加社保缴费之和的比重可以轻微下降到 17.1%。[①]

从 2002 年的数据看，以社会保险模式为基础的中国社会保障体系的生命周期，在总量上已经完成"成长阶段"的一半左右，即社会保险支出总量为 3471.6 亿元，占国内生产总值的 3.3%。对比美国的"社会保险率"，我国在 2002 年的社会保障水平几乎与美国发展了 25 年的社会保障水平（3.8%）相当。不过，中国的社会保险基金的建立时间不足 10 年，其水平已经达到美国当年需要 25 年才获得的水平，这不仅表明中国社会保险缴费的负担已经太大（社保缴费比例为 18.7%，高于美国当年的 15.9%），而且中国发展道路中不平衡和人为的因素也较为严重（如城市偏向发展等，下面将分析）。并且，美国在 1935 年时的经济基础要大大强于 1993 年前后的中国。因此可以推论，中国下一阶段的社会保障发展任务将会非常艰巨。就此推测，中国社会保障体系从现在算起，将可能还需要 30 年左右时间才能完成生命周期的"成长阶段"，而后才开始进入"高峰阶段"。

关于中国社会保障体系的城市偏向性问题，其原因在于，计划经济时期的"二元社会"的管理体制强化了中国的"二元经济"，因而在 21 世纪初期中国仍然是城乡分割明显的二元经济社会，而为了寻找新社会保障体制的突破口，中国不得不首先在条件较好的城市居民中建立社会保险网络。因此，初步建立的社会保险体系的资

---

① 显然，这里对 2012 年的预测体现了一个原则，即保持最低必需量的社会保障水平，因为这里暗含假定了城镇现有保障水平基本不变，未来社会保障发展的主要注意力放在解决农村人口的保障上。

源主要使用在城市居民身上。农村不仅没有失业保险，而且养老和医疗的社会保险仍然微不足道，无法与城市保障水平相比。①

在养老保险方面，中国的一大特色是离休人员的社会保障问题。在2001年，虽然离休人员仅为退休人员的4.2%，但是离休人员的养老保障支出为退休人员的8.5%，如果再加上离休医疗待遇，这一比例可达到23%。② 按说，这么大一块的社会保障支出不应受到忽视。但是，从社会保障体系建立的历史上看，离休待遇制度没有典型意义，其资金的来源也主要不是社会保险基金，而是政府财政预算和企业利润。并且，以离休人员参加工作平均年龄为20岁和平均寿命为80岁计算，到2010年左右，离休制度将会自然退出历史舞台。此外，从可持续性来看，养老保险需要保持在基本养老保险的水平上。对于现行离休体制中社会保障的过高支出和浪费性支出，也要逐步合理压缩，以减少其对于基本养老保险的不良影响和负面冲击。

在失业保险方面，表1没有包括下岗人员生活费支出。这是因为，虽然下岗人员生活费按照规定有1/3来自失业保险金，但是到2002年，下岗人员基本上已经退出再就业中心，转入失业人员待遇。并且，下岗制度在社会保障体制的发展历史上也没有典型意义，对于社会保险模式的生命周期几乎没有影响。需要注意的是，随着中国面对世界竞争而发生的产业技术升级和重化工业的比重上升，经济增长的就业素质要求提高和就业吸纳能力下降，由此可能产生更多的技术性失业和结构性失业，因而，需要更多的失业保险支出，

---

① 《中国统计年鉴2002》。

② 例如，城市医疗保险的人均享受水平在20世纪90年代的后期达到400—500元，而农村从中央和地方政府得到的医疗补贴人均仅有0.0125元（卫生部卫生经济研究所，2003）。2002年的农村养老保险全部收入仅32亿元，平均享受水平不足城镇的1%（0.72%）。但是，我们也要看到，历史上社会保障体制的产生阶段总是不平衡的，例如，美国当年建立社会保障体制时，也是首先在几个州及其城市地区展开的，后来才逐渐发展到50个州和农村地区。此外，中国农村的土地制度在当前阶段实际上是将土地作为农民生活的一种变相的保障。但是，随着城市化的快速推进，失地的农民越来越多，因而社会对于正式社会保障的需要也会越来越大。

也需要将失业保险支出与人力资本的改善两个方面结合起来。还需注意，要建立尽可能广泛的工作者失业保险和生活保障网络，以加大工作者抵御风险能力，进而促进当前急需的全社会的企业创新和核心就业扩展。

在医疗保险方面，表1中的基本医疗保险支出，仅仅为实际发生的全部医疗社会保险支出和政府医疗补贴投入额之和（大约为1400亿元）的29%。这意味着，70%左右的医疗资源需要来自基金以外的其他方面。如此高比例的非基本医疗保险支出，对于医疗保险体制无疑是一个巨大的潜在风险，也是政府财政的一个沉重包袱。所以，医疗保险体制改革的方向是，一方面要提高医疗卫生教育和医疗技术水平，通过减少疾病和增加效率来节省医疗保险的支出；另一方面要理顺医药之间的体制关系，通过多方位的市场开发增加医药机构的非基金性、非财政性和非垄断性的收入。

四　结论

本文提出的社会保障体制生命周期假说，在4种类型的社会保障模式上基本得到证实。社会保障体制的生命周期形态，包括产生阶段、成长阶段、高峰阶段、衰退阶段和消亡阶段。各个阶段的形成，不是人为可以完全决定的，而是依赖于特定社会的客观经济条件和正确的政府决策。

虽然中国的社会保障体制的建设，正在努力吸收各种社会保障模式的优点和避免其缺点，但总体看来，中国社会保障的基本模式已经是社会保险模式。因此，中国社会保障的生命周期形态将可能类似于其他国家已经发生过的社会保险模式周期形态。通过对比，本文发现2002年前后的中国社会保障体制大致上属于社会保险模式"成长阶段"的中期。需要经过另外30年左右的努力才能进入生命周期的高峰阶段。这些努力包括，将工作的重心转移到完善现有农村人口的社会保险网络和体制上，逐步降低养老保险中离休和退休人员的过高和浪费性支出,将更多的失业保险支出与人力资本改善和核心就业扩展结合起来,加快旨在开源节流的医药体制改革,等等。

参考文献

和春雷:《社会保障制度的国际比较》,法律出版社 2001 年版。

林义:《社会保险制度引论》,西南财经大学出版社 1997 年版。

《国民收入统计资料汇编 1949—1985》,中国统计出版社 1987 年版。

王诚:《美国社会保障体制改革及对中国的借鉴意义》,福特基金会课题报告,文稿,2003 年。

卫生部卫生经济研究所:《农村卫生保健的历史、现状与问题》课题报告,见《中国社会科学院院报》2003 年 10 月 23 日。

郑功成:《社会保障学》,商务印书馆 2000 年版。

Argenti, J., *Corporate Collapse*, London: McGraw Hill, 1976.

Halsey, A. H., *British Social Trends Since* 1900, London: Macmillan Press, 1988.

OECD, *OECD in Figures*, Paris: OECD Press, 2003.

UKONS (Office of National Statistics, UK), *Britain* 2000, London: Stationary Office, 1999.

USCB (US Census Bureau), Annually, Statistical Abstract of the United States.

(原载《经济研究》2004 年第 3 期)

社会保障体制改革中的美国经历与中国道路[*]

  在西方市场经济国家中，美国的社会保障体制以其最为保守、最强调市场经济的效率和节省原则的特色，成为包括中国在内的后起工业化国家建立社会保障体制的主要参照系。如果说，看上去最为谨慎、最有经济实力基础和最为保守的美国社会保障体制，似乎可以避免其他西方国家普遍发生的社会保障体制危机，但今天也出现了危机，那么，这种社会保障体制的普遍危机现象就可能具有特别的寓意。美国的社会保障体制危机及其应对努力是否可能意味着在市场经济国家已经运行了数十年的社会保障体制，至少在某些方面存在根本性的内在变化？比如体制的结构设计及其与现实经济发展水平的匹配性问题等。对于这些问题，也许需要进行重新反思。在这方面，西方各国的经济学和社会学者在最近 20 余年来进行了许多研究，得出了一些有意义的成果。本文致力于在这些成果的基础上，结合美国社会保障体制改革的最新动向和内容，对以美国为代表的西方社会保障体制建立的特点和设计的思路进行重新梳理，找出其合理和不合理的方面，以便为正在进行的中国社会保障体制建设的大方案和未来道路提供有益的启示和借鉴。

---

[*] 本文得到福特基金会资助的"社会保障体制改革"课题及负责人赵人伟先生的支持和指导，特此鸣谢。

一 美国社会保障体制的优势、缺陷和危机

由于社会保障体制是在一定社会的经济发达程度、历史传统、政治影响、价值观念、社会冲突、政府政策等各种因素的综合作用下产生和发展的,与任何其他的经济体制或制度一样具有特定社会的烙印或特征,所以,对于美国的社会保障体制,无论其优势或缺陷的产生都有其特定的原因或必然性。因此,当我们讨论美国社会保障体制的优劣时需要注意,我们的目的并不是要照搬美国的体制或政策的所谓"好的方面",简单地实行"拿来主义",而是要对比美国和其他西方国家在社会保障体制上的差异,对比其优势和缺陷所依赖的基础,从而为中国的社会保障体制的建立健全寻找中国社会的基础和原因,以充分发挥新建立的社会保障体制的优势,同时避免其可能的不利影响。从迄今为止关于西方社会保障体制的研究成果看,一般认为社会保障体制的缺陷明显反映在欧洲国家,而社会保障体制的优点主要反映在美国。然而,美国社会保障体制的优点和缺点,在笔者看来同样是明显的。从当前西方国家普遍担心的社会保障的"生存危机"来看,并不是迄今为止所讨论的一般社会保障体制的"优缺点"所能够完全解释的。

（一）美国社会保障体制的优势

其一,美国社会保障体制的优势中最为突出的一点,就是其在西方国家中以最低的相对支出负担保障了社会成员的基本需要以及社会的基本稳定,从而支持经济以较快的速度保持增长。在西方市场经济发展过程中,面对社会主义思想和工人运动的挑战,一般都以"福利国家"作为社会保障体制的口号。美国理论界虽然也有类似的主张,但在社会保障体制建立过程中,美国所遵循的基本原则不是全面的"福利国家"原则,而是"帮助自助者"原则。从这一原则的实施结果看,一方面节省了社会保障的开支,防止了社保基金成为财政和纳税者的巨大"包袱";另一方面,降低了工作者可能

依赖社保的机会成本,促进了社会成员对于经济增长的贡献。从 1993 年的资料来看,美国的社会保障支出占 GDP 的比重,仅为 9.8%,大约为北欧国家的 1/3,西欧国家的 1/2。在所有西方发达国家中(除亚洲的日本以外),美国的社会保障支出的相对水平最低。而美国的年平均 GDP 增长率,在 1947—1960 年达到 3.7%,1960—1973 年达到 4.3%,1973—1990 年达到 3.1%,1990—2000 年为 3.04%,均高于西方发达国家的平均水平(Statistical Abstract of the United States,2001)。

其二,以社会保障体制支持了全民教育的发展,使得美国的基础教育、高等教育和成人职业教育等领域都处于世界领先水平。从 1982 年的政府财政对于社会教育福利支出的结构看,初等和中等教育约占 69%,高等教育占 20%,职业和成人教育为 7%,其他方面的教育支出为 4% 左右。由此可见,美国社会教育福利的大部分即 70% 左右是放在发展以初等和中等教育为主体的基础教育上,而不是高等教育上。从社会保障总体结构看,各级政府支出的教育福利,在 1960 年为 181.66 亿美元,在 1975 年为 810.64 亿美元,1982 年为 1411.25 亿美元,1995 年为 3656.25 亿美元,分别占这些年度的社会保障支出的比例为 34.7%、28%、23.8% 和 24.3%(Statistical Abstract of the United States,1963,1980,1985,2000)。正是这种突出教育保障特点的美国社会保障体制,造就了美国在世界上领先的基础教育普及率和高等教育参与率,以及全民受教育程度在世界上最高的优势。据 2000 年的统计数据,美国目前 25—64 岁的人口中,受过初等和中等教育的为 65% 左右(其中完成初中学业的为 13%,完成高中学业的为 52%),受过高等教育的占 35% 左右,小学以下的几乎为 0(《中国青年报》,2003a)。

其三,在社会保障的功能发挥中,分工明确并且责任清晰,充分调动中央、地方和民间的积极性。美国社会保障体制的这一特点,很可能与美国政治体制具有较为严格的成文法规和明确的责任界定相关。在社会保障基金收入的来源上,实行由联邦税务部门统一管辖的全国性社会保障税和所得税的申报与征收。在联邦政府与州和地方政府的关系上,虽然两个层次在社会保障总支出的比重,从开始的州和地方政府所占的比重大,发展到后来的联邦政府所占的比重大(许多年份的联邦支出甚至比州和地方支出总和还多出 50%),但联邦政府并没有直接干预各地的社会保障规定,而是充分尊重全国各地生活水准和保障水准的差异以及历史上形成的由州政府发挥保障工作的主导作用,依照法律规定和需要向各地的社会保障基金拨款。社会保障局及其各地的分支机构受到独立和严格的审计监督,开支节俭,不能铺张浪费,也不能应付不付。各级政府也积极支持和鼓励传统上民间的宗教、慈善组织和企业组织的社会保障性质的活动,让其弥补政府社会保障体系的不足[①]。

(二) 美国社会保障体制的缺陷

美国社会保障体制的缺陷,一方面可以是相对于社会保障所要实现的功能而言的,凡是未能全面地保证社会保障的功能实现的体制问题,都可视为社会保障体制的缺陷。另一方面,缺陷也可以相对于实行这一体制所造成的对于经济社会正常发展的严重不利影响而言,虽然某些保障措施满足了某些个人需要,但由此造成的社会性危机的连锁效应最后形成的总影响是弊大于利。总的来看,美国社会保障体制的缺陷有如下几个方面。

其一,妇幼救济和单亲家庭援助福利的社会保障在很大程度上造成了美国社会正常家庭关系的瓦解。随着美国社会中基督教尤其是天主教影响的日趋下降、年轻人婚姻观念的淡化和异化,出现了许多独自携带幼儿的单身母亲和父亲。由于西方社会中普遍流行的男性成年人必须工作和养家,而妇女必须受到特殊保护的观念的影响,西方发达国家中普遍实行了女性单亲家庭必须受到社会救济和援助的保障政策。这种对于女性单亲家庭的社会保障政策,本来是

---

① 据一个比较正常的年份(1996 年)的统计数据,美国有 65% 的家庭在该年内参加了具有慈善性质的捐款,人均捐款额高达 690 美元,捐款总额为 1510 亿美元,大约相当于当年联邦政府所有社会保障支出额的 17%。

为了救济那些因拖儿带女而无法工作和维持生活的离婚女性，具有一定的合理性；但是，社会保障上的社会责任和个人责任的两头往往是一个"跷跷板"，当社会承担更多责任时，个人的责任就下降了。在一些社会福利更高的欧洲国家，一些本来应该承担离婚后对年幼子女抚养责任的父母，反而可以仅仅依靠单亲子女和家庭的社会福利资助而维持一般的生活。在美国，虽然情况没有那么严重，但也出现了单亲救济负面影响的三种典型现象：（1）夫妻离婚后仍然共同生活，两头享受单亲福利补贴和工作收入的"排斥父亲"现象；（2）年轻人不愿意结婚而长期同居和生育子女的"未婚母亲"现象；（3）成年人因为各种婚姻内外不稳定性关系而产生的"私生子"现象。据统计，从1935年美国颁布《社会保障法》以后，1936年享受单亲家庭福利补贴的家庭为16.2万户，人口为54.6万人，到1968年享受补贴的家庭上升到112.7万户，人口上升到608.6万人。1940年在抚养未成年子女家庭中，因父亲"被排斥"而形成单亲家庭的比例为30%，到1970年这一比例达70%。1969年，纽约市的新生儿中，非婚生子女的比例高达69%（黄安年，1998）。

其二，美国社会保障中的医疗保险体制远远没有健全，而其他的弥补措施又迟迟不能出台。即使在美国《社会保障法》以及后续的一系列补充法规中，也没有解决好全国医疗方面的社会保险问题。这并不意味着美国人的健康状况很好而不需要医疗服务，或者私营医疗机构已经提供了满意的服务。据统计，美国在2000年平均一个人支付的医疗费为2600美元；而同年加拿大人是1800美元，德国人是1520美元，英国人是990美元。在最近的一次问卷调查中，绝大多数美国人对于本国的医疗保险体制不满。在西方七国中，美国人对于本国的医疗保险体制的不满意度最高。17%的美国人主张对医疗保险体制进行小改。但83%的人认为要进行基础性的改造或完全重建，主张采用加拿大或其他西方国家的医疗保险体制。1995年，全国2.6亿人口中，有3000多万人口（占总人口的11.5%）仍然没有任何形式的医疗保险或医疗保障（D. M. Cutler, 2002）。虽然美国政府和医药公司投入大量资金用于医疗科研工作，美国的医疗科研处于世界领先水平，但由于政府在医生培养数量和对行医执照发放的严格控制，以及保守而又权威的美国医学协会对医疗市场和两大私营医疗保险组织（蓝盾和蓝十字）实际上的垄断与控制，使得美国大多数城市中消费者享受的医疗保健水平并不高，治疗手段也比较落后，普通医疗和保健的收费还非常高[①]。

（三）美国社会保障体制的危机

由于社会保障体制的建立依赖于一定社会的多方面因素或多个支柱，任何一个或几个支柱出现不稳定的变动都有可能导致社会保障体制面临瓦解的危机。不过，社会保障体制出现危机，并不一定意味着整个社会就因此而造成动荡，关键是看社会中是否有可替代的体制及危机应对措施。[②] 然而，目前美国和西方其他国家所提出和害怕的社会保障体制危机，都把注意力放在社会保障资金总收入和总支出的不平衡上，似乎危机就在于"钱不够用了"。笔者以为，这只是表面上的社会保障体制危机。在实质上，危机产生的原因在于，美国社会保障体制赖以存在的制度基础已经消逝了。我们首先来看美国社会保障体制的表面危机或"账面上的危机"。

美国社会保障资金的总收入方面，包括这样几个来源：（1）联邦政府征收的社会保障税（又称工资单税、工薪税、雇主雇员税）和医疗照顾税的全部；（2）联邦政府征收的就业税（又称失业税、雇主税）的全部；（3）联邦政府征收的一般税收（以所得税等直接

---

① 最近，美国有新闻揭露一些大医药公司向有处方权的医生送高额回扣以推销高价处方药品的现象。一般认为，除非能够支付高昂的收费，高水平的医疗服务是包括中产阶级在内的一般人常常不能问津的。关于美国的医药费为什么如此昂贵的问题，近期的《华盛顿邮报》解释到，除了用于医药研发方面的公开成本外，还有大额的隐含成本，其中包括大规模的广告推销成本、暗地贿赂医生将药引入处方的成本、付出高昂的律师费以设法延长药品专利权时间的成本及为政客的竞选活动捐款以保证服务于制药工业利益的法律得以建立和维持的成本（《北京青年报》，2003b）。

② 例如，智利在20世纪80年代推行社会保障的私有化改革，就在很大程度上替代了原来社会保障体制的功能。这些制度变化，并没有造成整个社会因社会保障问题而出现大的动荡。

税为主,"所得"中包括社会保障受益的所得)的一部分;(4)州政府征收的一般税收(以所得税、财产税等直接税为主)的一部分;(5)州以下地方政府征收的一般税收(以销售税等间接税为主)的一部分。这五部分的汇总,构成社会保障基金的来源。但是,这并不是社会保障资金的总额,总额还必须加上历年累积的余额和基金投资的净收益。由于美国社会保障资金管理实行的是信托基金管理方式,由两个信托基金投资公司(即联邦老年和遗孤保险信托基金、联邦残病保险信托基金)负责社会保障资金的保值增值和对受益者发放。所以,社会保障资金的总额中,除了纳税人每年上缴的各个专项税收和一般税收来源以外,还包括社会保障基金投资于政府债券和政府担保的非政府债券资产的金额,以及这些投资所产生的利息收入。当然,可使用的社会保障资金总额,还必须减去社会保障基金的运营成本,每年的运营成本大约占每年支出的1%。

美国社会保障资金的总支出包括:(1)社会保险支出(含养老、失业、医疗照顾保险和其他补充医疗保险)占总社会保障支出的比重在1995年(下同)为46.87%;(2)公共救助支出(占16.84%);(3)健康和医疗项目支出(主要为医疗科研、设备的支出以及军人家属、市民和学生的医疗补贴,占5.68%);(4)退伍军人项目支出(占2.60%);(5)教育项目支出(占24.29%);(6)住房项目支出(占1.95%);(7)其他社会保障或福利支出(占1.76%)。从这些支出内容来看,除去几个小项的开支外,主要项目是社会保险支出、教育项目支出、公共救助支出这三项,占社会保障总支出的近九成。

按照美国政府和学界的观点,社会保障体系大约15年以后在现金流上出现危机,在近40年以后出现社会保障总账户的危机(见图1)。美国社会保障体系从1935年基本建立开始,至今并没有出现过支付危机,相反的是不断有一定的余额积累增长。这种在现收现付的体制下社会保障资金余额积累的现象,预计一直持续到2015年。从2016年开始,社会保障资金的年度收支预计出现赤字，需要消耗过去的基金积累。如果首先以社会保障基金的利息收入弥补其赤字，预计可以弥补 3 年时间。从 2019 年开始，社会保障支出的赤字的规模除了消耗掉所有的利息收入以外，还必须消耗一部分的基金资产本金。如果按照一般做法，尽量保留信誉高的政府债券而首先兑现其他基金资产，那么，非政府债券的资产可以使用 10 年，即到 2029 年就不得不开始动用政府债券形式的社会保障基金资产。然而，这最后一块积累的资产，预计能够使用的时间不足 10 年。到了 2038 年，等到最后剩下的基金积累数额消耗完毕，大概当年还有高达 27% 的社会保障现收现付支出缺口找不到弥补资金来源。这样，通过 80 年的时间积累起来的社会保障资金的全部余额，预计在 23 年的时间里全部耗尽。更糟糕的是，从 2040 年开始，这一导致危机的社会保障基金缺口的百分比只会不断上升和扩大。

社会保障收入大于支和余额积累	社会保障现金流支大于收	社保支出大于税收现金加利息收入	社保基金中非政府债券资产耗竭	社保基金全部积累资产耗竭，尚有缺口27%
1935年	2016年	2019年	2029年	2038年

图 1　美国社会保障收支危机

美国政府在对美国人描述了一幅似乎很可怕的图景以后，提出应急的办法无非三种：一是加大对于全社会的社会保障征税；二是受保障人主动减少生活保障支出；三是容许发生政府预算的巨额赤字，即对未来的巨额欠账。由于这些办法在一般美国人看来都是不可思议和无法接受的，因此，美国现政府提出，为了减少今后的痛苦，从现在起就必须改革美国的整个社会保障体制。改革美国社会保障体制的目标，就是在可以利用的 15 年里，对社会保障收入和支出实行新的"开源节流"，以做到账户的平衡，避免危机的最终发生。

二 美国社会保障体系的外部冲击和基础演变

从本质上看,美国社会保障体系的危机及其改革必要性其实来自两个方面。一方面是来自外部的冲击,如人口年龄结构和人口出生率的巨大变化,股市泡沫的破灭和经济的不景气所造成的对于社会保障需求的增大,企业的欺诈行为和商业信用危机造成个人对于社会信用的过度依赖,医疗市场的高度垄断造成医疗社会保险的过高成本,等等。其中,最主要的外部冲击是美国人口结构的巨大变化。另一方面,是来自内部的因素变化,如社会保障体制所依赖的人性基础的变化,社会保障基金的管理和投资方式的新问题,社会保障对象随着经济发达程度而在富裕程度上发生的变化,以及社会保障体制本身所具有的依赖性的自增强效应。

在美国社会保障体系的外部冲击方面,首先是人口变化的冲击。在现收现付的社会保障支付方式和以养老保障作为社会保障主要内容的条件下,那些在第二次世界大战结束后因和平形势而突然催生的一大批人口[1],即将结束他们的贡献期,进入索取期。由于"婴儿潮人口"的身份从工作者改变为退休者,加上"婴儿潮人口"的寿命将比以前的人口更长[2],所以,美国 65 岁以上人口的比例从 1945 年的 7%,增长到 2000 年的 12%,预计还会增长到 2040 年的 20%。因此,社会保障基金的贡献者与索取者的比例,将从婴儿潮人口身份变化前的 5∶1 的最高点(1960 年),下降到 2∶1 的最低点(2040 年)。这意味着,原来社会保障基金的收支状况是 5 个人支持 1 个人,平均每个人贡献收入的 16.67%,就足以使受保障者享受社会平均生活水平;但是,变化后假如要使受保障者达到平均生活水

---

[1] 据美国官方估计,"婴儿潮人口"约为 7600 万,大约占 2000 年全国总人口(2.75 亿)的 28%。

[2] 一般估计,"婴儿潮人口"比 20 世纪 50 年代以前出生的早一代人口,平均寿命要长 6—7 年。

平，平均每个人必须贡献自己收入的 33.33%，即 1/3。在大多数情况下，社会保障基金的贡献者和受益者在时间和空间上并不是同一的。从社会保障基金的贡献者即纳税者方面看，1/3 的收入贡献再加上其他方面的财政税收，平均收入水平的工作者将不得不交出收入的一半或一半以上[①]。

由外部因素分析可以得出的逻辑结论是，为了维持社会保障体系，在社会保障基金的"开源"方面，工作者需要上交基金的贡献率必须上升；在社会保障基金的"节流"方面，受益者要求享受的收入替代率必须下降。否则，社会保障体系就会因巨额赤字而自然解体。当然，贡献者和受益者双方的调整是在双方可接受的限度内做出让步。实际上的困难是，如果双方的参照系都是历史上的贡献率水平或享受率水平，而不是"婴儿潮人口"变化引起的社保基金收支困难，那么，可以期望的双方让步可能是十分有限的。

从美国社会保障体制的内部因素变化来看，美国社会保障体系存在的基础和必要性正在减弱，其中最主要的是社会保障体制所依赖的人性基础发生了变化。在这些年引起较大关注和较多研究的人性学和心理经济学看来，人的行为动机取决于一定社会的人性特征。人性特征由先天遗传基因和后天社会影响及教育等因素所决定，具有一定的社会稳定性；然而，随着相关影响因素的改变，它们也会发生明显的阶段性变化。因此，随着社会环境和社

---

① 依据美国政府公布的 1998 年统计数据，以 1998 年的一个生产领域的普通雇员上缴税收占应税收入或劳动成本的比重为例，大致为，（1）社会保险纳税贡献 7.85%，其中老年遗属性保险税 6.2%，医疗照顾保险税 1.65%；（2）所得税 17%；（3）住房等财产税 8.3%。此三项相加为 33.15%，即意味着工作收入的 1/3 必须上缴为税收，用于社会保障和其他公共产品支出。如果再加上平均水平的消费税等间接税和杂项税（大致为 16.76%），那么一个普通人的税负水平就达到 49.91%，即税收实际上已达到收入的一半。从雇主方面来看，1998 年一个雇主平均纳税占劳动成本的比重为：（1）社会保险纳税贡献 9.42%，其中老年遗属性保险税 6.2%，医疗照顾保险税 1.65%，失业保险税 1.57%；（2）企业所得税和利润税 5.63%。此两项相加达到劳动成本的 15.05%。当然，如果考虑到人口基数随着时间的改变，实际的社会保障的贡献享受比例会稍有差异（以上计算依据 Statistical Abstract of the United States, 2001, pp. 845 – 846）。

会教育的变化,作为经济行为基础的人性也会产生变化。从1935年建立社会保障体系至今,美国的社会现代化和教育普及的深化已经历时近70年。以美国每年占总人口25%左右的基础教育和高等教育入学率计算,每20年完成一个周期,经过80年时间就可以达到在理论值上的完整高等教育(达到博士教育的年限)的全民普及[①]。由于教育的普及化和知识信息传播的现代化,过去因为无知和愚昧而形成的过度依赖社会保障体系的人性基础已经发生改变。比如,人们过去因为只顾眼前利益,短视而无远见,不去进行储蓄,收入有一天花一天。这样,一旦发生疾病、失业、老年等保障方面的问题时,自救能力极差,只能依靠社会。从而,人们产生对于社会保障的巨大需求。在今天的美国,虽然那些每周领到工资后就迅速花光的人依然存在,但随着教育的普及,随着人们知识和技能的提高与产业的升级所导致的传统"蓝领"工人比重的大幅下降,以及中产阶级队伍的扩大及其生活方式的示范影响,人们越来越注重自己和家庭的未来生活。不难预料,当人们在行为上普遍提高这些方面所需的储蓄时,人们对于社会保障的依赖性就会大为减少。另一个发生变化的人性因素是享乐主义的变化。随着现代医学、心理学、保健学和生态学等项科学所揭示的无度的消费和享乐给个人身体带来的潜在损害,逐渐为大众所知晓,人们越来越多地从追求最大限度的感官的享乐转变为追求身体和心理的健康。这样,从享乐主义行为到自我控制行为的转变,既减少了社会保障在医疗方面的开支,又减少了过度的消费而增加了收入的储蓄。再有一个发生变化的人性因素是机会主义。机会主义意味着经济行为主体只是想着从某项经济活动中受益,而不愿意承担由此引起的成本或经济责任。当机会主义支配人们的行为时,人们在需要保障事件发生以前会产生"逆向选择",即不承

---

① 当然,在实际上由于个人能力、个人偏好、地区差异等因素的干扰而可能达不到理论值。但据2000年的统计,美国高等教育在成人中的普及率已经达到35%左右,中等教育(含初中)的普及率达到96%。

担风险准备的责任,而只是坐等他人的救济;同时在需要保障事件发生之后产生"道德危害",即当自己生病、失业或年老时不是注意减少其损失,而是一味强调社会对自己救助不够。机会主义的泛滥形成社会上普遍的坐享其成和浪费资源行为。于是,政府不得不采取强制性的征收社会保障贡献税和限制社会保障支出的旧式社会保障体制。但是,随着社会的现代化和教育水平的普遍提高,人们的责任意识已经大大增强,机会主义人性因素大为减弱。由此,强制性的社会保障体制存在的必要性也大为减弱了。总之,随着教育的普及和社会现代化,这些社会保障体制所依赖的传统人性基础逐渐被削弱。

从支配社会保障体制变化的这些内在因素的作用[1],笔者认为可以推论出一个市场经济条件下统一的社会保障体制的生命周期。这个社会保障体制的生命周期是,随着经济社会的工业化和现代化以及国民收入水平的逐渐提高,社会保障体制从市场经济工业化初期的艰难产生和建立,到随着社会收入水平的提高而逐步健全和发展壮大,再到整个经济社会的现代化达到一定高度后出现的部分人对于社会保障体制的异常依赖和财政困难,然后是社会经过调整和努力而终于认识到社会保障体制使命的完成,最后是社会中新生活保障体制的出现和统一社会保障体制的自然消亡。

在社会保障体制的生命周期(见图2)中,如果横坐标为年度,纵坐标为社会保障基金的积累额,那么,现金流(缴费收入—社保支出)就是影响基金积累的最活跃因素,现金流曲线从社会保障体制建立的第一年开始上升,到50年左右开始下降,经过大约30年降低到收支相抵时间(年)点,以后进入负值积累区域。基金积累余额 $[\sum_1^n (缴费收入—社保支出)]$ 随着现金流而滞后一步变化,

---

[1] 其他影响社会保障体制变化的内在因素还包括,社会保障基金的管理成本随着证券市场基金风险的加大而上升,社会保障基金的收益随着投资方式的受限制而相对下降,而社会保障的对象随着经济的发达程度提高而日益变得富裕和有更多的自我保障能力,以及包括社会救济在内的某些社会保障功能可以通过非社会一体化保障体制的方式更好地加以实行和解决等。

基金流曲线从第一年开始上升,在大约80年后开始下降,到100年左右下降为零。社会保障基金的积累通常采取三种形式,一是以政府债券和国库券等高安全度资产为对象的"一级储备";二是以政府担保的企业债券等中等安全程度资产为对象的"二级储备";三是以股票市场投资等其他低安全度资产为对象的"三级储备"。当社会保障基金进行积累时,首先考虑的是一级储备,其次是二级储备,最后才是三级储备。但是,当社保基金不得不进行负积累时,考虑的顺序刚好相反,首先出让三级储备,然后才是二级和一级储备。

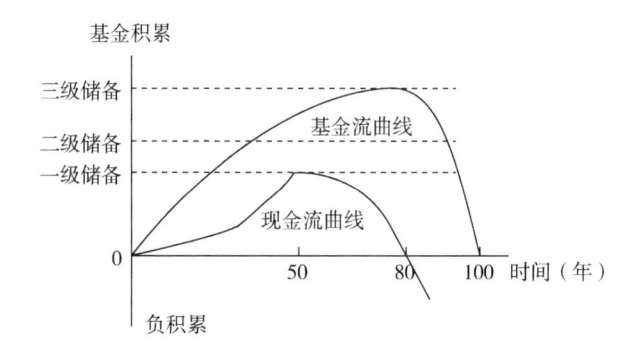

图 2 社会保障体制生命周期假说

三 美国社会保障体制的改革策略及方案

在美国现政府主张改革社会保障体制的人士看来,社会保障资金的"源"和"流"两个方面都存在严重问题。在流向方面,过去的社会保障受益者享受的较高替代率已经无法延续,而在原有的体制规范或游戏规则下降低替代率的做法会受到强烈抵制。在来源方面,各种保障的资金来源由社会一体化筹集和解决的办法,使得保障资金总量不够并且增值不足,只有从体制规范上重新建立保障资金征集的激励机制才能从根本上解决来源问题。因此,最好的改革思路是把目前制约社会保障收入和支出的体制进行"重组",实行社会保障的个人化或私有化改革,并且把社会保障体制所能够扮演的角色减少到最小限度。由此可见,如果我们把社会保障体制严格理解为通过社会一体化的保障资金的筹集和运用来实现保障功能的体制,那么,美国目前所进行的社会保障体制的"改革",从实质上看,不是要"改良和革新"这个体制,而是要"改变和革除"这个体制。一个没有政府出面统一组织和监督保障资金的来源和运用的体制,恐怕难以称之为"社会保障体制"。就像中国曾经实行的家庭保障或企业保障,不能视为社会保障体制一样。由此,美国社会保障体制改革的大方向,其实质是逐渐以"私人保障体系"取代"社会保障体系"。

私人性质的养老金保障项目之一,是主要由雇员和雇主双方出资的所谓"401K"计划[①]。首先,雇员根据自己的收入和支出状况自愿选择是否加入"401K"计划,如果加入,可以决定将所得的1%—15%(上限)存入该项目,这样,雇员的应税收入中自然就扣除该部分(免税)。实际上,随着富裕程度上升和人们短视观念的转变,大多数人开始选择以更多的收入存入该项目,一般储蓄比例选择在10%—15%。政府为了防止过多的税收流失,已经将每人每年存入该项目的最大金额限制在10000美元。其次,雇主根据企业的财力、企业政策和法律规定对雇员的存款量进行追加。雇主追加的存款一般为本人存款量的37.5%—75%,法律规定追加的最高限为雇员工资的15%。追加的部分在雇员达到一定的条件(如在本企业就业时间达到5年以上)以后归雇员本人所有。再次,一个企业的"401K"储蓄,可以自由决定由企业或交由共同基金、保险公司或银行等专业金融机构协助管理。储蓄金的利息等增值部分,按比例打入个人账户。一般规定本人退休(65岁)以后方可支取"401K"储蓄。但是,在满足一定的条件下,个人可以向

[①] "401K"计划的名称来自1978年通过的美国税收通则的401条第K款。其中,规定企业可以通过享受一定的税收减免优惠,来向雇员提供积累养老金的储蓄项目。

"401K"基金贷款①。

私人性质的养老金保障项目之二,是雇员个人出资的 IRA 计划②。目前,任何拥有纳税性收入(不包括社会保障收入)的人,都可以通过在银行设立一个专用账户来建立自己的 IRA 计划。在享受政府提供的所得税减免方式上,IRA 计划又可以分为在个人账户的存入和支取的两头实行"前免税后交税"的普通 IRA 和在两头实行"前交税后免税"的 ROTH IRA 两种。不过,无论何种 IRA,其最后计算的交税都比一般的个人储蓄账户所交的所得税要少。

美国的医疗保险从 1965 年算起,该年颁布法律成立了针对穷人医疗问题的"医疗救助"体系和针对老年人医疗问题的"医疗照顾"体系。"医疗救助"资金主要用于 4 个方面:(1)用于低收入的单身母亲及其子女的医疗开支;(2)用于那些没有纳入"医疗照顾"体系的低收入老年人的就医补助;(3)用于低收入的伤残人和孕妇的就医补助;(4)用于老年退伍军人的家庭护理开支。在这些

---

① 关于"401K"计划的改革,主要有:(1)扩大"401K"基金覆盖的规模。尽管 2000 年"401K"计划的参与人员已经达到 4200 万,约占全国所有雇员的 1/3,基金的投资规模达到 17000 亿美元。但是,由于"401K"是雇主和雇员的储蓄,政府除了在税收上优惠以外无须支付一分钱养老金,因此小布什政府鼓励和号召更多企业和更多的雇员实行和参与"401K"计划,争取雇员和雇主的存款都能够达到上限。(2)扩大雇员个人对于"401K"账户的支配权利。为了防止美国安然公司和世通公司一类的事件给"401K"计划造成致命性危机,政府考虑采取措施扩大雇员选择自己的账户投资方向的权利,同时限制企业代替个人进行投资和取消个人买卖选择(所谓"锁定股票")的权利。争取将目前全部"401K"资产的一半投资于企业股票,而股票中的 30%—90% 为本企业股票的不合理投资结构,转变为股票、基金、债券、银行储蓄等投资风险多元化的均衡结构。(3)扩大税收上对于"401K"计划的优惠幅度。在小布什提出的"一揽子"减税改革计划中,包括扩大对"401K"储蓄的减税额度,以及对"401K"投资的收益实行减税。

② IRA 计划的全称是 Individual Retirement Account(个人退休账户),是完全由个人出资、个人管理、减税鼓励储蓄、退休个人享受的个人养老金计划。IRA 计划是 1974 年在美国建立,开始时规模很小,仅在那些企业中没有退休年金的工作者和自雇者中推行。1981 年开始,将 IRA 计划的限制放松,几乎所有工作者都可以申请 IRA 计划。于是,IRA 计划的参与者缴费额在 1 年内扩大了 6 倍,从 1981 年年底的 700 万美元上升到 1982 年的 4000 万美元。1986 年颁布的《税收改革法》,将 IRA 计划又限制在"401K"计划以外的雇员或工作者,IRA 计划的规模又大减,从 1986 年的 5000 万美元缴费额下降到 1987 年的 1200 万美元。

方面，改革的措施主要是提高个人在享受这些援助时个人付费的水平，如挂号费、处方费、非处方药等方面的支出。

在"医疗照顾"体系上，美国政府提出的改革方向有四个方面：（1）进一步提高"医疗照顾"保险的缴费水平，以抵消医疗费的价格上涨。建议的方案是新收"药物缴费"，开始时每人每月交25—33美元。（2）对于享受不同医疗服务层次的人实行区别收费。即不仅是那些希望获得更好体格检查、保健咨询和医疗设备的人必须缴费更高，而且那些疾病更多、检查和用药更多的人也必须缴费更多。由此，在一定程度上把保险支出和保险缴费挂起钩来。（3）放开享受"医疗照顾"体系补贴的老年人的选择权，让他们可以在比重不足20%的公立医院和医生与比重超过80%的私立医院和医生之间进行选择，而不是像过去那样只能就医于指定的公立医院，同时通过公立和私立医疗机构之间展开竞争，来降低过高的医疗费用。（4）放开"医疗照顾"体系参与者在社会医疗保险和私人医疗保险之间的选择权，鼓励个人将医疗保险项目从社会保险转入私人商业保险。这样，就可以逐步扩大私人商业医疗保险的规模，同时相应缩小医疗社会保险的责任和风险，帮助实现医疗保险从社会体系向私人体系过渡。

四　对中国社会保障体制改革的启示

我们研究美国社会保障体制的主要目的，当然是为了服务于中国当前正在进行的社会保障体制的改革和建设。在一定程度上，中国初步建立的社会保障体系，就是在借鉴了包括美国的社会保障体系在内的西方发达国家的经验基础上，所形成的一个基本的框架。但是，两国之间在社会保障基础上的巨大差异，是必须留意的。

其一，美国是一个高度发达的市场经济国家，积累了几乎是世界上人均水平最高的财富量，有财力从事非日常生产和生活需要的大量社会基础设施建设和改变方面的工作。因此，美国政府可以保证，有足够资金来填补社会保障私有化改革所造成的原来现收现付体制的资金缺口。中国则是相反，由于没有足够的财力，社会保障体系中的部分积累制改革的试点，总是将个人账户资金用到社会保障基金的支出上，其中可能产生将来无法兑现的危机①。

其二，美国是一个已经建立社会保障体系近70年的国家，社会保障体系所需要发挥的扶助社会贫弱、维护社会稳定、互济渡过难关、培养人力资本、帮助经济实现工业化等方面的功能，在近70年的时间里，其大部分已经基本完成和实现。未来的后工业化社会或信息社会的经济发展，是否还需要社会保障体制的这些功能已不明显。美国社会保障体系所继续扮演的功能（如养老保险、饥荒救济、教育扶持等），已经到了可以考虑通过政府和社会的其他部门来完成才会更有效率的地步。相反，中国的社会保障体系仅仅可以视为在占人口不足40%的城市中初步建立。体制的市场化、经济的工业化和社会的现代化进程，还在等待着统一的社会保障体系的帮助，即发挥其扶助弱者、互济中低等收入者、治疗病残者等方面的积极作用。

其三，美国随着其社会教育水平和个人生活水平的提高，已经成为一个中产阶级占据社会最大比例，贫困人口的数量很少且其最低生活水平也已经大幅度上升，人数比例更小的最富阶层受到社会监督因而关注社会救济的现代"橄榄形"社会。因此，在社会保障问题上，只要美国人愿意，美国在客观上已经能够成为一个"自我保障"的社会。这意味着，除了那些残疾人和成年的流浪汉，每个人都有能力实现"自食其力"。即使对于那些存在家庭虐待、吸毒和精神疾病的人员，政府和社会也可以通过对家庭与个人实施的强制

---

① 虽然欧亚国家近年来尝试一种"缴费确定型名义账户（NDC）"的改革，以明确个人在保障上的责任和权利，但是，由于这种改革办法的成本和风险都很大，在市场经济国家中也属于小范围"试点"，中国在推行这类改革方面，恐怕在巨大人口成本的负担和抵御风险的财力上，是力所不及的。

性干预等措施，保证儿童的教育和成长环境，摆脱上一代的不良影响，使其中的大多数人走上自食其力的道路。而中国人口的收入分布呈现为"尖帽形"，即除了极少数的富豪以外，只有一个很小的中间阶层，然后是占人口大部分（60%—70%左右）的低收入者阶层（王诚，2003）。因此，在中国这个"低水平小康社会"里，大部分人口无法"自我保障"，一有疾病侵扰或收入风波就从温饱、小康滑入贫困。中国的各级政府财政也无力承担如此大面积的贫困救济任务。

在明确了中美之间存在的这些社会保障基础性差异的前提下，我们就容易看到美国社会保障体制改革对于中国社会保障体制建设的可能借鉴经验和启示。第一，在建设社会保障体系的过程中，注意统一社会保障体系存在的历史阶段性，即在制度设计和实施上，既不要"滞后发展"，也不要"超前发展"。从美国社会保障体系发展的历史来看，不仅是社会救济、社会保险和社会福利的发展条件是各不相同的，而且整个社会保障体系在不同的发展阶段所面临的任务和发挥的功能也是不相同的。比如，中国的慈善救济组织很不发达，不能像西方国家那样把社会救济的功能几乎完全转嫁给私人社会，而政府尽可能节省下这方面的开支。相反，中国需要由政府主要承担起救济的责任，以维护社会经济发展的基本稳定。在社会保险发展方面，要注意社会保险与商业保险的互动性。要鼓励商业保险市场的竞争以降低养老和医疗保险的市场价格，以便于社会成员在商业保险和社会保险两种形式之间作出选择，尽可能减少社会保险的运营成本和赔付风险。当然，在个体风险发生概率比较大而保险投保面又比较小的中低收入阶层的保障事件上，商业保险的收费肯定是很高的，这时就必须由政府出面组织强制性的社会保险网络，解决其中的失业、医疗和养老等保障问题。

第二，突出社会保障体系对于国民基础教育的促进作用。我们在前面看到，在美国的社会教育福利支出的结构中，初等和中等教育约占69%，高等教育占20%，职业和成人教育为7%，其他方面的教育支出为4%左右。由此可见,美国社会教育福利的大部分即70%左右是放在发展以初等和中等教育为主体的基础教育上。前面还提到,美国的社会教育福利支出占总社会保障支出的比例在24%—34%。正是这种突出教育保障特点的美国社会保障体系,一方面为中低收入的家庭提供了大量的教育补贴;另一方面为国家的可持续发展以及提升国际竞争力,提供了不可或缺的一代代人力资本积累。2000年,在25—64岁的成年人口中,受过初等和中等教育的基础教育比重,美国为65%左右,中国为53%左右;其中,仅完成初中教育的人口,美国为13%,中国为40%。而完成高中教育的人口,美国为52%,中国只有13%。教育水平在小学以下的人口,美国几乎为0,中国则高达42%。受过大专以上高等教育的人口比重,美国为35%,中国仅为5%。中国农村的基础教育,得不到财政的有力支持,现有的教育水平常常难以为继,更谈不上提高教育的质量和扩大教育覆盖面。低收入家庭在不得不付出日益增高的子女教育费用时,家庭的生活状况和发展生产能力岌岌可危。

第三,在社会保障体系的设计中,注意兼顾鼓励计划生育和保护家庭功能。在中国,由于"养儿防老"的传统农业社会规则和习惯的影响,人口的生育率太高,因此需要在社会保障中推行养老的社会保险,防止老年人对于子女的过度依赖,从而鼓励计划生育。而在美国,由于过于强调社会对于儿童和妇女的保护,形成了一种几乎把儿童和妇女从家庭中孤立出来的观念,因此,社会保障的单亲保护体制反而成为相当一部分妇女和儿童的"安乐窝",从而严重破坏了正常的家庭功能。所以,根据美国的经验教训,中国的社会保障体制建设虽然需要介入家庭,但是,也要注意不能介入太深,不能形成一个"家庭替代物",去冲击甚至破坏正常的家庭功能。家庭的功能,不仅使得人们为自己创造的财富变得有目的和有意义,使人们体会到财富带来的各种乐趣,而且还为在市场经济中竞争的人们提供一个必不可少的恢复精力、恢复完整人性的"避风港"和

"补给站"。

第四,作为社会保障体系主体部分的社会保险体制,其实施的目的是完成抵消"负储蓄"的功能。在美国关于社会保险体系改革的相关争论中,有人认为应当采取现收现付制,也有人认为应当采取积累制或部分积累制(部分收付制)的形式。从理论探讨和两种制度的实施情况看,二者各有利弊。不过,无论是现收现付制还是积累制,其共同的要求是当期存在一定量的储蓄,这些储蓄来自原有消费水平的降低、其他形式储蓄的转移及新增收入的转入。社会有了这部分"储蓄",就可供那些出现需要保障事件的社会成员进行"负储蓄"。从宏观上看,这种负储蓄是一种战略性社会风险。所以,如同社会需要应对其他社会风险一样,需要建立相应的"战略储备"(其他的储备形式有外汇储备、石油储备、粮食储备和医疗用品储备等)。所以,社会保险具有其他战略储备相同的特征:(1)资源利用的非效率性(准闲置性);(2)总量需要达到一定规模;(3)具有充分的可用性;(4)兼顾安全性、流动性和盈利性。因此,对于社会保障体系的评价,就不能简单按照资源使用的市场效率原则,而必须兼顾资源储备的社会和国家安全原则。

第五,在社会保障体系中,最为复杂的部分是医疗的社会保障。医疗社会保障的特殊复杂性在于,医疗保障并不是每个人的日常生活中可以确定的一个必需量,而提供医疗保障的也不是可以大规模生产或服务的一般企业或厂商。从美国医疗的社会保险发展情况看,一个好的医疗社会保险体系需要注意协调以下因素:(1)国民的总体健康状况和水平及其分布情况;(2)医学研究和医疗服务的公共产品和私人产品在整个医药行业的准确划分;(3)医疗服务和医药产品的市场竞争度和垄断度的确定;(4)医疗的事前服务和事后服务的科学定价;(5)医疗保险的效率和收益率即保险成本的相对大小;(6)医疗保险的覆盖面大小(美国16%—17%的人口无医疗社会保险);(7)生活和生态环境与经济可持续发展的状态;(8)社会经济发展中对于人性化发展的关注等。只有所有这些相关方面协调好了，一国的医疗社会保险事业才能搞得好。

参考文献

《中国青年报》（2003a）2003 年 2 月 14 日。

《中国青年报》（2003b）2003 年 8 月 24 日。

黄安年：《当代美国的社会保障政策》，中国社会科学出版社 1998 年版。

郑功成：《社会保障学——理念、制度、实践与思辨》，商务印书馆 2000 年版。

和春雷：《社会保障制度的国际比较》，法律出版社 2001 年版。

张奇林：《美国的医疗援助制度及其启示》，《经济评论》2002 年第 2 期。

王诚：《中国收入分配类型、差距及其政策取向》，《国家行政学院学报》2003 年第 4 期。

Atkinson, A. B. and Mogensen, G. V., *Welfare and Work Incentives: A North European Perspective*, Oxford: Clarendon Press, 1993.

Attanasio, O. P. and DeLeire T., The Effect of Individual Retirement Accounts on Household Consumption and National Savings, *The Economic Journal*, 112, 481, July, 2002.

Coile and Gruber, The Effect of Social Security on Retirement in the United States, *NBER Papers*, March, 2001.

Cutler, D. M., Equality, Efficiency, and Market Fundamentals: The Dynamics of International Medical-care Reform, *Journal of Economic Literature*, XL, Sept., 2002.

Ferrara, P., The Failed Critique of Personal Accounts, *Cato Briefing Paper*, No. 68, October, 1997.

Freeman, R. B., Topel, and Swedenborg, *The Welfare State in Transition: Reforming the Swedish Model*, The University of Chicago Press, 1997.

Gruber, J. and D. A. Wise (ed.), Social Security Programs and Retirement Around the World: Micro Estimation Pre-pub Draft, *NBER Series*, July, 2002.

Miehl, T., Prefunding is Still the Answer, *Challenge*, May-June, 2002.

Palley, T., Social Security: Prefunding is Not the Answer, *Challenge*, March-April, 2002.

Pear, R., Bush to Propose Changes in Medicare Plan, *New York Times*, Jan. 4, 2003.

Tanner, M., Disparate Impact: Social Security and African Americans, *Cato Briefing Paper*, *No.* 61, February 5, 2001.

Waldman, Tom, *The Best Guide to American Politics*, Renaissance Books, 2000.

(原载《中国人口科学》2004 年第 2 期)

面对经济全球化的中国就业困境与出路

经济全球化面临的就业冲突

就业,是一个经济现象,也是一个社会现象。因此,就业问题相比其他经济问题就具有独特的复杂性。远在国际贸易在国民经济中的占比较小和国际生产要素基本不流动的非全球化时代,就业问题基本上属于局部和国内发展问题。然而,在世界经济进入全球化的时代之后,正如生产、服务、要素流动等方面不再仅仅是国内问题一样,就业也逐渐成为全球性的经济问题。本来,从经济本国化到经济全球化,就意味着一国的国民经济必须做出相应的调整,以获得经济全球化带来的收益,同时降低经济全球化带来的风险和成本。但是,由于各国面临的社会条件和社会背景不一样,各国针对经济全球化做出调整的愿望、能力、时机、反应等方面的状况就大相径庭。因此,各国在就业以及经济的其他方面就会发生不协调,以致相互冲突。发达国家向中国提出贸易争端所依赖的主要利益集团,是与中国的出口产业有竞争性的就业者,以及与它们相关的产业行会、工会组织、地方政府和议会代表等。而中国坚持贸易自由化的主要理由之一,也是为了维持在传统产业上的庞大就业者的就业机会。

目前,经济全球化面临的就业冲突,主要表现在以下几个方面。

一是发达国家的产业转型准备不足。正如在国际经济秩序和国际贸易规则上发达国家总是占据主动地位一样,在国际分工和产转型上发达国家也是居于支配地位。本来,从整体上看,发达国家属于"先进者",发展中国家属于"后进者",发达国家在世界现存的产业链上就适合于从事较为高端的产业,而发展中国家适合于主要从事较为低端的产业。从比较利益上看,这对于双方都有利。可是,一些发达国家出于各方面的原因,不愿意或不能够帮助本国的工作者及时进行工作知识、技能以及创业、观念等方面的调整,使得本来不属于本国比较优势的产业继续以比较大的规模存在,从而形成发达国家与发展中国家因产业同构而引发的就业冲突。例如,按照 WTO 的预定安排,从 2005 年年初起,全球纺织品配额限制取消。已经知道本国的纺织行业缺乏竞争优势的许多发达国家,并没有逐步放开配额限制,同时积极培训和引导这些"夕阳产业"的劳动力到其他行业从事转岗和就业,而是顶到最后一刻。于是,当发达国家和发展中国家的就业冲突发生时,发达国家就利用其主动权(如特保条款),被动地保护其"夕阳产业"及其就业。这种结果,既严重损害了发展中国家的就业,又妨碍了经济全球化给全人类带来的利益,包括发达国家的长期利益。

　　二是发达国家的产品和服务出口限制太多。发达国家与发展中国家发生国际贸易的原因,除了成本上的比较优势以外,就是培养各国的动态比较优势。在发达国家方面,动态比较优势的开发体现在熟悉和融合其他国家特别是发展中国家的国情、文化特征、投资环境等因素,加入其生产函数,并以并购和吸纳等方式掌握研发的新生力量,实现扩展本国经济的创新能力和市场及资源的控制能力的目的。在发展中国家方面,为了培养动态比较优势,或者说利用"后发优势",就必须进口发达国家的先进技术、设备、管理方式、中介服务技能,和市场经济相关的其他知识和诀窍。如果发达国家愿意积极推动这些方面的产品和服务的出口,把这些领域当作重要贸易行业来做,那么,这些行业的各个环节可以容纳大量的工作者就业。但是,实际情况却往往是相反。许多发达国家非但没有积极推进这些行业的发展,反而以"技术保密""防范竞争对手""知识产权保护""主权风险""维护战略利益"等多方面理由,严格设定种种条件,限制这些产品和服务的出口。这就意味着,发达国家的这些行业中本来存在着的大量就业机会,被无形中扼杀了。由此造成发达国家和发展中国家在贸易中就业矛盾更为突出的后果。

三是发达国家的社会公共政策和社会救助政策不周全。作为有着雄厚经济实力和财力为其社会经济基础的发达国家,本来在经济全球化过程中更有必要和可能把整个国家和社会问题加以通盘考虑和统筹解决。政府作为公共产品和服务的提供者,一方面要为面对全球化竞争的本国工作者或劳动力提供受到教育和培训的机会,要向社会公布符合本国产业发展比较优势要求的行业和职业开发指导目录。另一方面要为参与全球化竞争的本国劳动者提供更为公平和健全的社会保障,为市场竞争中的弱者和失败者提供社会救助。具体地说,就是由国家出面,将国家通过优势产业和行业在全球化进程中获得的一部分额外增加收益,对在经济全球化进程中受到一定程度损害的工作者及其他人进行补偿和救助。但是,人们所看到的大量现象是,发达国家政府在从高新技术产业等优势产业及产品出口中获得大量税收的同时,听任本国许多低端产业的工人在全球化竞争的旋涡中无助和无效地挣扎,以及他们为此举行的各种抗议经济全球化和国际贸易的活动。例如,目前受到发达国家媒体大量攻击的业务外包行为,其实正在给发达国家带来很多实惠,发达国家没有将这些实惠通过政府政策的实施惠及受损的劳动者,当然会激化发达国家劳动力与发展中国家劳动力之间的就业冲突。

四是发达国家和发展中国家的工资水平差距太大。由于历史或现实、公平或不公平的原因,发达国家与发展中国家的工资水平差距在20—30倍。这些工资差距,一方面反映出发达国家的财富积累和国民收入享受的高水平;但另一方面反映在可比的劳动力质量—价格比中,发达国家劳动力所具有的过高劳动力成本。虽然世界各国之间仍然存在严格的劳动力流动壁垒,发达国家无须如当年联邦德国那样去考虑完全开放边境时所面临的东德劳动力冲击问题,但是由于资本的流动自由度越来越大，发达国家除了因特殊理由制裁某个国家而不允许本国资本流入该国外，国际资本可以利用市场机制将劳动力成本相对高的生产和研发基地转移到劳动力成本相对低的地方，尤其是发展中国家。所以，只要发达国家与发展中国家的劳动力成本差距非常大，足以抵消产业基地的转移成本和新增的交易成本，那么，发达国家与发展中国家之间的这种就业替代效应就会发生。

五是国家主权和民族利益的不一致使国际分工难以进一步深化。有效就业的增长或就业的合理增长取决于劳动分工和产品交换的扩大。分工和交换扩大的一个重要前提，是参与分工和交换各方面的合作。尽管合作方式可以有临时性、权宜性、默契性、合约性、血缘性、婚姻性等，但是，经济合作的广度和深度最终取决于相互间的信任。虽然当今国际社会已经建立起联合国、WTO等一系列国际合作组织，各国也通过外交、外经贸和地区合作组织建立互信机制，但是，世界上仍然没有产生一个足以替代国家主权的国际性机构，来保障各国人民的民族利益和基本权利。最为典型的例子，莫过于目前《欧盟宪法》在欧洲各国通过时所遭遇的巨大困难。基于利益考虑基础上的互信机制如此脆弱，就难以推进经济合作，而没有合作的深化，劳动分工和市场交换的扩展就变得困难重重。因此，世界经济中本来存在的潜在就业机会，也就难以开发出来。换言之，许多本来不该失业的劳动者，不得不承受失业的苦果。

经济全球化的实质与国民利益多元性

人们常常把处于全球化过程中的世界称为"地球村"，因为世界上的人们感觉到与以往相比越来越接近、越来越熟悉，来往也越来越方便。其实，就业随着分工活动的逐步扩展，也像是从一个封闭的"小村就业"慢慢走向开放的"世界就业"，随之而来的是就业效率的提高和个人就业时间的缩短，以及就业内容的多样化和人性化。

经济全球化是经济发展到一定程度以后所出现的一种"自然现象"。或者说,全球化是经济社会发展的内在逻辑要求的必然产物。这个内在逻辑,就是经济中分工和交换的扩展。

通过分工,人类的生产效率提高了,创造的财富更多了,人们获得分工的净收益。于是,人类就在劳动或工作过程中发展出多种多样的分工形式,从社会大分工到工艺小分工,从部落的分工、家庭的分工、工厂的分工、企业的分工、行业的分工、区域的分工到国际的分工,从三百六十行的分工到无数新职业的分工,如此等等。人类有效率的就业,就是在这些分工不断发展的过程中,得到扩展和进步。然而,正如本文强调的,分工发展的前提是合作。合作的重要形式之一,是市场交换。

通过交换,分工各方的利益得到实现和满足。通过市场交换的广度和深度的扩大,人类从事分工的领域和范围也随之扩大。人们的分工活动还积极主动地推动了市场交换的发展。因此,从就业的角度来看,一方面,人们在市场交换中发现了创新的机会,从而发展出创新性分工,并且通过创新获得新生的就业机会,以替代和弥补那些变得陈旧和过时而逐渐消失的就业岗位;另一方面,人们在分工活动中的效率提高趋势,同样也提高了市场交换的效率和降低了交易成本,使得就业或劳动力市场的信息获得和交易完成变得越来越容易,从而提高了劳动力市场的效率,降低了结构性和摩擦性失业。由于人们在经济社会中的角色不是单一的,即人们一方面是需要就业的工作者,另一方面又是需要消费和投资的消费者和投资者。作为工作者,总是希望工作报酬更高一点;而作为消费者和投资者,总是希望产品和服务的成本包括劳动力成本更低一点。这就是国民利益的多元性所引起的利益自我冲突。在一些发达国家,曾经利用自己在经济全球化中的片面优势和世界市场机制的不健全性,试图在国际市场交换尤其是与发展中国家经贸交换中解决这一利益自我冲突问题。这就是,一方面通过输入低成本的廉价商品以满足国民的低成本消费需求和投资需求，另一方面通过输入全世界的富余资金或储备资金抬高企业和工作者的市场价值或估价，以满足国民获得高工资的需求。这一办法，当然极大地提高了国民的经济福利享受水平。但是，在市场经济的基本条件下，这种做法不可能长期维持下去。其结果，就是贸易赤字和财政赤字的不断攀升。其不得不做出的调整，就是减少现存就业量，或者降低工资水平，或者削减国民对低价商品的享受，或者进行本币贬值，或者同时采取以上部分或全部措施。这种情况的发生，给原以为经济全球化只能给其带来好处的发达国家国民以极大冲击，反而将对就业冲击的不理解和愤恨发泄在所谓的发展中国家的"不公平贸易"和"不公正汇率"上。实际上，由于发达国家和发展中国家之间存在的巨大工资差距，即使发展中国家在工作条件和汇率上有一定程度的调整，也远远不足以缓解和替代发达国家在就业领域（数量、结构、价格）中必须进行的调整。

对立同输与合作共赢

贸易战，是在国际贸易领域中人们用来描述国与国之间贸易争端的一种形象比喻。其实，国际贸易上的争端与战争在性质上完全不同。首先，贸易本身就意味着分工合作，除非强制性的虚假贸易（如欺行霸市），贸易总是给交易的双方带来利益的增进。而战争无论如何进行，从人类的利益来看，总是以一定程度的两败俱伤来结束。其次，贸易争端的最坏结果是回到无贸易的状况，即自给自足，而战争的最好结果才是回到无战争的状况，战争的最坏结果则是导致人类的毁灭。因此，人们没有必要把贸易的争端和由此导致的就业等方面的冲突看得那么悲观和恐怖，似乎"贸易战"真的像战争那么可怕和具有毁灭性。

当然，我们在清楚了"最坏的结果"以后，仍然要做"最好的努力"。因为人类社会的发展趋势，是不断克服障碍，以避免"对立同输"，实现"合作共赢"。正如我们所强调的，合作的基础是互信。为了实现互信，合作的各方需要进行坚持不懈和卓有成效的努力。这需要冲突双方或各方进行艰难的关于平等认知和相互尊重基础上的接触，关于价值观和文化差异上的对话，关于不对称信息和判断的沟通，关于相互协调利益关系的谈判。无论这些接触、对话、沟通和谈判如何艰难，总可以导致一定程度的双赢或多赢局面。无论如何，这总要比通过战争解决贸易和就业争端的双输或多输的局面好得多。只要彼此承认是人类社会的成员，大家都有就业和消费、投资的权利，应该什么问题都可以谈。只要在合作上推进一步，就是为分工和就业机会的扩展开辟一片新的空间。无论这个新的空间多么小，那也是人类经济社会的一个进步。

对于中国而言，我们需要充分意识到当今世界对于中国经济的快速增长及其影响的准备还很不充分的现实，因而我们需要做大量的解释和说服教育工作。当世界主要国家还在试图理解中国经济的"小荷才露尖尖角"（Emerging）的时候，我们最好不要大谈特谈"东方巨人的崛起"（Rising）。对于西方社会中的那些初识中国文化而产生的"越王卧薪尝胆灭吴王"的担心，我们也需要做耐心的解释、交流和沟通工作。中国的"和"文化，具有巨大的经济潜力和全球化生命力，以此为依托，中国的经济和就业可以走出"共赢"的新格局。

例如，在西方国家的产业转型滞后方面，我们可以根据具体情况在保证中国出口的一定增长的条件下，再给出一定的调整时间。如今年6月上旬中国和欧盟就纺织品出口达成3年延缓期那样。在发达国家对于自己高端产品、技术和服务的出口设限过多方面，我们也要加强耐心的谈判和多方面的沟通。正如我们首先要争取欧盟放弃对中国的武器出口设限，然后再谈其他敏感技术的出口那样。在发达国家的社会公共政策和社会救助政策不周全方面，我们也需要耐心等待，当大多数发达国家发现通过限制进口和退回到贸易保守主义的做法，对大多数国民和整体经济是一个严重损害时，他们最终会或不得不放弃"贸易战"或"准贸易战"的做法，而求助于社会公共政策来解决问题。在发达国家与发展中国家之间工资水平的巨大差异方面，我们一方面要以平等人权的观念逐步说服发达国家工作者接受在全球化的条件下，发达国家和发展中国家的工资水平只能是越来越接近的趋势；另一方面，我们要积极加快发展经济和调整分配政策，让劳动者的工资收入和生活工作条件较快改善，逐步缩小与外部的工资差距。在国家主权和民族利益的差异方面，我们需要以更高的视点和更广的视野，在明确当前世界的主权原则和民族利益的大前提下，以大中华文化的巨大包容性，在世界各国开辟市场交换和分工就业的最大空间。

（原载《开放导报》2005年第4期）

劳动力供求"拐点"与中国二元经济转型[*]

近几年来，中国经济中出现了一种非同寻常的现象，即每年一度的"民工潮"逐步转变为持续数年的"民工荒"。在现实生活中，人们难以理解仍然高居60%左右的农村人口和40%左右的农村劳动力，为什么不像过去20多年那样从就业机会缺乏的农村涌入城市尤其是沿海地区城市"打工"。在理论上，人们发现普遍适用于发展中国家的二元经济模型，在关键性的结构点上与中国的发展情况发生矛盾。围绕着如何理解这些问题，许多研究正在展开。本文试图在一些前期研究的基础上，以二元经济理论（刘易斯，1989）和核心就业理论（王诚，2002）为基础，对"民工荒"或"刘易斯拐点"现象进行深入探讨。

一 二元经济理论及劳工市场"拐点"

刘易斯（Lewis）二元经济理论的基本模型（见图1中的AA′D曲线），是将发展中国家经济分成农村传统农业部门和城市现代工业部门两部分，农村提供带有"无限供给"性质的劳动力，城市部门提供不断增加的资本积累。整个工业化和现代化的过程是，现代工业部门将传统农业部门的隐蔽失业状态的富余劳动力不停地吸出来，

---

[*] 感谢国家社会科学基金重点项目"核心就业扩展与中国就业模式转型"（项目号：03AJL005）提供的资助。感谢日本东京大学田岛俊雄教授、丸川知雄教授、王京滨研究员、郭燕青研究员，明治大学经营学部郝燕书教授，法政大学菊池道树教授，亚洲经济研究所今井健一研究员，复旦大学朱荫贵教授等各位学者在笔者2005年7月的东京大学演讲会上提供的宝贵意见。

由此产生的利润不断再投资到现代部门。其相应的就业形态是，现代部门的就业比重不断扩大，传统部门的就业比重不断缩小。当现代部门发现从传统部门难以招收到"无限供给"的劳动力时，就意味着经济的增长从原始积累方式或传统增长方式，进入现代经济增长方式。在现代经济增长方式下进行的新阶段工业化和经济的现代化，就不再是伴随劳工工资长期不变（即图1中的AA'）的情况，尽管这一工资仅够维持基本生活或劳动力简单再生产，而经济增长的全部新增收益都形成利润和用于投资。在现代经济增长方式下，劳工工资和利润及投资随着经济增长而同时增加。所谓的"刘易斯拐点"，即指劳工市场上的劳动力供给从长期过剩转变为开始出现普遍紧张，而劳工工资从长期不变转变为开始出现普遍上涨的现象（见图1中的A'点）。

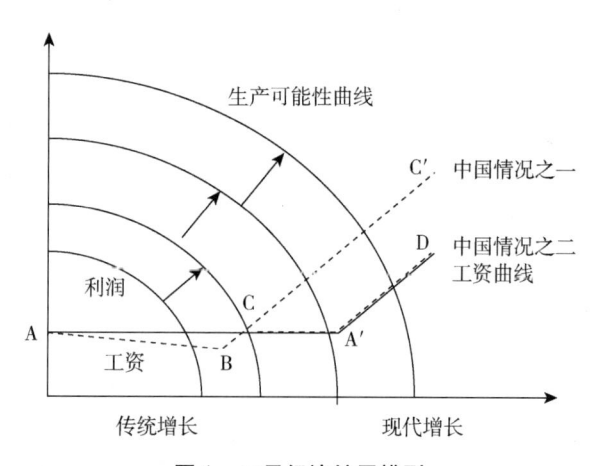

图1 二元经济扩展模型

目前，关于二元经济模型的假定前提条件是否与中国的二元经济情况相一致的问题受到关注。

（一）劳工工资水平不变的假定

衡量工资水平的尺度，可以有名义工资和实际工资。在名义工资方面，从1984年中国政府允许农民自理口粮进城务工以来的所谓"民工潮"中，农民工工资除了1992年随着城市工资改革而进行了少量上升调整外，近十余年来基本没有变化，农民工工资平均年增长不足1%（黄泰岩，2005）。而从新古典经济理论看，处于水平线状态的工资显然指的是实际工资。因此，关于名义工资长期不变的效应，需要重新解释。

在实际工资方面，1993—2004年，CPI的年均增长率达到4.2%。如果考虑农民工前往的主要地区是物价水平上升更快的沿海地区，则CPI实际上更高。这意味着，农民工的实际工资呈现负增长状态。在负增长的工资水平下，劳动力的流动会呈现什么状态，刘易斯的二元经济模型也没有给出解释。虽然对二元经济模型做出了一些修订，如乔根森（Jorgenson，1967）提出农村剩余劳动的边际生产率高于0，因此劳工工资应该有所上升；Fei和Ranis（1961）提出农业生产部门对于二元结构转型也并非被动的，而是通过提供更多的农产品和原材料促进工业化，劳工工资水平不仅由市场，也由道德和习惯因素决定；但这些修订都没有涉及实际工资下降的情况。

因此，根据中国农民工劳动力市场上名义工资水平不变而实际工资水平下降的情况，笔者认为，自1984年以来，中国普通劳动力市场上的工资曲线并不是水平线，而是一条略带负斜率的曲线。并且在近两年中又发生了新的转变，即随着"民工荒"的出现，普通劳工工资有明显上升的趋势。这就意味着，到目前为止，中国劳动力市场的二元经济转型，不是沿着图1中刘易斯模型的AA′路径，而是沿着一条新的路径（即ABC路径）。

关于中国经济二元结构转型起点上的工资水平问题，有学者提出，由于吸收剩余劳动力的现代部门最早出现在经济特区，以及劳工市场上存在信息不对称现象，因此早期的企业提供给民工的工资可能过高。对此笔者认为，早期工资过高和过低的两种现象可能都存在，但随着越来越多民工的涌入市场和市场试错的结束，民工工资会很快调整到市场工资水平，即民工工资在二元经济转型的起点上不会系统性地高于市场工资。

（二）城市中不产生失业和隐蔽失业的假定

如果城市中存在明显失业，地方政府就会感受到本地就业问题的压力。为了解决城市本地的就业问题，来自农业部门的劳动力就可能受到排斥。当然，Todaro（1969）认为，农村劳动者决定是否入城打工，不仅取决于城乡实际收入差距，还取决于城市失业状况。在失业比较严重、找到工作概率比较小的情况下，农民工流向城市就不是一个理性的选择，因此可能会不去城市找工作。但是，中国城市中的劳动力市场已经出现了分割，一些"脏、难、险、重、累"的体力工作即便有就业机会，大部分城市劳动力也不愿意干；而企业管理和技术研发等领域中许多需要有较高教育背景的工作，即便是缺人手也难以使用农民工。中国因此遇到的问题是：城市虽然有国企的下岗失业问题，但大量非公有企业不仅有就业机会，而且出现了"招工难"，农民为什么不来？其原因与城市出现大量下岗职工和国有企业产生新的富余人员的现象有什么关系？至少可以肯定的一点是，地方政府在市场监管活动中有不利于农民工的行为偏向。

（三）城市和乡村人口享受平等的就业与劳动条件的权利及劳动力自由流动条件的假定

如果整个社会实行城乡分治的管理方式，城乡之间有户口及其相应的社会福利和公共服务的差别，使得从事同样或相似劳动的就业者处于不同的社会地位和劳动待遇之中，那么，劳动力流动的动力和行为将可能发生明显变化，而不同于刘易斯模型的情况。特别是，当农村劳动力的生存压力不是非常沉重，而农村人口的公民平等权利意识普遍出现增强时，劳动力的流动就可能在劳动条件和就业待遇方面以及"用手投票"和"用脚投票"之间的选择上变得敏感起来。

二 中国劳动力供求变化与"民工荒"现象

（一）民工和"民工荒"的定义

"民工"，又称"农民工"，是中国改革开放以后劳动力市场上出现的一种新型劳动力。在人口统计上算作农民，是第一产业的劳动者，并且在农村拥有一定量的承包土地的使用权；但其大部分劳动时间是在城市度过的，主要的工作领域是第二和第三产业。按照中国的户籍制度，民工及其家庭成员的长期居住地是在农村。与英国当年的"圈地运动"被赶离土地的农民劳动力相比，他们还有农村的财产（住房和土地使用权）和亲人。与东亚其他市场经济国家和地区的"兼业农"相比，他们并不是在农村从事第二产业，而是加入到城市劳动力的队伍中。

每年春节从城市工作地往返于农村居住地的农民工，形成中国劳动力市场上特有的"民工潮"。城市政府和居民对于"民工潮"的认识正在发生转变，从认为它是城市经济的负担和城市生活的扰乱因素，转变为认为它是城市经济发展和城市生活的必不可少的部分。然而具有讽刺意味的是，正当城市开始变得欢迎民工的时候，许多城市发现越来越少的民工回到他们原来打工的城市，出现了所谓的"民工荒"。因此，"民工荒"是指城市经济需求的民工劳动力普遍高于民工愿意和能够提供的劳动力，即民工劳动力出现短缺。

（二）"民工荒"现象的特征

"民工荒"从2002年下半年开始，一直延续至今，并且还有进一步发展加重的趋势。起初，是模具工、数控机床车工等较高级技工短缺，后来是2003年的SARS造成家庭保姆和搬运工等较低级工人短缺，2004年中央开始实行对于农村的"两减免、三补贴"（即减免农业税和除烟叶税以外的农业特产税，实行种粮直接补贴、购买农机具补贴和良种补贴）政策，农民务农积极性提高，民工短缺问题逐渐加重。在2005年春节，出现了在沿海城市打工的农民工返乡过年后，部分人没有再回来的现象。

"民工荒"从深圳、东莞等较为发达的"珠三角"地区开始，向闽东南蔓延，再发展到浙东南和整个"长三角"地区，再发展到京、津、沪（缺保姆）和湖南、江西等内地省份（企业缺工人）。据调查，深圳等地近5年的对外劳工需求以10%的年增长率扩大，而劳工需求的满足率越来越低。2004年苏、浙、闽、粤12个省份城市劳动力市场调查,用人单位平均招工缺口比例为35%(陈承明、徐雪萌,2005)。地区性(珠江三角洲)缺工率为10%左右,沿海城市企业中民工劳动力的年平均主动流动率为40%—60%(新华社,2005a)。短缺人员主要是普通工中18—25岁初中毕业以上、比较熟练、操作能力强的未婚年轻女工。这类人员占全部缺员量的65%左右,其余35%也主要是青年普通工。大多为"低、差、大、长"——工资(700元以下)水平和福利待遇低,工作危险度高和劳动条件差,劳动强度和体力支出大,工作时间和加班时间长的岗位。集中于制造业中的服装、鞋类、棉毛纺织、玩具、箱包、电子组装、塑料制品等行业。餐饮服务业、家庭服务业、制造业占全部缺员的80%左右。其中台资企业、中小私营企业、"三来一补"企业(来件装配、来料加工、来样订货、补偿贸易)更为严重。

据2005年上半年广州市的一项调查,求人倍率在学历方面倾向于较低学历的民工,显示在对农民工的需求上更加注重年轻等其他因素方面,而学历较为次要。即学历求人倍率为,大专学历以上为1.15,高中、中专学历为1.22,初中学历以下为2.14。在紧缺职业求人倍率方面,餐饮和家庭服务员的紧缺程度较高,即搬运工、装配工为1.38,环卫工为2.49,零售营业员为3.09,家庭服务员为3.12,餐饮服务员为30.00(新华社,2005a)。

(三)"民工荒"的产生流程分析

虽然"民工荒"问题似乎仍然在扩大,缺工的人员构成也从年轻女工逐渐向其他类型的民工蔓延,但是,60%—70%的企业和城市服务业的缺工人员,是由18—25岁的女民工构成的。因此,对于这些年轻女民工的流向的分析,基本上可以反映出"民工荒"的流程(见图2)。

年轻女民工外出打工原先的两个流向基本上已经停顿。一个流向是城市第二产业或制造业中的"恶劣"企业。这一类企业的特征是,管理粗放和非人性化,财务混乱,劳动条件恶劣,工作时间很长,劳资关系紧张。另一个流向是城市第三产业中的低消费服务业。

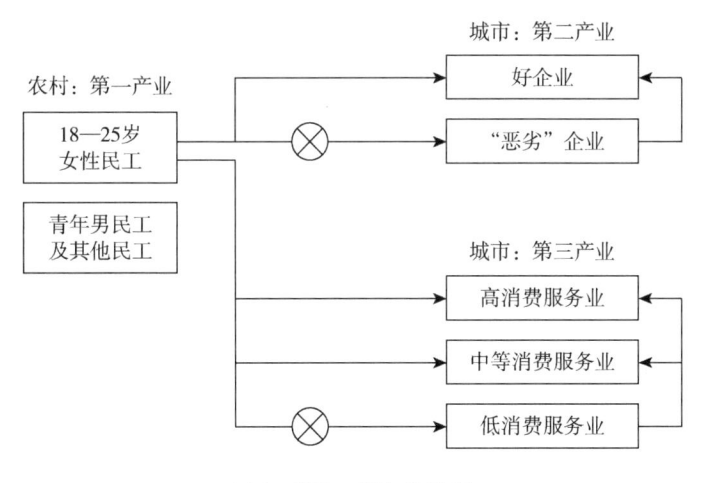

图2 "民工荒"的流程

低消费服务业包括普通城市家庭的保姆服务、低价餐饮业、低价零售业等。这两个流向的共同特点是，产品或服务的质量和性能不高，因此产品或服务的价格水平比较低，企业的边际利润很低，因此，只能支付较低水平的工资。

青年女民工的其他3个流向依然存在，一是城市第二产业中的好企业，二是城市第三产业中的中高档服务业，三是农村中的多种经营业。此外，原来在第二产业中的劣质企业和第三产业中的低消费服务业中工作的青年女民工，也大量转向这3个流向。可见，对于"民工荒"问题反应最为强烈的，其实是那些仅仅依靠赚"手工钱"生存的低效企业和服务业，以及城市中需要保姆的中低收入家庭。

三 当前劳动力市场供求逆转成因分析

（一）经济结构性原因

经济结构性的原因，包括劳工需求结构方面的问题，以及劳工供给结构方面的问题。在劳工需求方的能力和愿望方面，一是企业片面提高学历和逃避培训责任。没有学历的农民工几乎没有招聘需求，而高学历低用是普遍现象。二是随意克扣工资成为普遍现象。

三是拖欠和赖掉工资成为许多企业的利润来源。如 2003 年全国总工会调查,在被拖欠工资的约 850 万农民工中,每人平均被拖欠 4930 元,拖欠时间从数月到数年都有。如果以农民工平均月薪 700 元计算,平均年薪即为 8400 元,则被拖欠工资者的年均被拖欠率高达 59%（新华社,2005b）。四是大量企业处于"低工资陷阱"中,即低工资—缺少培训—低素质劳工—低档产品—低利润率—低工资。这些因素的综合作用结果,是赶走或吓跑了农民工。

在劳工供给方的能力和愿望方面,新生代农民工的观念与老一代的观念有巨大差别,公平和法治观念、"用脚投票"和个人发展的意识增强。新生代农民工的这些特征,严重影响了农民工的行为（见表1）。

表 1　　　　　　　　新老两代农民工的特征

特征	老一辈农民工	新生代农民工
动机	养活全家 + 子女教育	改善自己 + 寻找机会
信息掌握	半文盲、无知、道听途说	中学毕业、互联网、传媒
观念意识	不平等、容忍差别、听话	讲公平、讲道理、讲法治
追求目标	收入 + 低廉生活	收入 + 基本健康 + 时尚 + 前途
承受能力	贫穷、艰苦、劳累、肮脏、枯燥	不太苦、不太累、不太脏、不枯燥

城市的交通、衣着、食宿、教育的开支和费用不断上升,使农民工维持在城市的生活开支困难加大。劳动年龄人口的增长已经赶不上经济增长的需要,因为人口出生率在 1975 年就出现"拐点",而劳动年龄人口也将在 2015 年达到"拐点"。劳动力缺乏就业训练和技能培训,新手不容易找到工作。随着近几年国际粮食市场的价格上涨,国内粮食价格的走势也有利于粮农,特别是 2004 年的粮价上升了 26.4%。这些因素使得农民外出打工的积极性降低。

（二）劳动力市场不成熟和功能扭曲的原因

这方面的原因主要有：（1）人为造成的劳动信息不对称问题。（2）市场管理功能扭曲的问题。农民工需要办理特别的"婚育证"

"就业证""健康证""暂住证"等证件和交纳特别的费用如城市管理费、就业安置费、城市扩容费、基础设施建设费等。（3）普遍存在的非法劳动中介和非法企业用工的坑蒙拐骗现象。（4）《中华人民共和国劳动法》和《中华人民共和国工会法》（简称《工会法》）存在缺陷，工人的罢工权没有明确规定，企业主如果不履行《工会法》，也没有相应的惩罚条款。《工会法》的行政执法力度也太弱。

（三）国家发展战略和方针欠缺的原因

农民工实际上已经在中国经济增长中发挥产业工人主力军的作用。据 2004 年的统计，第二产业的农民工就业比重是 58%，第二产业中制造业和建筑业的就业比重更是高达 68% 和 80%。第三产业的批零餐饮业就业比重是 52%（新华社，2005b）。但是，由于政府政策没有给予他们生活和工作上的保障，其"产业工人"权利没有到位。在功能和责任上，他们属于强势的主体性群体；但在权利和收益上，他们又属于弱势的边缘性群体。他们缺乏地产经营和转让权、自由迁移权、平等就业权、社会保障权、公共教育权、公共服务受益权。权利和责任的严重不对称，使他们离开城市，回到农村。

（四）宏观调控政策性的原因

新一届政府比较熟悉和关心农村问题，从一上任就提出要解决中国的"三农"难题。因此，在财政税收和转移支付政策中，向农村、农业和农民倾斜。在"三减免、三补贴"（即上述"两减免、三补贴"加上免除教育费，即取消教育费附加、教育集资和政策外教育收费）政策中，2004 年农民受惠达 451 亿元。2004 年农民人均纯收入实际增长 6.8%，成为 8 年间农民收入增长最快的一年。向农村倾斜的宏观政策，提高了农民工外出就业的机会成本。因此，在城市打工环境和条件没有明显变化的情况下，大量农民倾向于回到种植业和养殖业，而暂时放弃外出打工。

（五）新就业和创业方式的原因

在中国的外出打工人员中，出现了大规模的从他人企业辞职开办自己企业的浪潮，即民工们自己的"创业潮"。其结果是，各种小型企业雨后春笋般涌现，吸收了大量的农民工，而大中型企业就出现了人手不足的状况，以至于上海地区平均工资提高了20%，仍然招收不到需要的员工。如果这一现象得到全国性的证实，则表明中国的经济增长已经开始进入主要依靠基础性企业核心就业扩展的宝贵时期。因此，"民工荒"现象很可能会长期维持下去，外资企业在人力资源使用方面需要有充分准备。

（六）长期因素促进下"刘易斯拐点"或"准刘易斯拐点"的提前到来

这些长期因素分为外部和内部因素两个方面。外部的长期因素，是加入世界贸易组织。按照中国对世界贸易组织的承诺，中国政府对于农业方面的补贴将逐步提高到占全国 GDP 的 8.5%，而目前尚未到 1%。农业补贴在今后的大幅度提高，势必大幅度提高民工外出打工的机会成本。

内部的长期因素，是国内市场需求已经出现长期性短缺。内需长期不足的主要原因，是占人口 60% 左右的农村人口收入水平，与城市人口的差距越来越大，2003 年已经达到 3.23 倍，几乎为世界之最。而加上各种隐性收入的总收入，城乡差距更高达 6 倍。城市较富裕阶层的消费热点，已经升级到私有住房和轿车。但是，农村的大多数家庭连日用家电（电话、冰箱、彩电、洗衣机、微波炉等）都没有解决。即使按照目前 9.5% 的高增长率下每年 1% 的城市化比率，农村剩余劳动力的转移完毕还需要 40 年左右的时间（即城镇人口的比重从 2003 年的 40% 提高到 80%）。按照目前中国将面临的内外经济状况，已不可能再维持另一个或两个 20 年的内需不足条件下的持续增长。相比之下，日本在 1960 年前后出现"刘易斯拐点"时，农村人口的比重已经下降到 30%，城镇人口达到 70%（小林义雄，1985）。同样，韩国在 1980 年出现"刘易斯拐点"时，城镇人口也高达 66%（宋丙洛，1994）。中国台湾省在 1970 年前后出现"刘易斯拐点"时，城市化比率也达到 63%（Fei 等，1979）。这些国家和地区，当时已经不受制于农村市场狭小的问题。所以，为了解决中国的市场需求问题，目前农村人口的收入必须提高，而这一情况的出现，也会增加农民工外出打工的机会成本。

因此一种可能出现的情况是，"民工荒"或劳工的相对短缺可能是多种因素所造成的长期现象，难以在短期内消失，而将会在未来伴随中国经济增长的一个相当长的时期。所以，从这个角度看，"民工荒"现象是"刘易斯拐点"或者更准确地说是"准刘易斯拐点"①的提前到来，即图1中的B点和"中国情况之一"。

四 劳动力市场供求逆转现象难以持续的原因分析

虽然中国经济中存在的诸多因素造成了"民工荒"，但伴随着中国经济的进一步发展，另外有一系列的因素可能促使"民工荒"结束。这些因素同样存在于中国经济的微观和宏观层面。

其一，在总量上，根据中国劳动部门的统计和预测，目前及今后十几年，每年在城镇寻找工作的劳动力是2000万—2400万人（其中，新成长劳动力800万人左右，下岗失业劳动力200万—600万人，流动就业劳动力约1000万人），而25年来每年能够提供的工作岗位平均只有1400万个。这意味着，中国经济在总体上每年存在着30%以上的失业缺口。

其二，中国经济对外依存度已经达到70%左右，出口需求是中国增长的重要动力，而近年来外国进口商越来越多地对中国出口企业提出SA8000（一种国际企业标准，即Social Accountability 8000）"入厂调查"。可以预期，未来SA8000标准的普遍实行，势必会淘汰掉原先大量存在的管理差、条件简陋、财务混乱、技术低下，仅仅靠不合理地压低成本来维持企业利润的中小企业。而当前仍然存在的这些企业对劳工的大量低层次需求，是出现民工短缺的重要原

---

① 本文在这里称中国出现的这种劳动力市场转型现象为"准刘易斯拐点"，是因为这时产生了工资可能持续上升的趋势，但并没有伴随着农村剩余劳动力向城市现代部门转移的结束。

因之一。一旦这些企业消失,"民工荒"问题将基本上自动化解。

其三,只要政府出台一系列重新确立农民工的产业工人地位的政策和法律,将经济发展战略进行新的调整,"民工荒"现象就会因为农民工特别是女民工的社会地位的变化而很快改变。另外,如果由于政府换届或其他相关原因,目前政府实施的具有短期性的宏观调控政策发生改变,农民工外出打工的机会成本相对降低,"民工荒"的现象也会淡化。

其四,据测算,一个农业劳动力的耕种收入,每年为2500元,平均到每月为200元左右。因此,外出打工者每月平均700元的收入,即使扣除外出的各项成本后仍然是比较高的。外出打工就业相比务农就业存在明显的比较优势。另外,真正要维持基本小康的生活标准,一家农户的耕地面积需要达到50亩。而按照目前劳动力转移的速度,为了达到户均50亩地的规模,至少要到2030年才可能实现。因此,目前和今后相当长的一段时间里,大多数农民生活改善的出路,仍然必须依靠外出打工。

其五,信息化、社会现代化和经济全球化使得社会价值观不可能长期忍受原始积累状态,社会管理人性化将比工业化和现代化的完成提前到来。通过综合指数衡量的现代化水平,中国与美国的差距相差约100年,与日本的差距约50年。这意味着,中国的工业化和现代化的完成将是一个长期的任务。而在世界文明普及和社会现代化、信息网络化的环境条件下,即使处于落后地区的人们,其信息渠道也远远不像其祖辈的时代那样闭塞。例如,发达地区的生活方式变化很容易为落后地区的人们所知晓,而落后地区的矿难等非人道事件也会迅速传播到发达地区。现代社会的人道主义、人本主义、人权思想逐渐成为普遍的价值观。因此,在西方社会原始积累时期的那种信息封闭状态、分裂的价值观念和倾斜的社会舆论,在今天的中国已经不复存在。社会的现代化可能会比经济的现代化提前到来。这样,维持劳工基本生活或像样生活的一般社会标准就会提升。所以,劳工自己和社会可能向企业提出更高的工资和劳动待遇要求，一旦这些要求获得满足，越来越多的青年民工就会愿意进城打工，民工短缺问题就能得到缓解。

其六，人们越来越清楚地意识到，那些对于劳动力进行粗放式掠夺性使用的企业，往往也是对能源和资源进行浪费性使用和开采、对环境造成最严重污染的企业。据近几年的统计，中国每单位 GDP 的耗能（含煤、油气、电）是日本的 4.7 倍，是美国的 4.4 倍。每单位 GDP 消耗的水量，是世界平均水平的 5 倍。中国的污水处理率为 40% 左右，而西方国家为 80%—90%。中国的大江大河都存在比较严重的污染，著名的江南水乡因水源污染已经发生用水短缺。随着社会文明程度的提高，社会成员不再是仅仅关注自己的收入，还越来越关心身心健康和良好的工作生活环境。因此，对于那些追求短期利润最大化而从事掠夺性生产和大规模污染的企业，虽然可能不是出口企业，但社会也不可能让其长期生存下去。这部分因素造成的"民工荒"将难以持续。

在以上众多因素的作用下，中国劳动力市场上的供求双方行为都将发生调整，农民工的整体就业条件将获得改善，越来越多的农民工将愿意外出就业。因此，在农民工的工资报酬和工作条件进行较大幅度调整后，"民工荒"的现象将可能逐渐消失，而中国的二元经济转型将可能重新回到刘易斯模型的轨道上（见图 1 的中国情况之二）。

五 中国经济向何处去

中国经济自实行改革开放政策以来，取得了 20 余年来 GDP 年均增长达到 9% 以上水平的长足发展，中国的产品也随着进出口贸易依存度达到 70% 左右和最高的性能价格比而打入世界上主要国家的消费品和资本品市场。在这接近 30 年的经济发展中，中国充分利用和发挥了作为世界第一人口和劳动力大国而拥有的企业劳工成本相对低廉的比较优势。尽管在含义上人们之间还存在争议，但以"Made in China"为标志的中国产品，为中国争得一个"世界工厂"的名声（当然，在此盛名之下中国的技术和管理的水平及原发创新、集合创新、模仿式再创新等各类创新能力都有待大幅度提高），并且在中国劳动力市场远未发育成熟的情况下，解决了大部分劳动力的就业问题。

既然中国经济的发展成就与中国劳动力的就业方式密切相关，当前劳动力市场的二元经济模式转型的方向就不仅仅是劳动力市场上劳动者本人的选择问题，而是关系到中国的"世界工厂"地位能否维持，中国经济的较高增长速度能否再继续下去，中国的农村剩余劳动力能否顺利吸纳完毕，中国的工业化和城市化能否顺利完成，以及中国经济的现代化能否早日到来的问题。

面对图1中的中国情况之一和之二，政府政策面临着十分严峻的抉择。中国政府所要面对的现实是：（1）劳动力的就业行为发生了变化；（2）这种就业行为的变化得到社会主要方面尤其是国际社会的认同；（3）中国经济对于这种就业行为变化的冲击的承受力是比较弱的；（4）中国政府必须做出政策选择，以帮助中国的劳动力和企业做出良性互动的调整，尤其是企业人力资源管理方式的调整（Wang，2004），使中国经济继续向前顺利发展。

从政府政策的角度而言，政府应当积极采取措施推进中国劳动力市场的完善，防止"民工荒"问题对民工、企业以及社会其他方面的更大不利影响。概括而言，政府可以采取的政策措施有以下几个方面：（1）实行新型户籍制度。即以职业和居住地划分人口类型（非身份和出生地）。（2）开展跨地区劳务合作，由各地政府充当劳工流动的信息和组织中介（从许多地方实行这一办法的效果看，这是快速解决"民工荒"的好办法）。（3）建立农民工就业信息服务网络和完善中介组织。（4）建立针对农民工的公共教育和培训制度。（5）企业劳工公信度调查和公布制度（主动创造条件，实施类似SA8000的企业管理制度）（冯钢，2005）。（6）落实中央政策16字方针：公平对待，合理引导，完善管理，搞好服务。（7）积极运用产业政策，实现各地区之间的"雁阵式发展"和各种技术产业的多层次发展。(8) 建立行业性或区域性的工会，与业主进行对等力量的谈判（农民工的工会入会率仅为29%，需要提高到至少80%左右的水平）。(9) 将目前高达工资额30%的企业社会保障成本降低到西方企业的10%左右的水平，以降低企业劳工成本和扩大社会保障覆盖面，将农民工覆盖在全国基本社会保障的网络之内。

  为了保证在政府决策中积极产生和在政府工作中有效实施上述政策措施，政府当前需要树立两个关键性认识。一是社会主义市场经济中公共政府的意识。中国建立社会主义市场经济中的"社会主义"，并不是坚持无产阶级压倒资产阶级的市场经济，而是强调给予各个市场经济活动的主体以合理合法的社会地位，让各种生产要素所有者的积极性充分发挥出来，实现经济社会和谐发展，以及共赢共富的市场经济。公共政府，是指政府通过立法权、行政权和司法权的实施，将主要职能定位在维护公共秩序、规范市场环境和增进公共利益上，不特别偏袒某一利益群体的利益，也不直接加入和干预生产发展和市场盈利的活动。在财政尤其是中央财政的支出中，逐步从建设性财政转向公共性财政。二是区域差距调节中的以人为本意识。"民工潮"或"民工荒"现象产生的一个主要原因是与二元经济密切相关的区域发展差距问题。有观点认为通过实施"西部大开发""东北振兴"和"中部崛起"等缩小区域发展差距的政策或战略，就能够缓解民工劳动力市场中的这些矛盾。但实际上，经济学需要关心的目标并不是区域经济发展差距本身，而是那些在不同区域中生活的人，尤其是其中作为弱势群体的农民和农民工。区域差距形成的原因是多种多样的，我们不能浪费资源和时间试图去缩小各个方面的区域差距。区域经济差距是否合理的依据，不是区域差距大小本身，而是在这些不同区域中的个人实际收入和福利水平是否大致相当。而个人福利水平的高低，不是取决于区域经济发展水平是否一致，而是取决于个人意愿和个人之间是否拥有大致相同的生存权、发展权、自由择业权及相应的社会和物质的基础结构。

  笔者相信，只要通过中央政府和地方各级政府在政策调整上的认真努力，同时以更加公开、透明、开放和法治的原则向包括农民工在内的全社会说明中国经济面临的现实状况和发展困难，以取得全社会对于政府政策实施上的配合，使政策取得实效，那么，中国经济和中国企业界将向新生代劳动力展现更加富有人性化的劳动环境和更加具有发展前途的工作前景，使劳动力市场恢复到正常状态，而二元经济中的劳动力流动从第一产业顺利流向第二和第三产业。其最终的可能结果，是中国经济完成这次由于"民工荒"冲击所做出的调整，使二元经济转型从过低工资状态回到较高水平的稳定发展状态，顺利经过"刘易斯拐点"，真正进入现代经济发展阶段。以图1来说明，就是使中国经济经过"ABC"阶段以后，回到较高工资水平的 AA′路径，最后经过 A′拐点后，向 D 点的方向发展。

综上所述，尽管中国存在多达 6 个方面的原因造成了"民工荒"现象，但经济中仍然存在诸多因素和潜在力量促使"民工荒"尽快结束。笔者认为，面对"民工荒"问题对经济形成较大冲击的严峻现实，中国政府政策需要做出一系列的调整，以建立良性循环和互信的劳动力市场环境和劳资关系。经过政府、企业和新生代劳工之间的调适和努力，中国经济很可能会较好地渡过"民工荒"冲击阶段，回到正常的二元经济转型轨道。

参考文献

陈承明、徐雪萌：《正确认识和解决"民工荒"问题》，《经济与管理研究》2005年第 2 期。

邓宇鹏、王涛生：《中国民工短缺的制度分析》，《经济学动态》2005 年第 5 期。

冯钢：《SA8000 标准与中国企业工会的"困境"》，《浙江社会科学》2005 年第 1 期。

国家统计局：《中国统计年鉴（2005）》，中国统计出版社 2005 年版。

黄泰岩：《"民工荒"对二元经济理论的修正》，《经济学动态》2005 年第 6 期。

刘易斯：《二元经济论》，施伟、谢兵、苏玉宏译，北京经济学院出版社 1989 年版。

王诚：《中国就业发展：从二元就业到现代化就业》，《国家行政学院学报》2000 年第 4 期。

王诚：《新经济、就业机制变化与中国对策》，《中国人口科学》2001年第1期。

王诚：《中国就业发展新论——核心就业与非核心就业理论分析》，《经济研究》2002年第12期。

王诚：《中国能否跨越"对抗性工会"阶段?》，《中国企业家》2005年第7期。

小林义雄：《战后日本经济史》，商务印书馆1985年版。

宋丙洛：《韩国经济的崛起》，商务印书馆1994年版。

新华社（2005a）：《新生代民工：彷徨于"农民"与"市民"之间》（www.xinhuanet.com），2005年9月8日。

新华社（2005b）：《农民工已成为我国产业工人的主力军》（www.xinhuanet.com），2005年9月8日。

Fei, J. and Ranis, G., "A Theory of Economic Development", *American Economic Review*, September, 1961.

Fei, J., G. Ranis and S. W. Y. Kuo, *Growth with Equity: the Taiwan Case*, Oxford University Press, 1979.

Jorgenson, D. W., *Surplus Agricultural Labour and the Development of a Dual Economy*, Oxford Economic Papers, 1967, 19 (3), 288–312.

Todaro, M., "A Model of Labor Migration and Urban Unemployment in Less Developed Countries", *American Economic Review*, March, 1969.

Wang, Cheng, "Building an Employment Market without Confrontational Trade Unions: A Pattern of Core Employment Expansion in Korea and China", *Journal of International Logistics and Trade*, Vol. 2, No. 2, Dec. South Korea, 2004, 143–151.

（原载《中国人口科学》2005年第6期）

编选者手记

非常感谢中国社会科学院经济研究所通过出版《经济所人文库》提供的回顾、总结、反思个人学术经历的机会。在经济所工作的33年（含退休后研究生院兼职），也是本文集收集的27篇论文构思和完成的时期，度过了迄今为止自己人生的大半部分。人生不可避免的喜怒哀乐和对真善美最高价值的艰苦追求，无不渗透于在经济所的工作和以本文集为代表的各项成果中。所以，作为"经济所人"，感慨万千，也深为骄傲。能够侧身于《经济所人文库》，更是十分荣幸，心怀万分感激。

本文集的内容大致分为三个方面，反映了在经济学的无涯学海中个人的主要涉足点，即经济分析方法、宏观经济研究、就业—社会保障。1987年自己刚刚开始在经济所工作时，课题组形式的工作模式正蓬勃兴起，因此马上卷入以宏观经济研究室为立足点的一系列宏观经济问题研究的洪流中。虽然入所之初被短期分配在经济体制比较研究室，但很快就离开了这个课题少而相对安静的所在。当时宏观经济问题，包括国民核算体系、宏观总量设定、经济均衡与平衡、国民经济计划、通货膨胀、待业与失业、宏观形势分析、宏观经济政策、财政与金融关系、体制转型与宏观稳定等急需课题研究人员。当然，这些宏观经济问题在当时还是冠之以"国民经济问题"。记得曾任宏观室主任的戴园晨先生说过，要搞好宏观经济研究，不是靠水平，而是靠胆子。因为"宏观"二字在当时有精神污染的嫌疑，宏观经济研究室也被冠名以国民经济问题研究室。一些长辈学者以计划经济的方法来研究市场经济下的宏观问题所遇到的障碍，促使自己考虑科学而适当的经济学方法应用的重要性。

其实，对于经济学研究方法的兴趣可能最早产生于武汉大学刘涤源教授和谭崇台教授指导下所完成的硕士论文《两个剑桥的资本论争》。使自己初步领略到方法论问题的多彩多姿。后来在博士论文导师赵人伟教授的教导和陶冶下，进一步认识到经济学方法在判断中国经济问题上的重要性。出国进修对于经济学方法的理解和认识也有较大的帮助。如果说1992年的第一次出访时自己还几乎没有市场经济实践的背景知识，是在理论和实践两头补课。而在1997年和2001年的英美出访，则深深感受到方法论问题既是中国经济分析长远发展的契机，也是经济学以至整个社会科学眼下发展所面临的门槛。回头看来，个人在经济学方法论方面的微小贡献，是强调和分析如何把现代市场经济的分析重新建立在斯密的分工原理之上；强调和分析典型化事实的研究；强调把政治变量引入经济改革的分析。

中国这几十年的宏观经济研究，真是属于"中国特色的宏观经济学"。这些"特色"至少体现在几个方面。一是制度"不给定"。本来，经济制度通常是相对稳定的，在宏观分析的框架下可以给定不变。但是国内的经济体制处于改革进程中，制度所依托的社会基础正在从"人治"向"法治"不断转型，宏观总量的形成及其均衡状态不断受到制度因素的"修改"。因此，有效的宏观经济分析不能不考虑制度因素。二是长期因素考虑。宏观经济学考虑的焦点，一般是中短期宏观变量的均衡及其稳定是否形成，以及相应的宏观财政、货币、就业、收入等政策的实施。至于经济的长期增长、经济结构变化、收入分配的趋势、民生福利的改善等长期经济问题，则属于发展经济学的范畴，在宏观经济分析之外。然而在中国，五年计划是宏观经济分析必须考虑的重要变量，长期因素与短期因素相互交织，宏观政策既要关注短期稳定又要推动长期发展。三是空间异质性。一般的宏观经济分析以经济体基本同质为基础，可以找到宏观代理主体进而可描述宏观经济行为，所以可以进行宏观经济总量的判断和计量研究。但是，中国经济的区域结构的市场异质性和产业结构的所有制异质性等各种异质性问题，往往令研究者怀疑宏观经济分析结论及其政策建议的有效性与可行性。四是开放经济的考虑。宏观经济学的起点，通常是封闭经济条件下宏观均衡的实现及其相应宏观政策的研究，对外开放分析的引入也不过是在宏观经济框架中增加一个外国部门。但是，中国的改革和开放政策是同时实施的。正如国内的经济体制改革对于宏观变量形成强大冲击一样，对外开放一方面直接影响宏观经济行为及其均衡，另一方面是"以开放促改革"的方式间接影响宏观经济。个人在宏观经济研究方面的微小贡献，是强调和分析在改革开放的历史背景下，需要界定宏观经济的功能和宏观调控政策的边界；强调和分析宏观局面的形成与企业微观基础的密切关系；强调和分析宏观均衡中长期因素如政府行为、收入分配、区域经济、世界性体制失效等的影响。

自己关于就业—社会保障问题的研究，是在经济分析方法和宏观经济研究基础上的一个延伸。同时，也是在王宽诚基金会和福特基金会的资助下，到伦敦大学和布朗大学进行访问研究的主题。就业和社会保障问题，从计划经济体制下不是"问题"而排除在经济研究的对象之外，逐步转变到承认社会主义市场经济下仍然存在"待业"和非政府可包揽的"个人保障"问题，再到进行与宏观经济学的非均衡理论、周期理论、增长理论等相接轨的规范化研究。个人在就业—社会保障分析领域的微小贡献，是提出和分析市场经济中的核心就业在宏观经济总量就业上的重大影响；提出和分析市场经济中社会保障的生命周期理论；强调和分析中国市场经济中劳动力供求"拐点"的形成。

当然，在本文集之外，上面提及的相关贡献也发表在个人的其他出版物中。比如个人专著《促进就业为取向的宏观调控政策体系研究》（中国社会科学出版社2012年版），《竞争策略与风险管理》（商务印书馆1997年版）；合著专著《中国工业改革与宏观经济不稳定性》（英文，牛津大学出版社1999年版），等等。

总之，相比经济理论的大厦，自己的努力不过九牛一毛。个人以为，如果以古人的学问分层思维，经济学也应该有经济真学、经济至学、经济圣学和经济贤学。可能目前的经济学仍然在后两个层次即圣贤学中徘徊，需要大量的努力才能进入第二层次，再进一步努力而最后到达第一层次即经济真学。所以，"路漫漫其修远兮"真不假。

王　诚

2020 年 6 月 20 日

《经济所人文库》第二辑总目(25 种)

(按作者出生年月排序)

《汤象龙集》　《李伯重集》
《张培刚集》　《陈其广集》
《彭泽益集》　《朱荫贵集》
《方　行集》　《徐建青集》
《朱家桢集》　《陈争平集》
《唐宗焜集》　《左大培集》
《李成勋集》　《刘小玄集》
《刘克祥集》　《王　诚集》
《张曙光集》　《魏明孔集》
《江太新集》　《叶　坦集》
《李根蟠集》　《胡家勇集》
《林　刚集》　《杨春学集》
《史志宏集》